复旦城市治理评论

Fudan Urban Governance Review

复旦城市治理评论　08
Fudan Urban Governance Review 08
复旦大学国际关系与公共事务学院

主编
唐亚林　陈水生

副主编
李春成　孙小逸

编辑部主任
陈水生（兼）

编辑部副主任
孙小逸（兼）

编辑委员会（按姓氏音序排列）

陈水生	陈　醒	高恩新	高　翔	谷志军
韩志明	黄　璜	李春成	李德国	李瑞昌
李文钊	刘建军	刘　鹏	罗梁波	马　亮
孟天广	庞明礼	容　志	尚虎平	锁利铭
孙小逸	谭海波	唐亚林	王佃利	吴晓林
线　实	肖建华	颜昌武	叶　林	叶　敏
易承志	余敏江	张海波	张乾友	朱旭峰

复旦城市治理评论

市域社会治理
现代化与智慧治理

唐亚林　陈水生　主编

复旦大学出版社

内容提要

目前,市域社会治理现代化及智慧治理工作正在全国范围内有序展开,形成了很多有益的探索和经验,但同时也面临诸多现实困境和矛盾难题,亟需探寻推进市域社会治理现代化的优化路径。

本书以"市域社会治理现代化与智慧治理"为题,对市域社会治理现代化的内涵与目标、市域社会治理现代化与市域治理现代化的联系和区别、市域社会治理现代化与传统的县域治理的区别,以及市域社会治理现代化的路径等问题进行了深入、系统的探讨,旨在通过现代化和智慧治理的视角来深化对市域社会治理的认识,阐释和建构人类社会城市发展的新型理论范式与发展道路,推动城市高质量发展与高水平治理,为民众创造美好城市生活,全面建设社会主义现代化城市。

目　录

| 专题论文 |

周　昊　探寻国家治理的"中坚"力量：市域社会治理现代化
　　　　研究综述………………………………………… 3

郝文强　唐亚林　市域治理现代化的推进机制、实践模式与
　　　　优化路径——基于南通市的经验调查 ………… 32

曹现强　李　烁　市域营商环境优化的理念与机制：基于
　　　　A市实践的思考 …………………………………… 63

刘　筱　黄芩锖　市域治理视角下的空间生产与城市增长
　　　　——以深圳市为例 ………………………………… 89

董庆玲　市域社会治理现代化的实践路径审思——基于工
　　　　具理性和价值理性的视角 ………………………… 124

洪　涛　陶思佳　卢思涵　任昊翔　马　涛　人工智能算
　　　　法"社会性嵌入"的衍生风险及其协同治理………… 144

| 研究论文 |

张乾友　赵钰琳　企业投资逻辑对社会治理的重塑——对
　　　　影响力投资的理论分析 …………………………… 175

肖建华　毕艳晴　张玛丽　省际环境污染联防联控治理：实践、困境与突破——以京津冀大气污染治理为例 … 195

谷志军　曾　言　从守土有责到守土全责：属地管理原则在基层治理中的滥用分析 …………………………… 223

周凌一　地方政府协同治理研究：概念、模式与动因 ………… 243

莫丰玮　城市治理数字化转型的内在逻辑与实现机制——以上海市 A 街道"全岗通"数字政务转型为例 ……… 276

张　莹　粤港澳大湾区机场群建设中的港深机场合作研究 …………………………………………………… 300

专题论文

探寻国家治理的"中坚"力量：
市域社会治理现代化研究综述

周 昊*

[**内容摘要**] 国家治理体系和治理能力现代化的发展战略，设计在中央，谋划在省域，统筹在市域，贯彻在区县，稳固在村社。随着我国城镇化进程和全面深化改革的持续推进，市域社会治理因其作为中间调适单元的位置优势、统筹城乡融合发展的结构优势和相对灵活的立法优势，逐渐取代了"郡县治，天下安；郡县富，天下足"的传统理念。从地方治理的经验来看，市域既是社会矛盾的集中点和易发地，也是社会矛盾化解的重要场域。市域社会治理现代化应发挥其承上启下、区域联动、统筹兼顾和协调发展的作用。目前，市域社会治理现代化工作正在全国范围内有序展开，形成了很多有益的探索和经验，但同时也面临诸多现实困境和矛盾难题，亟需探寻推进市域社会治理现代化的优化路径。作为整个国家治理体系的"中间"层级和"中坚"力量，市域社会治理现代化的优化路径在于：深刻领悟市域社会治理的内涵意蕴，实现市域社会治理理念现代化；正确处理市域社会治理现代化进程中的多种关系，实现从"主客体关系"到"主体间关系"的思维转换、关系建构与制度创设；继续探索公共数据的开放共享，实现技术赋能市域社会的全链条治理；全面创新市域社会治理现代化的运作机制体系。

[**关键词**] 国家治理；市域社会治理现代化；城乡融合发展；以人为本；技术赋能

---

* 周昊，复旦大学国际关系与公共事务学院博士研究生。

一、问题提出

40余年的改革开放使中国的城镇化水平得到了显著的提升。当前,我国的城镇化进程进入快速发展的中后期。有研究预测,到2035年,我国的城镇化率将达到77.29%。① 随着改革开放进程的深入推进,不同区域之间、不同城市之间、城市和乡村之间的发展不平衡、不充分性问题逐渐凸显,诱发社会矛盾、危及人民福祉的不确定、不和谐因素激增,因此,推进社会治理体系和治理能力现代化进程迫在眉睫。

市域是社会矛盾纠纷的易发地,是传统安全与非传统安全错综交织的集中点,但因其具有决策权、执行权、监督权相对独立运行的特点②,也是化解社会矛盾、消除安全隐患的重要场域。"市域社会治理现代化"这一概念,由中央政法委秘书长陈一新同志于2018年7月17日正式以书面形式提出,他在当日的《人民日报》刊发的题为《推进新时代市域社会治理现代化》的文章中提出,"市域社会治理是国家治理在市域范围的具体实施,是国家治理的重要基石",市域治理"在国家治理中具有承上启下的枢纽作用",应树立"五个导向"、优化"四大体系",不断提高市域社会治理现代化水平。③ 随后,中共十九届四中全会审议通过的《中共中央关于坚持和完善中国特色社会主义制度,推进国家治理体系和治理能力现代化若干重大问题的决定》,明确了"健全党组织领导的自治、法

---

① 杜修立、张昱昭:《中国城镇化率提升的动力分解与新发展阶段趋势预测——基于国际比较的一种新方法》,《统计研究》2022年第3期。
② 徐汉明:《市域社会治理现代化:内在逻辑与推进路径》,《理论探索》2020年第1期。
③ 陈一新:《推进新时代市域社会治理现代化》,《人民日报》,2018年7月17日第7版。

治、德治相结合的城乡基层治理体系"的战略任务,同时正式确立了"加快推进市域社会治理现代化"的政策主张。此后,在全国市域社会治理现代化工作会议、全国市域社会治理现代化试点工作交流会和各城市市域社会治理现代化试点创建工作会等场合中,这一核心概念被反复提及并逐步得到有效落实和有序推进。"市域社会治理"与"市域社会治理现代化"等概念和理论的提出,象征着中国社会治理结构体系和治理能力的历史性变化。

  近代社会充分呈现一种非匀速运动的社会进化特征,工业化革命、城市化运动助推了社会运转和社会变革的速度。加速的运转和变革造就了流动性的社会,使得一切都处在时刻变化之中,不同主体的关系也处在流动和不确定中。① 我国已基本结束了以"乡土型社会"为治理主体的时代,开始逐渐进入"城市型社会"的治理时代。在空间维度上,由于城市规模的不断扩张,城市的边界呈现一种不稳定状态,城乡地理空间的边界愈发模糊;在人口维度上,由于户籍制度改革和城镇基本公共服务常住人口全覆盖目标的协同推进,大量农业人口在一定程度上有序、有效地融入城市。市域社会治理现代化与建设城乡基层治理体系、着力缩小城乡区域发展差距、全面推进城乡融合发展、深入推动新型城镇化战略、打造"无差别城乡"②等战略和理念十分契合。市域社会治理现代化是国家治理体系和治理能力现代化的重要基础和关键抓手,向上能够承接省域治理、国家治理,向下可以对接县域治理、乡镇治理,对地方治理的长期成效具有潜移默化的影响。因此,市域社会治理不仅是整个国家治理体系的"中间"层级,更是整个国家治理体系的"中坚"力量,在国家治理中扮演着"压舱石"的重要角色。

---

① 张康之:《论社会运行和社会变化加速化中的管理》,《管理世界》2019 年第 2 期。
② 作为浙江省"缩小城乡差距领域"的试点城市,湖州市于 2021 年 8 月发布了《湖州市共同富裕试点三年行动计划(2021—2023 年)(缩小城乡差距领域)》,三年计划的目标明确,即在全国率先打造"无差别城乡"。

习近平总书记深刻指出:"世界正经历百年未有之大变局。"一方面,科学技术从来没有像今天这样深刻影响着国家前途命运。以人工智能、量子信息、移动通信、物联网、区块链、大数据等技术为代表的新一轮技术革新正在重塑我国的经济和社会发展格局,科技力量作用于城乡资本、劳动力和土地等传统生产要素,并将左右城乡发展的未来方向①;另一方面,公共卫生事件波及世界范围内各国,呈现突发性、不确定性及高危险性的特点。2020年年初,新冠肺炎疫情侵袭而来,给各国的治理体系带来巨大挑战。在党中央的统一领导下,我国举全国之力、上下齐心抗击疫情,城市应急治理初见成效。自此以后,如何将重大风险和突出隐患控制在萌芽、化解在基层②,确保风险和隐患不放大、不外溢、不上行,成为市域这一中间治理层级的关键性任务。做好市域社会治理现代化工作,任重而道远;研究市域社会治理现代化,责任重大、意义非凡。本文在对相关文献进行系统性梳理的基础上,对市域社会治理现代化的现有研究进行总结和评价,并展望市域社会治理现代化的未来研究方向,为进一步拓展市域社会治理现代化的研究空间、提升市域社会治理现代化的能力献计献策。

二、市域社会治理:拆解市域社会治理的构成要素

对于"市域社会治理"的概念,学术界目前没有统一的界定。特别是这一概念中的核心词汇"市域",限定了社会治理的空间范围,成为市域社会治理有别于其他社会治理概念的显著标志。针

---

① 孙久文:《"十四五"时期城乡融合发展的两种路径》(2021年4月1日),中国网,http://www.china.com.cn/opinion2020/2021-04/01/content_77367839.shtml,最后浏览日期:2022年3月19日。
② 陈一新:《新时代市域社会治理理念体系能力现代化》,《社会治理》2018年第8期。

对市域社会治理,不同的学者基于社会学、法学、管理学、经济学等学科角度,提出了不同的见解。具体而言,可以通过对市域社会治理在空间要素、实践场域、治理手段、治理目标等要素维度的拆解,获得对这一新兴概念的有力解释。

(一)市域:市域社会治理的空间要素

从狭义的行政区划视角来看,市域是指国家行政区划范围内的地级市或设有区(县)的大中型城市的管辖范围,包含城市行政管辖范围内、中心城区辐射带动的全部地域(市辖区、县级市、县、镇、乡等)。因此,市域有别于城市空间——尽管说它是狭义的概念,市域的范围十分广泛。不同于市区、中心城区和建成区等概念的范畴①,市域的范围涉及中心城区为轴心的全部周边区域。从广义的区域一体化视角来看,市域是指大中型的城市群和大都市圈,包含引领发展的核心城市及其辐射带动的其他周边城市,形成了区域城市协同发展、共同繁荣的空间格局。② 无论是狭义的市域,还是广义的市域,社会治理因市域这一空间要素的加持,成为十分具有创新意味的提法:它赋予了社会治理枢纽性、统筹性、整体性和连贯性,格外强调承上启下、区域联动、统筹兼顾和协调发展。市域为市域社会治理划定了空间范围,突出了市域社会治理的空间客体。③

---

① 市区是城市政府直接管辖的范围,一般指市辖区内地理景观具有城市特征的地域;中心城区是城市发展的核心地区,一般包括城镇主城区和近郊地区;建成区包括市区集中连片以及分散在郊区、与城市有着密切联系的城市建设用地(如机场、通讯电台站、污水处理厂等)。
② 庞金友:《"中国之治"的市域之维 新时代市域治理现代化的逻辑与方略》,《人民论坛》2020 年第 35 期。
③ 陈成文、张江龙、陈宇舟:《市域社会治理:一个概念的社会学意义》,《江西社会科学》2020 年第 1 期。

(二) 社会治理：市域社会治理的实践场域

在城市化和"半城市化"进程中，市域社会内人口密度大但人口凝聚力低，人员属性差异较大且流动较快，这些因素导致在土地征用、房屋拆迁、劳资纠纷、国企改制、环境污染、安全生产等方面引发的社会矛盾事件屡见不鲜，社会失范和社会风险问题较为突出，而且会不定期地爆发。①

社会治理中"治理"的概念是在西方社会资本主义改良运动这一特定历史发展阶段下诞生的产物，在一定程度上适应了当代世界民主政治和公共行政发展的趋势。为适应本土实践的需要，中国引入"治理"的概念并进行了本土化改良。中国本土治理理论与西方治理理论在中国现实场景中的可适用性具有明显差异，西方治理理论在中国实践中的错位现象时有发生。② 社会治理中"社会"概念的内涵与外延，也需放到国家—政府—社会的宏大视野中来阐释，通过厘清国家、政府和社会的复杂关系，结合中国国家治理、政府治理和社会治理的生动实践，方可辨析国家治理、政府治理和社会治理的区别和关联。③

有鉴于此，学者们结合中国现实阐释了社会治理的内涵以及社会治理与国家治理、政府治理的区别。王浦劬指出，应当坚持马克思主义国家学说，基于我国国情、政情和社情，科学地辨析国家治理、政府治理和社会治理的内涵。在治理主体上，我国属于"共产党领导+政府负责+法治保障+社会自治"的社会治理，因此，社会治理包含社会自治这一重要环节。在社会自治结构中，执政

---

① 吴忠民：《中国改革进程中的重大社会矛盾问题》，中共中央党校出版社 2011 年版，第 263 页。
② 吴家庆、王毅：《中国与西方治理理论之比较》，《湖南师范大学社会科学学报》2007 年第 2 期。
③ 蔡益群：《社会治理的概念辨析及界定：国家治理、政府治理和社会治理的比较分析》，《社会主义研究》2020 年第 3 期。

党和政府分别扮演领导者和指导者的角色,基层社会的公民是自治的直接主体,因此在社会自治的直接主体意义上,社会治理与国家治理和政府治理有所区别;在治理范围上,国家治理涵盖国家安全、稳定、发展、改革的各个方面,政府治理主要是政府的行政事务处理和政府自我治理,社会治理的范围主要是社会公共服务、安全和秩序、保障和福利、组织和管理等社会领域的内容。①

社会控制、社会服务与激发社会活力是社会治理的三个基本维度,社会控制是指处理社会问题,化解社会矛盾,保障公共安全,维护社会稳定;社会服务是指回应社会需求,提升社会服务质量,增进社会福祉,提高民众的幸福感和满意度;激发社会活力是指推动多元或多主体的社会治理,建立政府与社会的平等合作伙伴关系,提高社会自治与自我服务能力。②

(三)"一引五治":市域社会治理的核心手段

治理手段是市域社会治理目标得以实现的重要因素。在市域社会治理实践中,治理手段通常因地制宜、不尽相同,但一般具有多样性、复杂性、综合性、技术性和智能性等多重特征。市域社会治理必须坚持以"一引五治"为核心,即在党建引领下,坚持政治、自治、智治、法治、德治的"五治"融合。"一引五治"彰显了市域社会治理的刚性与柔性手段灵活结合的优势。

以党建引领市域社会治理,有助于发挥市域党组织的渗透作用,切实、高效地解决市域范围内与人民群众利益密切相关的社会矛盾纠纷,促进社会公平正义、人民生活安定幸福。一是要坚持以人民为中心的民主理念,遵循共建共治共享的原则,树立符合市域

---

① 王浦劬:《国家治理、政府治理和社会治理的含义及其相互关系》,《国家行政学院学报》2014 年第 3 期。

② 陈振明:《社会控制、社会服务与激发社会活力——社会治理的三个基本维度》,《江苏行政学院学报》2014 年第 5 期。

社会治理目标的市域党建基本理念；二是要破除原先组织边界的限制，打破原有的行业、单位、辖区、社区、街道、城乡等限制，结合市域社会的实际情况，创新党组织设置形式；三是要建立多层次、各司其职且协调联动的市域党建组织体系。以城区为例，要搭建市—区（县）—街道—社区（居委会）党组织协调联动的四级党建引领体系；四是要建立协调委员会、联席会等工作机制，实现市域党建的分工协作、有效沟通；五是要运用人工智能、量子信息、移动通信、物联网、区块链、大数据等新兴信息技术，打造"党建＋大数据"的市域智慧党建新模式。[1]

在政治方面，由于社会关系、社会结构、城乡关系、城乡结构、社会政策处于不断调整和变革中，市域社会治理面临着各种各样的挑战，如何更好地适应变革、及时调整并解决问题，是摆在执政党面前最直接的问题。市域社会的政治体系是影响市域社会治理水平的决定性因素，应加快构建优质、协同、高效的市域政治体系，切实把党的领导优势和我国社会主义的制度优势转化为治理势能。[2] 在自治方面，新公民参与时代（New Citizen Participation）[3]的到来，标志着公民参与不再是简单地直接或间接对政府的决策与执行施加压力，从而影响政策制定的过程，而是通过参与的方式，公民承担起与政府同等的社会责任，构建一个人人有责、责任共担的责任共同体。[4] 因此，在自治领域可通过公民性参与、激发性参与、规模性参与等途径，使得社会力量合法、合规、合理地参与市域社会治理的全

---

[1] 王海峰：《市域党建引领社会治理问题探析》，《学习论坛》2021年第6期。
[2] 陈一新：《推进新时代市域社会治理现代化》，《人民日报》，2018年7月17日第7版。
[3] Robert Denhardt and Janet Denhardt, "The New Public Service: Serving rather than Steering", *Public Administration Review*, 2000, 60(6), pp.549-559.
[4] 龚廷泰：《"整体性法治"视域下市域社会治理的功能定位和实践机制》，《法学》2020年第11期。

过程、各环节中来①,实现个体自治、群体自治、组织自治等各类社会活动的高级形态与过程。② 在智治方面,应当充分利用感知智能、认知智能和计算智能等技术,通过新兴信息技术驱动市域社会治理智能化。围绕社会大数据开展数据的汇集、整合、挖掘和应用活动,进而推动社会治理进一步走向精准与协同。③ 在法治方面,一方面,要发挥市这一层级的立法优势。直辖市、所有设区的市的人民代表大会及其常务委员会可以根据本行政区域的政治、经济、文化和社会发展的具体情况与实际需求,在不违背宪法、法律和行政法规的前提下,因地制宜地制定有利于开展地方市域社会治理的法律法规。另一方面,市域社会治理主要参与者应当在市域社会治理的每一项环节中,运用法治思维和法治方式解决问题,预防和化解社会风险,让法治为市域社会治理保驾护航。④ 在德治方面,由于道德是法律的重要渊源,德治具有法治所无法替代的柔性特征。在市域社会治理中,应当发挥道德对人的感化、教育、指导和引领作用,让德治作为矛盾和纠纷化解的润滑剂,让道德的触角触及法律无法解决的问题领域。不断提升道德的教化作用,能够使市域社会的和谐稳定建立在较高的道德水平之上。⑤

(四)治理现代化:市域社会治理的终极目标

中共十八届三中全会提出"推进国家治理体系和治理能力现

---

① 闵学勤:《市域社会治理:从新公众参与到全能力建设——以 2020 抗击新冠肺炎疫情为例》,《探索与争鸣》2020 年第 4 期。
② 杨安、刘逸帆:《市域社会治理现代化研究:意义、原则、逻辑、框架和路径》,《社会治理》2020 年第 5 期。
③ 许晓东、芮跃峰:《市域社会治理智能化的体系构建与实现路径》,《江西财经大学学报》2021 年第 6 期。
④ 周振超、侯金亮:《市域社会治理法治化:理论蕴含、实践探索及路径优化》,《重庆社会科学》2021 年第 8 期。
⑤ 许晓东、芮跃峰:《市域社会治理现代化:体系建构与路径选择》,《社会主义研究》2021 年第 5 期。

代化"的总体目标,国家治理的现代化既包括国家制度体系的现代化,也包括制度执行能力的现代化,二者的结合有助于保障制度文明的先进性和有效性。① 市域社会治理现代化是国家治理体系和治理能力现代化在市域层面细化的具体目标,"如何在一个超大城市中看管好一个井盖"这类看似琐碎细微的问题,都是市域社会治理现代化的重要责任。市域社会治理现代化包括市域社会治理理念现代化、体系现代化与能力现代化,其中,治理理念现代化以专注目标导向、政治导向、为民导向、问题导向、效果导向"五个导向"为指引,治理体系现代化以建设政治体系、自治体系、法治体系、德治体系"四大体系"为核心,治理能力现代化以提升统筹谋划能力、群众工作能力、政法改革能力、创新驱动能力、破解难题能力、依法打击能力、舆论导控能力"七大能力"为重心。② 市域社会治理现代化更加强调部门间协作的网络化,构建严密高效的部门间关系网络可以优化属地管理与政府核心职能转变下的制度安排。③ 市域社会治理现代化更加强调多种要素和谐共生、多方力量共同参与治理、多元主体共享发展成果④,从而对政府权力的治理领域和实践效能起到规范作用。⑤ 市域社会治理现代化的终极目标,约束着市域社会治理在空间维度上更加强调城乡融合,在行动主体上更加强调多元组合,在治理手段上更加强调系统综合,在治理目标上更加强调远近结合。⑥

---

① 姜晓萍:《国家治理现代化进程中的社会治理体制创新》,《中国行政管理》2014年第2期。
② 陈一新:《推进新时代市域社会治理现代化》,《人民日报》,2018年7月17日第7版。
③ 曹海军、陈宇奇:《部门间协作网络的结构及影响因素——以S市市域社会治理现代化试点为例》,《公共管理与政策评论》2022年第1期。
④ 段传龙:《论我国社会治理社会化的路径》,《中州学刊》2018年第8期。
⑤ 宋英猛:《多元主体参与市域社会治理的实现路径》,《社会治理》2019年第12期。
⑥ 于秋颖:《市域社会治理现代化的功能定位、目标导向与建构逻辑》,《长春理工大学学报》(社会科学版)2022年第1期。

三、从郡县制到市域社会治理现代化：市域社会治理的历史逻辑与现实依据

（一）郡县制的沿袭和替代：市域社会治理的历史逻辑

习近平总书记强调，"一个国家选择什么样的治理体系，是由这个国家的历史传承、文化传统、经济社会发展水平决定的，是由这个国家的人民决定的。我国今天的国家治理体系，是在我国历史传承、文化传统、经济社会发展的基础上长期发展、渐进改进、内生性演化的结果"。① 站在历史的角度，可以探寻市域社会治理的历史逻辑，将中国传统智慧纳入市域社会治理现代化的推进过程中。② 有学者指出，市域社会治理是中国古代实行的中央集权体制下的郡县制在现代治理体系中的沿袭和发扬。郡县制始于春秋战国时期，确立完善于秦代。郡县制的建立，是中央集权制形成过程中的重要环节，也是官僚政治取代贵族政治的重要标志。郡县制的核心在于"中央集权+文官制度"。③ 从历史上溯源，探寻市域社会治理的历史逻辑，可以发现市域社会治理基本延续了"郡县治，天下安"的传统治理思想和历史传统。④

---

① 《习近平在省部级主要领导干部学习贯彻十八届三中全会精神全面深化改革专题研讨班开班式上发表重要讲话》（2014年2月17日），中共中央党校官网，https://www.ccps.gov.cn/xxsxk/xldxgz/201908/t20190829_133857.shtml，最后浏览日期：2022年3月19日。

② 何阳、娄成武：《市域社会治理现代化的理论蕴涵及建构路径》，《求实》2021年第6期。

③ 曹锦清、刘炳辉：《郡县国家：中国国家治理体系的传统及其当代挑战》，《东南学术》2016年第6期。

④ 姜方炳：《推进市域社会治理现代化：历史源流与现实动因》，《中共杭州市委党校学报》2021年第1期。

当然,在不同的历史阶段,由于国家和社会结构的巨大差异,基层治理模式也不尽相同。囿于资源匮乏、信息梗阻、交通闭塞等诸多现实因素,在不同的历史阶段,传统中国的社会治理体系的系统性、整体性程度较低。传统中国的市域管理体制遵循城乡合一与政治中心优先发展的原则,京城的发展受到高度重视,因此忽略了城乡差异和非政治中心的发展需求。然而,传统中国在社会治理方面十分重视消解官民冲突等威胁社会稳定的风险,允许基层社会保持某些环节的自治,以便缓冲统治者与民众间的矛盾;统治集团也会建立深入社会内部的纵向监控系统,以随时监视和消除威胁政权稳定的因素。传统中国社会治理的历史经验表明,当代市域治理应遵循政府治理与基层自治相结合的模式。①

随着我国城镇化进程和全面深化改革的持续推进,"郡县治,天下安;郡县富,天下足"的经典命题遭遇挑战。一方面,根据有关学者的"接点政治"理论,在国家政治体系中,县域属于国家上层与地方基层、中央领导与地方治理、权力监督与权力运作的底层连接处,处于国家权力监督的末梢;县域社会处在链接城市与乡村、中心与边缘、现代与传统的"接点"位置。② 就地方而言,在县域社会治理这一前沿治理阵地上,县级政府是地方权力权威的象征,掌握着当地各项资源的调度、分配和使用权,承担着县域经济和社会长久发展的主要使命。然而,对于整个国家治理体系来说,县域在治理的辐射范围、可用资源、响应速度、统筹能力、人才储备、立法权限和体系建设等方面均存在或多或少不可避免的劣势,县一级的社会治理缺乏整合、统筹的空间。另一方面,县域的空间概念较为狭窄,无法全面涵盖城市社区、城乡接合部、乡村基层等区域的社

---

① 顾元:《市域社会治理的传统中国经验与启示》,《中共中央党校(国家行政学院)学报》2020年第4期。
② 徐勇:《"接点政治":农村群体性事件的县域分析——一个分析框架及若干个案为例》,《华中师范大学学报》(人文社会科学版)2009年第6期。

会治理场景,难免会陷入"螺蛳壳里做道场"的窘境。因此,在现代社会治理的实践探索过程中,在县域层面上不易产生可以复制、推广的模式和经验。与之相比,作为顶层制度设计在中级层面的具体政策安排,市域社会治理在县域社会治理的基础上实现了治理场域的转换①和治理层级的提升,为实现在更高层级、更为广阔的区域空间内的城乡统筹发展提供了更为丰富的前提条件。可以说,如今"郡县治,天下安"即将被"市域治,国家安"这一新的时代命题所替代。

(二)一个强有力的中间治理层级:市域社会治理的现实依据

1. 位置依据:市域是社会治理的中间调适单元

在国家治理和基层治理之间,社会治理体系迫切需要一个强有力的中间结构,以适应越来越复杂的社会治理需求。近年来,县域作为一个传统治理单元被学者们寄予厚望,有学者提出,县城将成为中国城镇化发展模式转型升级的关键空间布局②,县域治理弥补了基层治理的不足。然而,县域经济和社会发展的地方性色彩浓厚,主要依靠内循环发挥作用,在走向高层次、更高质量的城市化时面临着先天缺陷;地缘相近、人缘相亲、文化相通的固有因素,使得县域社会结构还存在固化风险,在很大程度上影响县域内的社会发展活力。③ 随着城市化进程的加速,社会矛盾纠纷牵扯到的利益群体、事务范围、影响级别已经超越了传统县域社会治理层级能够解决的职权范围。因此,为了避免社会治理走向治理悬

---

① 黄新华、石术:《从县域社会治理到市域社会治理——场域转换中治理重心和治理政策的转变》,《中共福建省委党校(福建行政学院)学报》2020年第4期。
② 刘炳辉、熊万胜:《县城:新时代中国城镇化转型升级的关键空间布局》,《中州学刊》2021年第1期。
③ 王阳、熊万胜:《市域社会治理现代化的结构优势与优化路径》,《中州学刊》2021年第7期。

浮的困境,迫切需要一个强有力的中间治理层级,以弥补治理体系中存在的结构性缺陷,使得宏观的国家治理"接地气",微观的基层治理摆脱"内卷化"窘境。作为社会治理新的理想类型[①],市域是社会治理的中间调试单元,具有向上承接国家治理、向下对接基层治理的位置优势,可以有效地化解治理悬浮的困境。

2. 结构依据:市域具有统筹城乡融合发展的结构性优势

在过去的很长一段历程里,我们强调增长导向型的城市发展模式,专注于推动城市的经济增长形成发展效应,通过生产要素在城镇快速汇集而带来的产业集聚效应,吸引农民工进城,解决失业问题。这种发展模式导致城乡处于长期二元分割的状态,城乡社会治理"两张皮"的问题突出,衍生出城乡公共资源配置不均衡、公共服务惠及面不充分、进城务工人员社会福利严重匮乏等社会问题。城市与乡村是无法分割开来单独治理的命运共同体。中共十九大首次提出了"建立健全城乡融合发展体制机制和政策体系"的决策部署,这是加快推进农业农村现代化、实现乡村振兴的重要指导方针。市域是城市和农村两种社会形态的有力结合点,市域社会治理要突出建立在城乡融合发展基础上的公共性价值诉求。[②] 市域社会治理的提出,兼顾了城乡的统筹发展、融合治理,是均衡发展型、民生导向型的治理模式,强调人人有责、人人尽责、人人享有,注重协调城乡发展过程中的各种利益关系、化解各种矛盾,有助于推动城市发展与乡村发展的齐头并进、同频共振。[③]

3. 立法依据:市一级具有相对灵活的法律制定空间

中共十八届三中全会提出,要"逐步增加有地方立法权的较大

[①] 吴晓林:《城市性与市域社会治理现代化》,《天津社会科学》2020年第3期。
[②] 霍建国:《市域社会治理的公共性价值诉求与实现路径》,《领导科学》2020年第20期。
[③] 姜晓萍、董家鸣:《市域社会治理现代化的理论认知与实现途径》,《社会政策研究》2019年第4期。

的市的数量",中共十八届四中全会进一步提出,要"依法赋予设区的市地方立法权",由此迎来了地方立法权的大面积"扩容"阶段,这是我国地方立法体制的重大变革,必将带来广泛而深刻的影响。① 在市一级层面,可以依据市域社会发展的现实情况,因地制宜地构建、完善与市域社会治理现代化相适应的法律制度体系,增强市域竞争力。② 法治是国家治理的基本形式,社会治理是国家治理的重要内容。"小智治事,中智用人,大智立法",提高市域社会治理法治化水平,必须坚持立法先行,充分发挥立法的引领和推动作用。通过推动立法决策与改革决策精准衔接来提高立法的精细度,以问题导向为核心思想制定地方性法规条例,以地方立法追求市域社会治理现代化的良法善治。③

四、因地制宜的探索:市域社会治理现代化的地方经验

市域社会治理现代化是市域社会治理与治理现代化相结合的一个较为新颖的研究课题,也是中央为地方治理提出的全新考验。国家治理体系和治理能力现代化的发展战略,设计在中央、谋划在省域、统筹在市域、贯彻在区县、稳固在村社。地方政府应当借此契机,充分发挥地方党委总揽全局、协调各方的领导作用,将社会治理置于市域发展全局中统筹谋划,将市域范围内的社会治理现代化提升一个能级,实现地域内的城乡统筹发展目标,开创共建共治共享的治理格局。自中共十九届四中全会将"加快推进市域社

---

① 王春业:《论赋予设区市的地方立法权》,《北京行政学院学报》2015年第3期。
② 成伯清:《市域社会治理:取向与路径》,《南京社会科学》2019年第11期。
③ 《把握时代脉搏 坚持立法先行 充分发挥立法的引领和推动作用》(2015年9月25日),中国人大网,http://www.npc.gov.cn/zgrdw/npc/lfzt/rlyw/2015-09/25/content_1947262.htm,最后浏览日期:2022年3月19日。

会治理现代化"正式纳入章程以来,不同地方结合当地的实际情况,积极进行了推进市域社会治理现代化的有益探索,市域社会治理现代化工作在全国范围内有序展开。以下文献具体介绍了不同地方政府在市域社会治理现代化方面的尝试和探索,为其他地方的市域社会治理现代化实践提供了有价值的借鉴。

(一)"枫桥经验"的新时代样本:浙江省杭州市搭建"六和塔"工作体系

近年来,浙江省杭州市逐步构建了"六和塔"的市域社会治理工作体系,致力于打造全国市域社会治理现代化标杆城市。"六和塔"工作体系专注将数字治理向村社全面延伸,建成了区县、镇街、村社三级矛盾协调中心,并通过党建统领切实推进基层社会治理工作,逐步形成共建共治共享的社会治理新格局。[1]"六和塔"工作体系是一种全覆盖、立体化的市域社会治理创新工作体系。该工作体系取名"六和塔",既呼应了杭州市著名的城市文化地标建筑——六和塔的美名,又采纳了古时"六合"美好愿景的谐音。"六和塔"工作体系的内涵意蕴借助了塔的造型来表现,将塔尖、塔身、塔基分别代表党建统领为尖、"四化"支撑为身、"三治"融合为基。党建统领为尖充分彰显了党建引领在市域社会治理现代化中的战略性地位。通过创新"网格+党建""社会组织+党建"等多种结合形式,发挥党组织在社会治理中的引领功能;"四化"支撑为身代表"六和塔"工作体系的支柱力量,通过强化主体整合、队伍建设、技术支撑、法治保障等方面的整体合力,做到治理工作社会化、法治化、智能化、专业化;"三治"融合为基是坚持法治、德治和基层自治的融合。"六和塔"中的"六"有两层内涵,包含构建"六大体系"、提

---

[1] 《构建市域社会治理"六和塔"工作体系》(2021年12月4日),浙江政务服务网,http://www.hangzhou.gov.cn/art/2021/12/4/art_812262_59045508.html,最后浏览日期:2022年3月19日。

升"六和能力"两个方面,即构建党建引领、群防群治、纠纷化解、科技支撑、平安宣传、法治保障六大体系,提升党建领和、社会协和、多元调和、智慧促和、文化育和、法治守和六大能力。① 通过"六和塔"工作体系,杭州市延续了"枫桥经验"的"小事不出村,大事不出镇,矛盾不上交"的社会治理目标,同时增加了"平安做引领,智慧做领跑,服务做示范"的"三做"目标,形成了具有杭州特色的市域社会治理现代化经验。②

(二) 多元主体协作的平台:广东省佛山市建立"1+3+X"群众诉求服务体系

多元主体协作参与治理,是市域社会治理现代化的重要特征。实现市域社会治理现代化,离不开党委领导、政府负责、民主协商、社会协同、公众参与任意一方的力量。作为广东省首批申报的市域社会治理现代化试点城市之一,佛山市的市域社会治理工作入选"全国市域社会治理创新案例(2020)"。佛山市利用"智能化+网格化"的运作方式,搭建了"1+3+X"的群众诉求服务体系。"1+3+X"服务体系中的"1"代表市群众诉求服务中心总平台;"3"代表3个分平台,分别负责诉前和解、信访诉求和公共法律服务三方面的事务处置;"X"代表其他辅助性平台,这些平台由多个职能部门分别归口管理,实现专业性问题的专业性处置。③ 在"1+3+X"服务体系下,佛山市市域社会治理现代化形成了市—区—镇三级政府的权责清单划分,即市一级负责统筹协调、区一级

---

① 姜方炳:《"六和塔"工作体系:市域社会治理的杭州探索及启示》,《社会治理》2020年第5期。
② 《向人民报告丨构建"六和塔"工作体系,杭州争当市域社会治理现代化排头兵》(2018年10月22日),搜狐网,https://m.sohu.com/a/270450174_349109/,最后浏览日期:2022年3月19日。
③ 唐梦:《佛山构建"1+3+X"群众诉求服务体系,打造"和功夫"》(2020年8月13日),南方网,http://pc.nfapp.southcn.com/40/3894898.html,最后浏览日期:2022年3月18日。

负责组织实施、镇一级负责打牢基础。佛山市通过"1+3+X"服务体系的搭建,化解了社会矛盾、优化了政府职能、实现了技术赋能,在市域社会治理现代化进程中达成了智能化治理与多元主体联动的有益结合。①

(三)凝聚市域社会治理现代化的向心力:河北省石家庄市健全"五个体系"治理模式

河北省石家庄市以推进市域社会治理现代化工作为切入点,以市委书记任组长,以不同职能部门组成专业力量队伍,成立了推进市域社会治理现代化试点建设的工作领导小组,形成了党委领导、政府负责、社会协同、公众参与、联动指挥的市级统筹体系;通过政治引领、法律保障、德育教化、自治配合、智治支撑,使人民群众的安全感、获得感、幸福感获得了全面的提升。② 石家庄市的市域社会治理现代化体系涵盖五个细化的体系目标:第一,完善国家政治安全体系。通过情报引领,防范、打击各种颠覆破坏活动、暴力恐怖活动、民族分裂活动、宗教极端活动和邪教活动。第二,完善社会治安防控体系。以"扫黑除恶"专项斗争常态化为龙头,开展"金盾风暴"专项行动。第三,完善矛盾多元化解体系。市县两级建立诉调对接中心,县乡两级建立"三调联动"指挥中心,同时建立行业性调解组织和个人品牌调解室。第四,完善社会心理服务体系。健全服务网络,搭建服务平台。例如,石家庄市广播电视台开展"绿丝带·心灵之约"活动、开办"绿丝带心灵"课堂,机关和企事业单位开展"职工心灵家园"建设。第五,完善公共安全防范体

---

① 宁超、喻君瑶:《"智治"与"联动":中国市域社会治理现代化的一种新形态——基于佛山市"1+3+X"的案例分析》,《地方治理研究》2022年第1期。

② 《石家庄奋力打造市域社会治理现代化标杆城市》(2021年12月1日),新华网,http://www.he.xinhuanet.com/xinwen/2021-12/01/c_1128118473.htm,最后浏览日期:2022年3月19日。

系。研发全市应急管理信息化综合应用平台,横向实现市级多部门视频沟通,纵向实现各应急管理部门对接磋商。①

此外,全国其他地方的市域社会治理现代化推进工作也如火如荼,呈现遍地开花的景象。福建省厦门市遵循"平台联通、数据融通"理念,依托先进的大数据技术手段建立了各类信息共享和公共服务平台②,其中包括政务信息共享协同平台、社区服务管理网格化平台、信用厦门平台、厦门百姓 APP 等,着力于解决市域社会治理现代化进程中的突出问题,形成了政治导向下的创新驱动与智慧治理体系③;浙江省衢州市作为浙江省"最多跑一次"改革的先行示范市、"县乡一体、条抓块统"改革在浙江省唯一的全市域综合试点市,打造了红色物业联盟、社区治理和服务创新实验区等多个成功的品牌。④ 这些市域社会治理现代化的做法为全国其他地区解决市域社会治理现代化过程中的共性问题提供了非常好的参考和借鉴。

五、市域社会治理现代化的现实困境与优化路径

市域社会治理现代化以人民美好生活为追求,以公共服务为重点,以协商协同为重心,以科技支撑为手段,以安全稳定为底线,是宏观决策与微观施策、城市治理与乡村治理、国家治理与社会治

---

① 杨安、崔立华、徐超、熊忠良:《推进市域社会治理现代化的石家庄模式》,《社会治理》2020 年第 5 期。
② 姜坤:《新时代市域社会治理现代化初探》,《行政与法》2019 年第 11 期。
③ 杨安:《大数据与市域社会治理现代化——厦门实践与探索》,《经济》2018 年第 2 期。
④ 浙江省衢州市社会治理现代化研究课题组:《党建统领+基层治理:市域社会治理现代化的衢州样本》,《社会治理》2020 年第 5 期。

理、风险防范与矛盾化解的集成地与连接处。① 市域社会治理现代化在市域范围内破解了治理的碎片化、悬浮化和内卷化困境。目前,市域社会治理现代化工作仍处于实践探索的阶段,不同地方面临的治理难题不尽相同,故而体制机制创新、治理手段以及治理工具的选择具有多样性,尚未形成一套完整成熟的、可以推广至全国的治理模式。然而,通过置身市域社会治理现代化的现实情境,分析当前市域社会治理现代化的现实困境,可以探寻市域社会治理现代化的普遍规律与优化路径。

(一) 市域社会治理现代化的现实困境

1. 地方对市域社会治理现代化缺乏正确的理解

社会事实多样性、社会主体异质性、群体利益多元性加之治理情境的高度不确定性,给新时代市域社会治理带来了巨大的挑战。② 在地方市域社会治理现代化实践中,存在观点先行、实践滞后的情况,即许多地方在推进市域社会治理现代化工作过程中,盲目效仿和追从其他地方的做法,沉溺于集体"喊口号",积极彰显思想观点,但实质上并没有理解和把握市域社会治理现代化的真正属性,治理过程中的"市域性"不突出、不明显,市域社会治理现代化体制机制建设不足、统筹全局意识不充分,亟待进一步提高。出现这些现象主要是由于对市域社会治理现代化的内涵与外延缺乏正确的理解和认识。在对市域社会治理现代化的内涵把握上,一些地方对于为什么要推进市域社会治理现代化工作的理解不够充分,认为只是换了一个新的提法,在工作推进中容易将市域社会治理等同于基层社会治理,无法牢牢把握市级主题、发挥市级优势、

---

① 钟海、刘欣钰:《市域社会治理的中国特色、时代特征与市域特点》,《西安财经大学学报》2021 年第 6 期。
② 陈静、陈成文、王勇:《论市域社会治理现代化的"智慧治理"》,《城市发展研究》2021 年第 4 期。

突出市域特点,导致工作目标不明、着力点不准、推进力度不大;在市域社会治理现代化的外延界限上,往往会把市域社会治理拓展为市域治理,将经济、文化、生态文明建设等内容都纳入进来,致使工作事无巨细却"心有余而力不足",造成"小马拉大车"的窘境。①

2. 市域社会治理现代化的制度建设尚不完善

制度安排决定治理结构,将制度优势转化为治理效能是实现市域社会治理现代化的核心问题。市域社会治理现代化涉及市域范围内城乡社会发展的各类复杂事务的处置,是一个内涵十分丰富的概念,因此需要配备各种各样先进的制度。不同类型制度自成一派、边界不清抑或交叉重叠,容易造成制度之间独立与依存关系共同存在的复杂情况,导致市域社会治理面临严峻的制度困境。在实际的制度制定、制度执行和制度反馈环节,存在诸多隐患:在制度制定环节,全新制度的科学合理性无法得到验证,多项制度间衔接不畅导致不同治理领域的同频共振无法实现;在制度执行环节,制度贯彻执行的形式主义"空转",带来执行效果不理想的局面;在制度反馈环节,灵敏迅速的评价反馈机制未完全建立,导致难以及时发现问题并对制度进行修正。② 制度困境得不到突破和化解,市域社会治理现代化工作的效果便难以长久持续。

3. 市域社会治理的数字化转型程度有待提升

目前,大数据正以一种多维度、大范围的方式,改变着人们的生活和生产方式。政府对数据的掌握逐步演进为对大量分散数据的汇集、存储和分析,大数据拓展了公共管理的认知边界。在市域社会治理数字化转型过程中,一则政务数据应用体系化程度较低。一些地方政府虽然明白数据资源建设的重要性,并将数据资源建

---

① 陶希东:《市域社会治理现代化:理论内涵、现实困境与优化路径》,《治理现代化研究》2022年第1期。

② 刘灵辉、田茂林:《市域社会治理现代化的制度困境突破:基于制度云平台的构想》,《电子科技大学学报》(社会科学版)2022年第1期。

设作为本部门、本地区的一项重要工作,但尚未充分认识政府数据资源整合共享并形成体系化运作在市域社会治理现代化中的重要意义。二则政府数据开放与社会数据融合较难。大数据的价值在于融合和挖掘,但出于机密性和安全性的考虑以及数据共享需要统一的接口和顶层设计的原因,政府在与社会共享数据方面不愿意大胆尝试。三则数据分析对于决策的支持力度有限,很多只是对历史和实时数据的归纳和重组,并做成可视化展示,并没有很好地支持政府决策的过程。要实现敏捷、高效、人文、公正、法治的数字化转型,还有很长的路要走。①

(二) 市域社会治理现代化的优化路径

1. 深刻领悟市域社会治理现代化的内涵意蕴

深刻领悟市域社会治理现代化的内涵意蕴,多维度实现市域社会治理理念现代化,是实现市域社会治理现代化的第一步。基于空间政治经济学的理念,市域社会治理现代化工作应当依托市域空间,建立科学的空间治理体系;应当利用好城市空间规划的战略引领和能动调节作用,将人本城市、韧性城市、海绵城市、智能城市建设纳入市域空间治理体系;应当以主体功能区规划为基础,统筹空间、规模、产业关系结构,谋划生活、生产、生态战略布局,划清市域社会治理的生存线、生态线和保障线。② 基于市域社会治理的丰富理念,应当做到多维度的市域社会治理理念现代化,从"铸魂""民本""协同""融合""服务"和"创新"等多个维度塑造市域社会治理现代化理念体系。③ 基于韧性理念,市域社会治理现代化

---

① 施伟东:《论市域社会治理数字化转型的法治推进》,《政治与法律》2022年第3期。
② 刘鹏飞:《市域社会治理的障碍因素及应对策略——基于马克思主义空间政治经济学的新视角》,《学习与探索》2021年第12期。
③ 陈成文、陈静、陈建平:《市域社会治理现代化:理论建构与实践路径》,《江苏社会科学》2020年第1期。

体系应当在机制层、理念层和目标层谋求突破,在机制层面实行市域统筹、区县落实和联乡联村;在理念层面专注治理内容、治理方法和治理监测;在目标层面着手治理精细化、治理智能化和治理共同体的构建。①

2. 正确处理市域社会治理现代化中的多种关系

市域社会系统内部包含多个子系统,它们之间不是简单的线性关系,而是相互制约、相互作用的非线性关系②,人类社会及其组织间的非线性关系,比自然系统内的关系强得多。③ 市域社会治理现代化应从处理好三组关系入手,即通过调和治理体系和治理能力、治理层级和治理重心、党政统合和多元共治这三组关系,统筹市域资源形成纵向贯通、横向扩展的机制,以法治化、智能化手段提升治理效能。④ 站在不同行动主体的行动逻辑视角分析市域社会治理现代化的实现路径,可以根据各行动主体在主体结构中的位置和彼此之间的关系模式凝聚市域社会治理力量:党组织的行动逻辑是意识形态机制;政权组织的行动逻辑是权力机制;群团组织的行动逻辑是协商机制;经济组织的行动逻辑是交换机制;社会组织的行动逻辑是自组织机制。要打造共建共治共享的市域社会治理现代化格局,关键在于实现以"协同"理念为核心的"主客体关系"到"主体间关系"的思维转换、关系建构与制度创设。⑤ 厘清市域社会治理现代化中不同参与主体的角色定位和职责范围,

---

① 谢小芹:《市域社会治理现代化:理论视角与实践路径》,《理论学刊》2020年第6期。
② 郭烁、张光:《基于协同理论的市域社会治理协作模型》,《社会科学家》2021年第4期。
③ 张立荣、冷向明:《协同治理与我国公共危机管理模式创新——基于协同理论的视角》,《华中师范大学学报》(人文社会科学版)2008年第2期。
④ 杨磊、许晓东:《市域社会治理的问题导向、结构功能与路径选择》,《改革》2020年第6期。
⑤ 陈成文:《市域社会治理的行动逻辑与思维转向》,《甘肃社会科学》2020年第6期。

形成分工明确、协调有力、资源整合、运作高效的社会治理体系。①例如,在市域社会治理现代化的制度建设中,要用好社会组织的"助推器"角色,将社会组织吸纳到制度建设过程中来。② 相较于政府而言,社会组织具有获取民间信息、收集社会民意的天然优势,有助于政府在制度制定环节科学决策,在制度执行环节及时落实,在制度反馈环节灵敏迅速。目前,我国社会组织普遍存在资源短缺、组织能力不足、独立性与自主性有限等问题③,应在鼓励社会组织自我发展提高的基础上,着眼于消除旧有体制的痼疾、开创社会组织协同治理的新模式。④

3. 继续探索公共数据的开放共享

斯托克(Stoker)指出,治理不是依赖于政府的命令或使用其权威的权力,而是取决于政府能够使用新工具和技术来引导自身行为的能力。⑤ 以人工智能、量子信息、移动通信、物联网、区块链、大数据等为代表的新一代技术的社会化场景的开发运用,为市域社会治理现代化带来了强效的数字赋能。新技术的应用突破了政府部门与民众互动在时间和空间上的限制,降低了政府与民众交流互动的成本,拓宽了公共服务的渠道。⑥ 在市域社会治理现代化进程中,数据开放不畅会导致治理体系运行悬浮,公共数据的开放共享是决定市域社会治理现代化能否发挥整体协同作用的核

---

① 杨小俊、陈成文、陈建平:《论市域社会治理现代化的资源整合能力——基于合作治理论的分析视角》,《城市发展研究》2020 年第 6 期。
② 陈成文、陈建平:《论社会组织参与市域社会治理的制度建设》,《湘湖论坛》2020 年第 1 期。
③ 王诗宗、宋程成:《独立抑或自主:中国社会组织特征问题重思》,《中国社会科学》2013 年第 5 期。
④ 邱玉婷:《市域社会治理现代化格局中社会组织协同治理的效能提升》,《理论导刊》2021 年第 8 期。
⑤ Gerry Stoker, "Governance as Theory: Five Propositions", *International Social Science Journal*, 2010, 50(155), pp.17-28.
⑥ 吴结兵、崔曼菲:《数字化推进市域社会治理现代化——以嘉兴市为例》,《治理研究》2021 年第 6 期。

心所在。数字信息本身的去中心化、高链接性、可追溯性等特性，决定了只有在自由流动和开放共享的情况下才能实现数据对市域社会的治理价值。① 技术赋能市域社会全链条治理，要避免重数字化转型而轻价值关怀，应鼓励数字治理过程中的社会参与，推动数字社会的共建共治，推进数字化转型②，形成信息技术与人文精神、人本特质、社会文化共荣共生的互动融通状态。③ 同时，政府应着力推进数字共享的法治化，增强数字化转型的制度保障，实现技术创新与体制改革的协同增效。④

4. 创新市域社会治理现代化的运作机制体系

首先，要加强市域社会治理现代化的党建引领机制。应当破解"就党建抓党建""就治理抓治理"的隔绝现象，消除党建和市域社会治理之间的障碍，建立组织领导、指挥运行、考核评价的一整套工作体系，形成党建引领与市域社会治理现代化工作有效融合的"一盘棋"格局。⑤ 其次，要完善市域社会治理现代化的法治保障机制。在推进市域社会治理现代化的过程中，应当加快建章立制，以法治保障机制提升政府履职能力，促进社会合力协同治理，从而保障市域社会治理现代化的高质量发展。⑥ 再次，要落实市域社会治理现代化的部门协作机制。要避免各级政府部门低效参与、消极参与、被动参与的情况。落实政府部门在市域社会治理中的责任主体地位，更好地发挥政府部门在市域社会治理现代化进

---

① 薛小荣：《重大公共卫生事件中市域社会治理的数字赋能》，《江西师范大学学报》（哲学社会科学版）2020年第3期。
② 陈彩娟：《数据赋能全链条治理：市域社会治理现代化的路径选择》，《中共杭州市委党校学报》2020年第5期。
③ 陈剩勇、卢志朋：《信息技术革命、公共治理转型与治道变革》，《公共管理与政策评论》2019年第1期。
④ 张丙宣：《技术与体制的协同增效：数字时代政府改革的路径》，《中共杭州市委党校学报》2019年第1期。
⑤ 唐小平：《党建扎桩 治理结网 推进市域社会治理》，《红旗文稿》2020年第20期。
⑥ 董妍、孙利佳、杨子沄：《市域社会治理现代化法治保障机制研究》，《沈阳工业大学学报》（社会科学版）2020年第3期。

程中的政策支持和资源供给作用。① 最后,要推进市域社会治理现代化的多方参与机制。市域社会治理现代化可在身份认同、职能让渡、动力保障等方面为社会工作的参与释放空间②;通过树立市域社会治理的公共价值理念,建立市域社会治理共同体的良善运行规则,形成市域社会治理公众参与共同体。③

六、简要述评与未来展望

(一)简要述评

学者们从市域社会治理的内涵意蕴和构成要素出发,通过对市域社会治理这一概念在空间要素、实践场域、治理手段、治理目标等多重维度的拆解,获得了全方位、多角度的较为有力的解释。从历史逻辑来看,研究者认为市域社会治理是郡县制的沿袭和替代,作为顶层制度设计在中级层面的具体政策安排,市域社会治理在县域社会治理的基础上实现了治理场域的转换和治理层级的提升,为实现在更高层级、更为广阔的区域空间内的城乡统筹发展提供了更为丰富的前提条件。从现实依据来看,市域社会治理拥有其他层面无法比拟、难以替代的优势,因此,市域社会治理现代化是符合时代发展主题和国家治理目标的适时选择。

大多数学者的研究实现了与现实情境的有机结合,总结了不同地方在推进市域社会治理现代化过程中遇到的现实难题和困境,并提出了进一步的解决方案和优化路径,为当地的市域社会治

---

① 陈成文:《市域社会治理的行动逻辑与思维转向》,《甘肃社会科学》2020年第6期。
② 戴香智、侯国凤、严华勇:《社会工作助力市域社会治理现代化研究》,《社会工作》2020年第3期。
③ 马海韵:《市域社会治理中的公众参与:理论框架与实践路径》,《行政论坛》2021年第4期。

理现代化工作拓展了进一步提升的空间,也为其他地方的市域社会治理现代化工作提供了有益借鉴。虽然既有研究对市域社会治理现代化的地方实践中形成的治理模式、理念和机制进行了细致的介绍和总结,但总体来看,针对市域社会治理现代化的研究还有一定的欠缺,比如缺少对市域社会治理现代化不同模式的比较和差异化研究,缺少对地方市域社会治理现代化不同阶段的持续性考察和实证研究,缺乏理论与实践的紧密结合。

在市域范围内,不同主体均处在流动和不确定中,不同主体的关系也在时刻发生着变化。市域社会治理现代化面临着各种各样的风险和挑战,市域社会治理需要更快、更好地适应变革,及时调整思路并解决问题。对于市域社会治理现代化过程中普遍存在的问题,学者们观察到:地方对市域社会治理现代化的内涵与外延缺乏正确的理解和认识,市域社会治理现代化的制度建设在制定、执行和反馈环节尚不完善,市域社会治理的数字化转型程度有待提升。

从某种意义上来说,市域社会治理现代化还处于初步探索的阶段,目前各地形成的模式和机制还存在诸多需要调整和完善的地方,因此,现有研究还有很多尚待探索的空间和需要挖掘的潜力。市域社会范围内的矛盾和难题很难通过一套固定的模式和机制得到一劳永逸式的解决,这不单单是一个政府部门能够解决的事情,需要多个职能部门的有效配合;也不单单是依靠政府的力量就可以摆平的事情,需要来自党组织、政府、群团组织、经济组织、社会组织等多方力量的协作和努力。市域社会治理现代化应当从人民群众的实际出发、坚持"以人为本"的理念,树立问题导向意识,将人工智能、量子信息、移动通信、物联网、区块链、大数据等先进技术运用到市域社会治理现代化场景之中,实现人民对"美好生活"的期盼。"美好生活"是一个包容性很强的概念,市域社会治理现代化必须坚持在党建引领下实现政治、自治、智治、法治、德治的"五治"融合。

（二）未来展望

中国社会在当下和未来的较长一段时间内均会处于快速运转和变革的"变动社会"阶段[①]，中国社会治理必然面临多种多样的矛盾点和作用力的叠加。市域社会已然成为矛盾汇聚、火力集中的主要场所，市域社会治理向上承接省域治理、国家治理，向下对接县域治理、乡镇治理，在市域范围内实现社会矛盾和问题的及时发现、就地化解具有重大的意义。市域是一个处于中间位置的关键统筹层级，市域社会治理现代化可以实现更大范围内的资源整合和力量融合，为促进社会公平正义、保障人民生活安定幸福、最终实现共同富裕目标提供了更广阔的平台、奠定了更坚实的基础。市域社会治理现代化是一个多元主体参与协作、多重技术有效叠加、多种利益相互协调、多项矛盾破解消除的复杂过程，要坚持以服务人、发展人为中心，以发现问题、解决问题为切入点，以提高效率、促进和谐为目标，实现更高质量的发展和更高水平的治理，最终开拓共建共治共享的新格局。基于既有的研究现状，未来可以从以下角度进一步拓展市域社会治理现代化的深入研究。

市域社会治理现代化是市域治理现代化的重要维度，对于这个治理领域，有许多问题值得深入探索：其一，市域社会治理现代化如何与市域政治治理现代化、市域经济治理现代化、市域文化治理现代化以及市域生态治理现代化区别开来，从而突出其社会属性？同时又该如何与这些领域的市域治理现代化有机结合？既有的部分研究存在将市域社会治理现代化与市域治理现代化混淆或者等同的情况。两种概念的模糊处理，导致市域社会治理现代化的特点不突出，"社会性"难以得到彰显。其二，市域社会治理现代化如何同城市治理现代化、基层治理现代化区别开来，从而强调其

---

① 李友梅：《中国现代化新征程与社会治理再转型》，《社会学研究》2021年第2期。

"市域"属性？既有的部分实证研究提出的有关市域社会治理现代化的实现路径或对策建议，放置于城市治理现代化、基层治理现代化的情境下依旧适用，存在针对性不强的情况。其三，市域社会治理现代化强调社会力量的协同参与，具体是以什么样的方式推进？如何规范社会团体、组织和个人在市域社会治理现代化过程中的参与行为？应当怎样评估社会力量参与的治理效果？是否需要建立一套细化的指标体系，对政府部门和社会力量参与市域社会治理现代化的贡献和效果进行评估？在社会力量的参与方面，大多数研究强调了多元主体协同参与、共同治理的重要性，多为应然层面的结论，在实然层面应当提供怎样的激励机制以具体落实？其四，如何在确保市域社会治理数据安全可靠的前提下，推动公共数据与社会数据的融合，实现公共数据开放共享？在技术赋能市域社会治理现代化过程中，政府在选择合作的技术提供方时，从确定技术需求到明确合作标准到拟定提供方再到技术开发结果评价反馈，如何建立起一套全流程的监管体系？这些问题都值得结合市域社会治理现代化的实践继续开展深入研究。

市域治理现代化的推进机制、实践模式与优化路径
——基于南通市的经验调查

郝文强*　唐亚林**

[内容摘要]　市域治理现代化是实现国家治理体系与治理能力现代化的战略支点,如何推进市域治理现代化是理论界与实务界亟需回答的重要命题。基于南通市市域治理现代化的实践,研究发现,自上而下的行政压力与领导注意力、治理目标与现实需求之间的张力以及强有力的组织、技术与知识支持,是驱动市域治理现代化建设的关键力量。在数字治理理念引领与智能技术支持的基础上,南通市通过以事为中心的组织体系重塑、运行机制建构与治理场景开发,推动市域治理制度创新,形成了技术驱动制度创新的市域治理现代化模式,有效地提升了市域治理能力。然而,南通市市域治理现代化建设在数据治理、党的领导、居民参与、事件处置与行政问效等方面还有待继续强化与完善,以此更好、更快地实现市域治理现代化目标。

[关键词]　市域治理现代化；技术驱动制度创新；数字治理；联动指挥

　　郡县安,天下安。市域作为一定地域范围内人口、资源、经济、服务的高度聚集地,是撬动国家治理现代化的战略支点。市域治

---

*　郝文强,复旦大学国际关系与公共事务学院博士研究生。
**　唐亚林,复旦大学国际关系与公共事务学院教授、博士生导师。

理是国家治理的重要基石,在国家治理体系中发挥着承上启下的枢纽作用。① 市域治理现代化是国家治理体系现代化与治理能力现代化的重要组成部分,是统筹城市发展、治理与服务三大功能,实现经济高质量发展、社会治理精细化与公共服务均等化等目标的重要抓手。

党中央高度重视市域治理现代化。习近平总书记在党的十九届四中全会上强调:"构建基层社会治理新格局……加快推进市域社会治理现代化。"②中央政法委在2019年12月3日召开全国市域社会治理现代化工作会议,提出"以开展市域社会治理现代化试点为抓手,探索具有中国特色、市域特点、时代特征的社会治理新模式"的目标③,鼓励各地方积极探索、大胆创新,全国市域社会治理现代化试点正式启动。

南通市政府积极响应中央号召,围绕市域治理现代化的目标展开了积极探索。2020年1月,南通市委召开第十二届十次全会,规划了南通市市域治理现代化建设的宏伟蓝图,成立市域治理体系和治理能力现代化领导小组,强势推进市域治理现代化工作。为此,南通市创新打造了全国首个市域治理现代化指挥中心(简称"指挥中心")作为市域治理综合性的指挥调度平台,于2020年6月19日正式挂牌运行。该指挥中心由市12345政府公共服务平台及城市管理监督指挥中心数字城管职责、市委政法委网格化服务管理职责整合组建,与市大数据管理局实行"一体化运行"。经过一年多的实践探索,南通市市域治理现代化在上级指引、地方谋

---

① 陈一新:《推进新时代市域社会治理现代化》,《人民日报》,2018年7月17日,第7版。
② 《中共中央关于坚持和完善中国特色社会主义制度 推进国家治理体系和治理能力现代化若干重大问题的决定》(2019年11月5日),中国政府网,http://www.gov.cn/xinwen/2019-11/05/content_5449023.htm,最后浏览日期:2022年3月7日。
③ 陈一新:《市域社会治理现代化试点启动 全部地市都有均等机会参与!》(2019年12月3日),百家号,https://baijiahao.baidu.com/s?id=1651905320326931375&wfr=spide&for=pc,最后浏览日期:2022年3月8日。

划、实践需求、经验支持等诸多因素的驱动下,形成了以数字治理理念为引领与数字技术赋能为基础的,通过组织体制重塑、运行机制建构、治理场景开发等方式最终实现治理制度体系创新的实践模式。南通市市域治理现代化成效显著,《大数据赋能打造市域社会治理现代化"南通样本"》入选中国改革2021年度案例名单,赢得了全国范围的广泛关注。

一、市域治理现代化的推进机制

南通市市域治理现代化走在全国前列,其建设过程成为全国各地的学习对象。从南通市探索市域治理现代化的实践过程来看,主要受到了国家战略部署与地方领导重视、治理目标与治理需求双向驱动等推力以及技术、知识与经验等资源支持的影响。

(一)自上而下的政策引导与领导注意力分配

作为中央政法委向全国号召发起的市域社会治理现代化试点,南通市在推进市域治理现代化过程中必然受到来自中央政府的政策鼓舞。同时,领导的注意力分配也是影响地方政府创新试点的重要因素,南通市市域治理现代化的成功推进得益于地方领导与上级部门的高度重视。

1. 中央战略部署:国家治理体系现代化与治理能力现代化

市域治理现代化是推进国家治理体系现代化与治理能力现代化的重要抓手。南通市市域治理现代化试点是国家治理体系与治理能力现代化在市域范围内的具体探索,也是对国家治理体系与治理能力现代化要求的积极响应。2013年11月,党的十八届三中全会首次提出将国家治理体系现代化与治理能力现代化作为全面深化改革的总目标。① 2017年10月,党的十九大报告再次强调:"全面深化改革总目标是完善和发展中国特色社会主义制度、推进国家治理体系和治理能力现代化。"②2019年10月,党的十九届四中全会对推进国家治理体系和治理能力现代化作出了战略部署,全会审议通过《中共中央关于坚持和完善中国特色社会主义制度、推进国家治理体系和治理能力现代化若干重大问题的决定》,提出加快推进市域社会治理现代化的具体任务,正式将市域治理现代化明确作为国家治理体系与治理能力现代化的重要内容之一。2019年12月,中央政法委召开全国市域社会治理现代化工作会议,启动了全国市域社会治理现代化试点工作。2020年5月,南通市被中央政法委列为全国首批市域社会治理现代化试点城市。由此可见,南通市市域治理现代化试点探索是在中央国家治理体系与治理能力现代化目标与中央政法委召开全国市域社会治理现代化工作会议的背景下展开的。因此,中央对于市域治理现代化的目标定位与试点工作要求对南通市市域治理现代化实践形成了自上而下的政策引导,也是推动南通市市域治理现代化试点的原动力。

2. 地方领导重视:省领导注意力分配与市领导挂帅出征

作为地方试点,南通市市域治理现代化的顺利推进离不开地方领导的重视,具体表现为省领导对市域治理现代化试点工作的高度关注,以及市主要领导亲自担任市域治理现代化领导小组组长。一方面,省政府领导积极响应中央试点号召,督促推进市域治理现代化试点工作。2019年12月,江苏省委十三届七次全会上,

---

① 《中共中央关于全面深化改革若干重大问题的决定》(2013年11月15日),中国政府网,http://www.gov.cn/jrzg/2013-11/15/content_2528179.htm,最后浏览日期:2022年3月10日。

② 《习近平:决胜全面建成小康社会 夺取新时代中国特色社会主义伟大胜利——在中国共产党第十九次全国代表大会上的报告》(2017年10月27日),中国政府网,http://www.gov.cn/zhuanti/2017-10/27/content_5234876.htm,最后浏览日期:2022年3月10日。

省委书记娄勤俭明确要求南通市"强化市域治理,扎实开展市域社会治理现代化试点,为国家治理体系和治理能力现代化积累经验、提供支撑"。对南通市而言,省委领导的重视形成了自上而下的行政压力。另一方面,南通市主要领导通过"立军令状"与"挂帅出征"的方式形成了市域治理现代化试点工作的又一重推动力量。2019年年底,南通市委书记向省委省政府立下军令状,提出要进一步加快南通市市域治理现代化发展步伐,争当全省市域治理现代化"排头兵"。为推进市域治理现代化建设这一重点工程,南通市专门成立了市域治理体系和治理能力现代化建设领导小组,市委、市政府主要领导担任领导小组双组长,常务副市长坐镇指挥统筹协调,市委副秘书长牵头组成工作专班,历时6个多月顺利建成南通市市域治理现代化指挥中心。在指挥中心建设过程中,市委书记、市长曾多次亲临指挥中心调研,为市域治理现代化建设明确目标和要求,坚定信心鼓干劲。南通市市域治理现代化之所以能够如此迅速推进,有赖于地方政府领导的高度重视与注意力分配。

(二)持续更新的目标任务与数字治理需求双重驱动

南通市市域治理现代化建设不仅受到上级的政策鼓舞,还受到地方治理目标任务与治理实践需求等内在因素的驱动。南通市市域治理现代化建设作为一项复杂庞大的系统工程,是在地方政府的逐步谋划与阶段性目标任务的持续推进中完成的。同时,南通市碎片化、割裂化的数字治理现状与整体政府建设之间的张力是推进市域治理现代化的内生动力。

1. 步步推进的市域治理现代化建设目标驱动

南通市市域治理现代化建设是在不断更新的阶段性目标与任务驱动下逐步完成的。从试点启动至今,南通市市域治理现代化建设根据其目标任务可以分为三个阶段。

第一阶段从 2020 年 1 月至 2021 年 8 月,是南通市市域治理现代化的初步建设阶段。该阶段的主要任务是按照"现代化"的治理理念,遵循相应的治理原则,打造具备多元综合功能的指挥平台,初步建成现代化的治理体制。2020 年 1 月,市委十二届十次全会报告提出市域治理现代化初步建设阶段的目标,即"围绕推动市域治理体制、工作布局、治理方式'三个现代化'。要按照'全覆盖、综合性、实时化、能预警、可追溯'五大原则,打造集'数据共享、智能搜索、统一监管、监测预警、分析研判、联动指挥、行政问效'七大功能为一体的指挥平台"。① 这一阶段处于市域治理现代化的摸索阶段,任务量大,又缺乏经验,因此投入了大量时间。

第二阶段从 2021 年 8 月至 2021 年 10 月,是南通市市域治理现代化的持续完善阶段。这一阶段的主要任务是构建市域治理现代化的治理机制,持续完善治理功能,形成较为完备的治理网络。2021 年 8 月,市委十二届十五次全会提出:"推进市域社会治理现代化试点城市建设,完善'大数据+网格化+铁脚板'治理机制,切实发挥三级区域治理指挥平台优势,强化数据共享、预警预判、联动指挥、行政问效四大核心功能,提高数据推送质量,实现指令精准落地;建强网格化服务管理中心,推进全要素网格建设……加强网格员队伍建设,提升专业化处置能力,健全激励机制……将党的组织建设到网格,使党的领导有效覆盖网格化治理各方面。"②

第三阶段从 2021 年 10 月至今,是南通市市域治理现代化的继续拔高阶段。该阶段的主要任务是基于治理实践建构现代化的治理体系与治理制度,提升现代化治理能力,逐步释放现代化治理效能。2021 年 9 月 28 日,南通市第十三次党代会提出,南通市市域治理现代化今后的目标是"治理效能显著提升,市域治理现代化

---

① 《中共南通市委十二届十次全会报告》(2020 年 1 月 3 日),南通市内部资料。
② 《中共南通市委十二届十五次全会报告》(2021 年 8 月 17 日),南通市内部资料。

走在全国前列"。① 同时,大会将着力增强市域治理能力列入未来五年的十项重点任务之一,并指出"持续完善基层治理体系,深化拓展'大数据+网格化+铁脚板'机制,推行党员干部深入网格制度,提高网格员综合履职能力……打造全国领先的'城市大脑''智慧中枢',首批创成全国市域社会治理现代化试点合格城市"。

2. 数字化现状与整体政府建设之间的张力驱动

数字化技术的应用在一定程度上节省了政府部门的人力和物力,提高了政府的治理效率与服务能力,但相应的信息技术之间的壁垒也导致了部门之间的割裂,不利于政府整体治理效能的优化。随着南通市数字政府建设工作的不断推进,数字治理难题也逐渐暴露出来,无形之中增加了政府部门的工作负担,也不利于上下级沟通与部门合作。在政府部门的条条块块之中繁多的行政系统,不仅没有提高服务效率,反而形成了更多的"数据烟囱""信息孤岛"和部门壁垒,致使政府部门面临信息割裂、功能交叉、重复录入等现象。对此,南通市迫切希望通过市域治理现代化建设解决相应的数字治理难题,建成数据共享、部门联动、上下畅通的整体政府。

(三)组织队伍、技术基础与经验知识多重支持

南通市市域治理现代化的顺利推进离不开人力、物力、智力的支持。强有力的组织队伍、丰富的经验知识积累以及扎实的技术支持,是南通市推进市域治理现代化的重要保障。

1. 责任明确、分工合理的组织队伍保障

一支具有战斗力与凝聚力的建设队伍是攻坚克难的人力保障,南通市市域治理现代化建设时间紧、任务重,需要一支特别能吃苦、特别能战斗的队伍来完成这项任务。而责任明确、分工合理

---

① 《中共南通市第十三次代表大会报告》(2021年9月28日),南通市内部资料。

是一个组织战斗力的基础。南通市在推进市域治理现代化建设的过程中,基于不同的业务基础与功能定位,在领导小组办公室成立了综合、技术、保障、运行、监督5个工作组,通过明确责任到人的方式,分工合作完成南通市市域治理现代化的建设任务。各派驻部门挑选精兵强将进驻组建,在指挥中心集中办公,汇聚全量数据,全程协同作战。采用"领导牵头、倒排计划、挂图作战"等方式,通过每日晨会、每日三方协商会、双日督办会、周例会等制度,及时通报情况、解决难题。此外,指挥中心还聘请权威专家学者成立专家委员会,对指挥中心进行理论提升和技术优化,承担可行性研究和论证工作。责任明确、分工合理的组织队伍是南通市市域治理现代化建设的主力军,对于南通市市域治理现代化目标的实现与任务的完成功不可没。

2. 本地经验、外地经验、专家经验汇聚的知识保障

南通市市域治理现代化建设并非无根之木、无源之水,反而有着深厚的经验基础。南通市市域治理现代化改革是在总结本地经验、学习外地经验、吸收专家经验的基础上推进的。

首先,南通市早年"综合化、一体化"的行政管理体制改革为市域治理现代化建设奠定了良好的经验基础,也在一定程度上消除了改革面临的阻力。早在2010年,如皋市长江镇、启东市吕四港镇率先开展经济发达镇行政管理体制改革,创新打造了便民服务、综合执法、社会管理"三大平台"。2017年,海安市曲塘镇、如东市洋口镇、通州市川姜镇进入全省第二批经济发达镇名单,试点先行的示范效应不断放大。5个经济发达镇结合地区实际,建设了各具特色的审批服务执法一体化平台,为建设镇域治理现代化指挥中心积累了经验。2018年,如皋市率先组建公共治理服务中心,整合大数据管理、网格化治理、综合指挥协调等职能,配套建设县、镇两级公共治理服务综合指挥平台,将平安法治系统、综合行政执法现有指挥系统、行政审批信息系统打通融合,是市域治理现代化

的"早期样板"和"超前探索"。

其次,南通市市域治理现代化没有成熟样板参照,领导小组办公室多次组织人员前往上海市、杭州市、深圳市等先进地区进行学习考察,积累了丰富的数字化、智慧化、平台化治理经验。包括:杭州市城市大脑运营指挥中心建设经验与新型智慧城市建设和治理模式;上海市浦东新区城市运行管理中心"像绣花一样精细化管理好城市"的城市管理理念,以及用智慧科技把管理触角延伸到社区的"神经末端"的经验做法;深圳市大数据赋能推动治理能力现代化的经验等。

最后,南通市广邀技术专家、业务骨干、基层人员座谈,深入市级机关部门反复调研论证,集思广益,充分酝酿,最终形成适合南通市市域治理特点的现代化建设方案,奠定了南通市特色的市域治理现代化建设的知识基础。

3. 大数据管理局与大数据企业提供的技术支持

数据与数字技术是市域治理现代化的基础,政府部门之间的数据交换、共享、集聚、开发与应用,是市域治理现代的重要标志与技术保障。南通市主要通过大数据管理局实现数据的交换与汇聚,通过大数据企业实现数据的开发与应用,从而为南通市市域治理现代化提供技术支持。一方面,南通市早在2017年便率先组建了大数据管理局,负责数据收集、管理、开放、应用等日常工作,积极推进政务数据共享归集与交换,为市域治理现代化夯实了数字底座。近年来,大数据管理局通过整合各个政府部门和政务云、华为云、城市云等现有平台的数据资源,建成了统一的政府基础数据库,汇聚法人、自然人、空间地理、宏观经济和城市部件五大类标准信息。另一方面,南通市成立大数据集团公司(地方国企),负责智慧城市具体项目的组织实施,与国内知名平台大数据企业通力合作,借助市场的力量高效精准地完成了市域治理现代化建设任务。

二、技术驱动制度创新:南通市市域治理现代化的实践模式

从南通市市域治理现代化建设的实践来看,其具有现代城市治理典型的数字技术驱动的特征,但从试点结果来看,其最终目的是形成符合现代城市治理特征的现代化治理制度,因而南通市市域治理现代化建设的本质特征可概括为技术驱动制度创新。技术驱动制度创新这一"南通模式"是指在数字化治理理念引领下与数字化技术赋能基础之上,通过组织体系重构、运行机制构建、治理场景开发等系统性改革实现治理制度创新。不同于传统的将信息技术应用看作既有制度框架下"被执行的技术"[①],技术驱动制度创新认为数字技术的应用能够发现既有制度体系中的盲点,从而通过组织重塑、机制建构、场景开发等方式推动治理制度体系的完善。

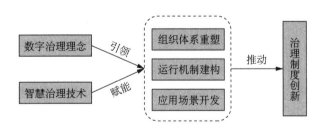

图 1 技术驱动制度创新的南通市市域治理现代化实践模式

基于南通市市域治理现代化实践,技术驱动制度创新模式具有如下特征(见图1):一是以数字治理理念为引领,以智慧治理技术为基石。南通市市域治理现代化实践遵循整体治理与源头治理

---

① [美]简·E.芳汀:《构建虚拟政府:信息技术与制度创新》,邵国松译,中国人民大学出版社2010年版,第4—13页。

的理念与原则,且"数据为体、业务为用"的双中台体系为数字技术驱动制度创新奠定了技术基础。二是数字技术驱动的制度创新是通过组织体系重塑、运行机制建构与应用场景开发实现的。如果将技术驱动制度创新的过程看作一个"输入—转化—输出"的政治系统①,现代化数字治理理念与技术应用便是"输入"的要素,制度创新便是"输出"的结果,而组织体系重塑、运行机制建构与应用场景开发则属于"转化"的过程。三是制度创新是市域治理现代化的最终目的与结果。南通市市域治理现代化的成效不仅仅简单地局限于提升治理效能、改善公共服务等方面,更重要的是通过数字技术在治理实践中的应用以及相应的治理体系变革,实现治理制度的创新,这既是对市域治理现代化实践成果的制度化巩固,也是对城市治理制度的进一步完善。

(一)数字化治理理念与智能化的数字技术:市域治理现代化的基础

南通市技术驱动制度创新这一市域治理现代化实践模式,是以数字化治理理念与智能化的数字技术为基础的。南通市市域治理现代化建设始终遵循整体治理与源头治理的数字化治理理念,力图实现政府决策科学化、市域治理精准化、公共服务高效化的目标。同时,南通市打造了数据、业务两个中台,汇聚了政务数据、受理数据、前端感知数据和互联网数据四类数据,通过数据共享为智能化的数字技术应用奠定了坚实基础。

1. 整体治理与源头治理的数字治理理念

数字治理理念是数字技术应用的价值引领,南通市市域治理现代化实践是在整体治理与源头治理的数字治理理念引领下进行的。

---

① [美]戴维·伊斯顿:《政治生活的系统分析》,王浦劬译,华夏出版社1999年版,第36—37页。

整体治理着眼于政府内部机构和部门的整体性运作，主张管理从分散走向集中，从部分走向整体，从破碎走向整合。① 南通市通过市域治理现代化指挥平台建设，纵向打通市、县、镇三级指挥体系，横向联通各个部门，初步建立起了整体性政府。一方面，市域治理现代化指挥平台建立了纵向指挥到底、横向协调联动的立体化、全覆盖治理现代化指挥体系，实现了全市域范围的整体治理。目前，南通市已建成市、县、镇三级联动的立体化市域治理指挥体系，该体系覆盖10个县(市)区、96个乡镇(街道)，实现了市域范围内自上而下的指挥调动。另一方面，市域治理现代化指挥平台汇聚来自各地、各部门、各业务系统的海量数据资源，建成全面共享的一体化综合管理平台，打造了数据高度融合、业务有效集成、指挥相互贯通的综合业务系统，实现了指挥中枢对各部门的指挥联动。在此基础上，南通市数字治理系统涵盖了领导驾驶舱、创新应用、数据共享、预警研判、行政问效等多项功能，体现了市域治理现代化过程中治理功能的整合与创新。

源头治理是指当一件公共安全事件可能被诱发但尚未发生时，或当一件公共安全事件可能演变成危机但尚未引发时，政府提前预测或预防将要发生危机的风险及程度，并采取必要的措施将演变成危机的风险降到最低。② 指挥中心建立了能预警、实时化、可追溯的数字指挥系统，能够从源头上有效防范和治理社会安全风险。首先，指挥中心在海量数据汇集的基础上，建立AI仿真系统与安全事件预警模型以增强风险感知能力，将传统的安全事件被动受理转化为主动发现，做到了安全预警的及时、准确、高效。其次，指挥中心通过实时的数据传输与指挥传达，实现安全事件的快速处理。指挥中心与各条线部门之间建立了大量的数据接口，

---

① 竺乾威：《从新公共管理到整体性治理》，《中国行政管理》2008年第10期。
② 任勇：《大数据与社会公共安全源头治理》，《中共中央党校(国家行政学院)学报》2020年第1期。

直接联通海量视频监控,能够在及时预警的基础上通过一体化的指挥平台派单给各条线部门,从而实现事件的快速处置。最后,指挥中心通过全流程、全节点跟踪各类事件的处置过程,建立了可追溯的事件处置机制,实现了跨地区、跨部门的事件处置流程回溯。南通市的事件处置流程坚持"用数据说话",通过智能预警直接定位事件源头、一体派单节约处置时间、流程追溯加强事件问责等系列安排,充分彰显了源头治理理念。

2. 数据共享交换与数据治理平台的数字技术支持

数据共享交换与数字治理平台是市域治理现代化的技术基础,指挥中心通过破除部门之间的信息壁垒,促进各条线的数据共享交换,以筑牢数字基底,并通过"数据为体、业务为用"的双中台体系实现大数据技术在治理场景中的应用。

市域治理现代化有赖于大数据技术的支持,而海量数据归集是大数据技术开发与应用的基础。指挥中心通过汇聚各部门、各县(市)的政务数据、受理数据、前端感知数据与互联网数据,建成共享交换数据库,实现了政府各类数据全量汇集,为市域综合治理与数据深度应用夯实了数据基础。其中,政务数据主要是指各地、各部门政务应用系统沉淀的数据。截至 2021 年年底,市政务数据共享交换平台接入 66 家市级部门、10 个县(市)区共 5 000 余项数据资源,累计入库数据量 300 多亿条,每日交换数据 4 亿条。受理数据主要包括 12345 市民热线、全要素网格上报的各类受理数据。12345 市民热线已整合全市 65 个部门和单位的 78 条热线;全市域共设置综合网格 9 000 多个,配备专兼职网格员 4 万多名,形成了海量的受理数据。前端感知数据主要汇聚全市"雪亮工程"和部门业务监控共 23 万路视频信息,同时汇聚公安、生态环境、交通运输、应急管理等部门各类传感器全量数据。互联网数据主要包含微信、微博、政务 APP 与第三方互联网数据。南通百通 APP 整合全市政务服务资源和各类 APP,共上架 14 406 项移动端办事服务,注册用户270万,是互联网数据的主要来源。南通市通过对此四类数据的收集与整理,为指挥中心预警研判、辅助决策、高效指挥、行政问效等提供了坚实的数据支撑。

"政府即平台"①,跨层级、跨部门的数字治理平台建设是市域治理现代化的重要基础。在市域全量数据汇聚的基础上,指挥中心通过"数据为体、业务为用"的双中台体系建设,打造了整合数字技术、部门业务与公务人员的数字治理平台。双中台体系由数据中台与业务中台构成。以数据共享交换平台为载体,通过制定数据标准,汇聚数据资源,实现市域全量数据汇聚、治理、共享。围绕"全量数据、全部汇聚"的目标,指挥中心打造了交换库、共享库、主题库、专题库及应用库等多个数据库,实现了数据的全量归集。业务中台是结合各部门业务场景,基于时空数据管理引擎、时空AI引擎等先进技术构建的"AI+大数据"的信息处理平台。通过双中台体系建设,一方面能够依托大数据、自然语言处理等先进技术,对各类业务专题关键信息进行分析聚合,为领导决策和部门应用提供辅助技术支撑;另一方面,指挥中心通过双中台体系构建了1张总体态势图和16张专题图,动态监测市域治理工作全貌,推动了数据资源跨部门、跨区域、跨层级融合应用。先进的双中台体系既能够整合赋能已有系统,也能够快速构建创新应用,实现"数据融合、流程再造、联动有序、效能提升"的目标。

(二)组织体系重塑:组织架构调整与治理体系建构

南通市市域治理现代化建设是围绕指挥中心这一机构的设立与功能发挥展开的,指挥中心的成立打破了原有的政府组织结构,成为南通市市域治理现代化建设任务的主要承担者。此外,伴随

---

① 张晓、鲍静:《数字政府即平台:英国政府数字化转型战略研究及其启示》,《中国行政管理》2018年第3期。

着指挥中心的成立,相应的城市治理的指挥联动体系与综合管理体系建构是南通市市域治理体制变革的重要内容。

1. 市域治理现代化指挥中心建设与组织架构调整

南通市推进市域治理现代化的过程,是围绕指挥中心建设展开的,即通过市—县(区)—乡镇(街道)三级指挥中心的建设,构建起"横向到边、纵向到底"的指挥体系,从而实现市域范围内的综合治理,即"一个中心管全域"。市级指挥中心整合了12345市民热线、数字城管、网格化服务管理的职责,并与市大数据管理局实行一体化运行。与此相对应,在县级层面,整合相关职能部门和有关单位机构,设立县(市、区)域治理现代化指挥中心。在乡镇层面,10万人以上的乡镇(街道)单独设置乡镇(街道)治理现代化指挥中心作为独立的事业单位;对于10万人以下的乡镇(街道),则在党政办下设乡镇(街道)治理现代化指挥中心。以指挥中心建设牵动的政府组织结构调整,整合了直接面向群众的12345市民热线、数字城管、网格管理与大数据管理局等多种职责,是对市域治理现代化组织架构的创新探索。

2. "纵向到边、横向到底"的联动指挥体系

在市相关部门的全力支持、共同推动下,指挥中心按照市级平台、县级分中心、镇街工作站的总体格局,依据不同层级、不同区域以及相应的职责权限,构建了"纵向到底、横向到边"的联动指挥体系。

纵向上,设立市、县、镇三级指挥机构,按照分级分类原则明确各级指挥中心的指挥调度职责,构建行之有效的指挥体系。市级指挥中心负责全市范围内的重大事项、应急事件以及跨层级、跨部门、跨区域的复杂事项的指挥调度,并掌握对下级指挥中心和进驻部门人员的统筹协调权力与监督考核权力。县级指挥中心主要负责对辖区范围内的复杂事件进行指挥处置,根据事件的重要程度与复杂程度进而向上汇报信息或向下分类派单。乡镇指挥中心负

责该乡镇范围内的复杂事件的处置,做到日常事件的及时发现、合理处置与实时反馈。由此,市、县、镇三级指挥中心各司其职、相互配合,围绕事件处置建立起全覆盖的指挥体系。

横向上,联通各级各有关部门,市、县、镇三级均按照"指挥中心+部门进驻"的方式,建立起指挥中心与各部门之间的联动关系。根据市域治理现代化的需要,进驻指挥中心的部门是与民众接触较多、容易触发民众矛盾、关系社会安全稳定且时常需要跨部门合作治理的职能机构。在此基础上,指挥中心面向全市域范围,对涉及职能交叉、跨区域、跨部门的事件进行统一指挥调度与统筹协调,并对各部门、各单位事件受理、反馈、处置、办结的全过程进行督查考核。通过部门进驻、联动指挥、统一考核等方式,指挥中心充分调动了各部门在市域综合治理中的工作积极性,有利于市域治理现代化工作的开展。

3. 覆盖全域、一体运行的综合管理体系

市域治理现代化意味着全方位、全覆盖、成体系的城市治理,即包含全市范围的协调联动与综合治理。① 指挥中心通过数据与业务的深入融合,构筑起"一个平台管监管、一个号码管受理、一个APP管服务、一个网格管治理"的综合治理体系。首先,建立"大数据+指挥中心+综合执法队伍"模式,依托数字治理平台实现对事件处置过程的全流程监管与追溯,做到了"一个平台管监管"。其次,指挥中心整合了12345市民热线,包括全市共65个部门和单位的78条热线,为群众反映诉求畅通渠道,实现"一个号码管受理"。再次,指挥中心开发南通百通APP,以移动终端的方式支持群众"上网办事",进一步优化群众办事流程,提升服务效能,实现"一个APP管服务"。最后,指挥中心发挥"大数据+网格化+铁

---

① 郑宇:《大数据驱动市域治理现代化》(2021年3月16日),经济参考网,http://www.jjckb.cn/2021-03/16/c_139814876.htm,最后浏览日期:2022年3月21日。

脚板"的治理机制优势,在全市共设置网格9 000多个,配备专兼职网格员4万余名,让队伍庞大的网格员成为指挥中心在全市范围内的事件感知触角与处置抓手,实现"一个网格管治理"。南通市通过建构覆盖全市域范围的综合治理体系,真正把上级的决策命令传导到基层的"最后一公里",实现了市域范围内大事小事的统一指挥治理。

(三)运行机制建构:预警决策、联动处置与行政问效

对市域范围内的各类事件进行科学、精准、快速的处置是指挥中心的日常工作,"以事为中心"是南通市市域治理现代化的显著特征,指挥中心在事件处置过程中围绕事件的发现、处置、问效形成了相应的预警决策机制、联动处置机制与行政问效机制。

1. 科学、及时、准确的预警决策机制

"以事为中心"的市域治理现代化治理机制的首要环节是及时发现预警事件,并作出科学的分析研判。在监测预警方面,指挥中心建构了人工智能预警分析模型,能够及时发现预警信息背后隐藏的风险和隐患。通过建立全景、跨域、多维、实时、立体的市域治理监测体系,指挥中心能够实时感知、监测风险变化,实现常态监测和应急防控"先知先觉",推动市域治理从被动地"堵漏洞"向主动地"察风险"的转变,构筑起大数据辅助领导决策的"风向标"。截至2021年年底,指挥中心共有覆盖市域治理的100个预警项已投入使用,监测各类预警信息15万余条,向领导驾驶舱及时推送突发事件信息近300条。在分析研判方面,指挥中心运用大数据分析,构建了覆盖社会服务、经济发展、公共安全、城市运行、社会稳定、舆情监测等领域的分析研判体系,定期生成专题分析研判报告,结合相关专家意见,为领导科学决策提供了智慧支撑。

2. "平时好用、战时管用"的联动指挥处置机制

联动指挥处置是市域治理现代化的核心机制。指挥中心在

"1+10+96"市、县、镇三级联动指挥体系下,依托先进的通信手段和可视化技术,通过对全域事件的一体派单与联动处置,建构起"平时好用、战时管用"的联动指挥处置机制。一方面,指挥中心通过加强平时协调联动,夯实为民服务的基本盘。指挥中心以解决实际问题为核心,优化简易告知、派发工单、下达指令、督查督办四级交办体系,全面落实首接负责制、指定负责制和兜底负责制。联动平台自上线运行以来,日均汇聚全市域各渠道、各地区信息1万余件,各地、各部门高效处置群众诉求,平台事件办结率达99%。另一方面,指挥中心在战时应急指挥中发挥显著作用,保护人民的生命财产安全。截至2021年年底,各地、各部门累计上报处置各类突发事件700多起,且均得到高效处置,从而确保了人民生命财产安全不受损失。此外,指挥中心时常开展综合演练,不断完善平战结合的联动指挥处置机制。市指挥中心立足实战、实用、实效的目标,针对防台防汛、安全生产、疫情防控、违章搭建等不同场景,每周常态化开展市、县、镇三级应急综合演练,形成了平时联动处置、战时应急指挥的联动指挥处置体系。

3. 实时跟进、动态监督的行政问效机制

指挥中心依托行政问效系统,初步建立了平台问效、督查问效、民众问效多元化的行政问效机制。首先,指挥中心基于数据中台和业务中台,对全市行政审批事项、行政执法过程进行全流程监管,客观、科学地分析高质量考核和营商环境考核评估结果,对指标落后的牵头部门(单位)实时提示促进。同时,对大联动平台交办的任务单进行全流程跟踪留痕,实时跟踪督办各类异常指标,督促部门认真完成交办的任务。截至2021年12月底,系统自动督办近千件,重点事件下发督办单30余件。其次,指挥中心每季度开展现场"大督查",推动各部门(单位)提升回应群众诉求、解决群众问题的效率,对未处置到位的疑难复杂问题会同市纪委监委、市委办公室、市政府办公室开展现场核查。通过常态化协调联动、督办核查,形成事项流转、交办、办理、核查、评估和问效的效能评估促进体系,推动各地、各部门的工作效能不断提升。最后,指挥中心借助群众回访满意度、在线解答率、接通率等指标,实时监督12345在线平台服务质量。通过召开现场推进会、月度例会,组织三级指挥中心开展实战演练、集中观摩、点评等方式,不断提升三级指挥中心的管理效能。

(四)应用场景开发:大数据技术赋能创新应用

指挥中心在全量数据汇聚的基础上,创新思维,突破传统,精心打造了一批跨部门、跨领域、全市域的创新应用,着力解决城市治理中的痛点与难点问题。大数据赋能开发的应用场景包括但不限于群租房智慧管控、危化品全流程监管、新机场智慧管控、易肇事肇祸严重精神障碍患者智慧管控等。[1]

创新应用案例1:群租房智慧管控。群租房是影响公共安全的顽疾,过去对于群租房整治,主要依赖群众举报、执法人员入户排查等手段,精准度低、时效性差、覆盖率低。市指挥中心围绕可能产生群租房线索的9个维度,整合警情、健康码、水、电、气、物流、12345市民热线、网格化等信息,搭建了时空异常、地址重叠等27个分析模型。如果出现同一住址下持续一段时间用水量、用电量剧增,多人收寄快递、居住证办理为同一地址,同一地址多次因"噪音扰民"被举报等,就可初步判定为群租房。自平台运行以来,群租房创新应用已发现疑似群租房线索1万余条,现场核实新发现群(出)租房1 500多户,排查出各类安全隐患4 000多个,有效地解决了"网格化不见底、铁脚板走不全"的问题。

创新应用案例2:危化品全流程监管。传统的危化品监管,从生产到处置涉及9个部门,每个部门"各管一段",造成危化品监管

---

[1] 李学义:《推进市域治理现代化的南通实践》,《群众》2021年第18期。

的共享难、发现难、协同难和处置难等困境。为了有效地解决危化品监管难的问题，指挥中心将9个市级部门、3个化工园区以及18个业务系统的危化品监管数据进行全量汇聚，精心打造了危化品全流程监管模块，通过时空数据挖掘和多源数据融合技术，建立了34项监测预警项，对危险隐患实现了早发现、早处置。截至2021年年底，危化品全流程创新应用共产生预警线索3万多条。根据平台预警线索，全市核实处置危化品安全隐患1 000多起，共刑事立案13起、行政拘留9人、查扣车辆43辆，责令停产停业22起、罚款133.7万元。

创新应用案例3：新机场智慧管控。南通新机场智慧管控系统以数字化为依托，基于空间地理数据、卫星遥感图片专题数据、视频图像数据，充分应用大数据、人工智能等技术，形成动态化、立体化、智能化的管控体系，实现对南通新机场140平方千米保护范围内的违法用地、违法建设的监管。新机场智慧管控预警系统通过视频监控实时"看"、无人飞机灵活"查"、视频预警智能"控"、卫星云图定期"比"、线上线下结合"巡"、预警线索及时"办"六大功能实现了对新机场场址全方位、全天候、全覆盖式的监测预警。该系统自2021年4月16日上线运行以来，共发现疑似违建线索363条，开展现场核查交办105次，已拆除新增违建68处，已累计拆除管控区域内17 616平方米违章建筑。

创新应用案例4：易肇事肇祸严重精神障碍患者智慧管控。易肇事肇祸严重精神障碍患者监管是社会关注热点，指挥中心通过汇聚卫健委、残联、民政、医保等17个部门22项3 000万余条数据，建立医学诊断、患者行为、患者社会属性、监护人属性、走访服务和家庭属性6大类22个子类57个标签，实现对患者的人物画像和积分计算，形成"一人一档"的全量档案。易肇事肇祸严重精神障碍患者预警产生后，及时推送属地相关职能部门进行核查处置，有效地减少了肇事肇祸事件的发生，维护了社会稳定。

（五）治理制度创新：市域治理现代化的制度成果

政策试点创新的目的不仅在于解决当地的治理问题、提升当地的治理效能，更在于通过实践探索形成可复制、可推广的制度成果，让政策红利辐射更多的地区与人民。南通市在数字化治理理念引领与智能化数字技术的支持下，通过组织体制重塑、运行机制建构与治理场景开发，形成了相应的系列制度成果，包括数据共享交换相关制度、指挥中心运行管理相关制度、事件处置相关制度与治理场景相关制度。

在数据交换共享方面，为进一步规范政务信息资源使用管理，促进数据共享交换，提升政务服务质量，南通市各县（市、区）也纷纷研究制定相关制度、规范。以如皋市为例，如皋市出台了《如皋市政务信息资源目录管理暂行办法》《如皋市政务信息资源目录编制指南（试行）》《如皋市政务信息资源目录编码规范（暂行）》《如皋市政务数据共享交换平台政务信息资源动态更新管理暂行办法》《如皋市政务数据共享交换平台政务信息资源申请、授权和使用管理暂行办法》，对数据资源的分类、更新、共享、交换、使用等进行了详细的规定。此外，如皋市还制定了《全市新一代"雪亮技防工程"（新时代技防城）建设实施方案》，全面加快"雪亮工程"和新时代技防智能化建设，进一步防范安全风险、赋能社会治理、增强实战实效，为便民服务提供更加有力的支撑保障。

在指挥中心运行方面，南通市的海门区、崇川区、如皋市分别制定了《如皋市市域治理现代化联动指挥运行管理暂行办法》《崇川区区域治理现代化联动指挥运行管理暂行办法》《海门区区域治理现代化联动指挥运行管理暂行办法》，对指挥中心服务整合、运行流程、一体派发、分类处置、协调联动、工作制度、绩效评估等相关工作内容进行了制度化规范。此外，如皋市还制定了《关于规范和加强市镇两级区域治理现代化指挥中心运行管理工作的实施意见》《如皋市市域治理现代化指挥中心部门进驻人员管理办法》,进一步完善了指挥中心的组织体制与运行机制。

在事件处置机制方面,南通市海门区制定了《海门区区域治理风险防控分析研判机制》,如皋市出台了《关于规范和加强"一门受理、协同办理、一体督办"的工作方案》《如皋市市域治理现代化职能交叉事件分流处置细则》《如皋市"大数据＋指挥中心＋综合执法队伍"试点工作方案》《如皋市综合行政执法联动指挥联席会议制度》《综合执法新模式重点任务分工方案》《如皋市市域治理现代化工作考核办法》等系列文件,对事件的预警监测、分析研判、联动指挥、联合处置、行政问效等环节的工作内容与具体事项进行了详细规定,为其他区域开展市域治现代化工作提供了可行方案。

在治理应用场景开发方面,南通市通过应用场景的开发探索,形成了危化品全流程监管制度、群租房管理制度、易肇事肇祸严重精神病人管理制度等系列制度。例如,崇川区制定了《崇川区易肇事肇祸精神病人预警管控机制》,详细规定了对易肇事肇祸精神病人的摸底排查机制、分级管控机制、动态预警机制、协调联动机制、一线处置机制、服务回访机制、闭环问效机制。如皋市制定了《危化品车辆异常驻留现场核查指引》,规定了公安部门、应急部门、交通部门、税务部门等不同部门在危化品异常驻留现场核查工作中的具体职责。

三、市域治理现代化的问题审视

南通市围绕市域治理现代化建设在数字技术基础、组织体制改革、运行机制建构、应用场景开发、治理制度创新方面取得了显著成就。但同时,南通市市域治理现代化建设也存在一些问题有待进一步完善,包括数据整合与共享仍存在较大阻力、公民参与不足、事件处置容易陷入失灵困境、行政问效制度有待完善等。

(一) 试点探索亟需省级对口部门给予专业指导

南通市建立了覆盖市、县、镇三级的指挥中心,机构职能明确、责任清晰,纵横向交互畅通。但是在国家和省级层面没有设立指挥中心或具体部门主管到省辖市的指挥中心,南通市指挥中心"摸着石头过河",在前进过程中遇到的难题或困惑不能得到及时的解决或指点。例如,如何建构党组织、政府、企业、社会组织、市民共同参与、协同合作的市域治理现代化格局,如何建构政治、法治、德治、自治、智治联动治理体系等都需要上级政府给予指导。

另外,在谋划长远规划或一段时期内工作计划时,没有上级主管部门的专业指导,在制定具体措施时,不免会有走弯路或长时间的探索过程。南通市先试先行的市域治理现代化探索在职能补位、应急处置、社会稳定、治理提效等方面产生了显著效益,但在指挥中心长期的治理目标与行动步骤等方面,还需上级部门统筹规划,以免造成不必要的资源浪费。

(二) 部门之间的数据共享与应用开发效能有待提升

指挥中心在汇聚数据过程中面临来自部门的业务系统的挑战,且在数据清洗、数据应用方面存在诸多技术困境。

第一,跨层级数据共享难度较大。在推进市域治理现代化危化品全程监管、行政问效等创新应用过程中,遇到不少数据在省或国家垂管系统中,市级政府难以获取,且申请回流数据面临协调成本和开发成本较高等问题。

第二,共享数据质量有待提升。在数据加工处理过程中,还发现数据存在完整性、有效性、唯一性等质量问题。究其原因,一是部分部门对信息化建设存在"重建设、轻运维"的现象,缺乏可持续的有效运维和应用;二是部分系统具备数据采集功能,缺少数据校核功能和审核把关流程,未对采集的数据进行标准化处理。

第三,赋能应用方面的创造力有待提高。大数据对应用场景的支撑还不够,目前依赖于有限的数据开发的应用场景还是基础性的,有待进一步的数据挖掘与分析,探索更多的创新应用。

(三)党的领导作用发挥途径需要加强保障

"党政军民学,东西南北中,党是领导一切的"[①],南通市创建了"大数据+网格化+铁脚板"的治理机制,使党员干部深入网格参与市域治理现代化过程。但与此同时,党组织的作用发挥也被数字化平台束缚了手脚,逐渐成为网格治理的延伸,党组织领导社会群众解决社区治理问题、化解矛盾纠纷的自觉性与能动性受到限制。例如,以往居民在面对社区治理问题与社区矛盾纠纷时,首先想到的是找党员、找干部,事实上社区党组织也有能力将绝大部分生活"小事"在社区内部化解,从而凸显党组织在社区治理中的领导地位,也使基层党组织在群众中的权威性得以建构。现如今,在数字化治理体系的覆盖之下,居民遇到问题更喜欢直接通过数字治理平台上报,上级治理平台接单之后还面临着继续上报与向下派单的复杂处理链条,反而使小事放大,使党组织的领导作用与主观能动性湮没在数字化的事件处置系统中。

(四)居民自治的空间还需进一步拓展

民众参与是市域治理现代化的重要内容,南通市市域治理现代化指挥中心开发了南通百通APP,与12345市民热线、政风行风热线节目等为居民提供了多种参与渠道。值得注意的是,虽然数字化的参与渠道让居民能够更加便利、更加快速地向政府反映问题,但也更加强化了居民对政府的依赖,不利于居民自治能力的提

---

① 《习近平谈治国理政》(第三卷),外文出版社2020年版,第16页。

升与自治空间的拓展。在数字化治理体系全域全面覆盖的情况下,无论是牵涉社会安全的重大事件,还是夫妻吵架、邻里纠纷等生活小事,居民都通过数字治理平台上报给政府来解决,这使得政府工作负担加重的同时,也导致居民自治的空间被技术治理挤占。

(五)事件预警、研判及处置的效率尚需提升

在事件处置过程中,指挥中心传达下去的指令,相关部门有时会面临政策缺失等现实情况,导致遇到问题无法真正解决。比如,群租房室内私拉乱接隐患问题,供电部门的管理权限是到电表外;再比如,针对小区业主装饰装修违规行为带来的隐患问题,物业主管部门也是缺乏有力抓手,擅拆乱建的源头得不到有效遏制。事件处置过程中会有"无人接单"或处置不力的情况发生。

同时,数据技术的应用也面临预警失灵、研判低效的难题。数据在平台和平台之间的交换是需要时间的(延时),再加之考虑数据安全、个人信息等方面,又要经过一层过滤,对于响应要求是分钟级的预警项来说,因数据延时会导致达不到实时预警的作用。例如,通过手机信令数据、物流数据供给的预警模型会不同程度地存在这样的问题。

(六)部门进驻人员的行政问效制度有待完善

指挥中心在行政问效方面还存在权威不足、力度不够等困境。行政问效应当动真碰硬地将考核的细则紧密结合联动指挥体系运行情况,形成对部门行动的强有力驱动。

然而,对于进驻人员而言,面临考核与激励的分离,陷入认同危机。部门进驻人员日常考核由指挥中心负责,而工资与奖金则由其所在部门发放。如此一来,部门进驻人员面临指挥中心与职能部门双头领导,常常因工作任务调配而陷入两难。特别是在个人晋升和发展方面,对进驻人员存在不利影响。

四、市域治理现代化的优化路径

市域治理现代化作为一项"摸着石头过河"的试点工作,难免遇到或产生一些问题,正确对待、科学分析并努力解决这些问题,是考验政府改革决心与魄力的关键,同时也有助于试点工作的顺利推进与扩散。针对南通市在市域治理现代化建设中面临的困境,可尝试从几个方面突破,包括推进部门之间的数据共享与应用开发、加强党的领导作用发挥、拓展公民参与的途径、完善事件处置机制、优化行政问效制度等,从而纵深推进市域治理体系现代化与治理能力现代化。

(一)建立上级主管部门,加强对地方治理体系和治理能力现代化工作的指导

呼吁中央和省政府明确部门或新设立机构推进国家治理体系和治理能力现代化建设工作,高位指导促进地方工作提升,及时有效地解决地方发展困惑,为到 2035 年基本实现国家治理体系和治理能力现代化提供组织保障。

上级主管部门至少应在职能界定、治理规划、治理体系等方面对市域治理现代化予以指导。一是明确市域治理现代化指挥中心在政府职能体系中的功能定位与职责任务,避免地方试点机构与原有职能部门之间发生职能冲突。二是制定市域治理现代化长期规划,明确市域治理现代化的科学内涵与战略要求、总体目标与重点领域、实施路径与推进步骤,为各地方试点指明方向。三是明确政府、市场与社会在市域治理现代化中的作用发挥,厘清政治、法治、德治、自治、智治在治理体系中的功能定位,建立多元合力、功能完善的市域治理现代化体系框架。

（二）打破部门之间的数据壁垒，纵深推进数据共享与应用

数据是指挥中心功能建设的基础，加强指挥中心功能建设的首要任务，便是打破部门之间的数据壁垒，推进数据共享与创新数据应用。

首先，提高各级领导的重视程度。数据是国家战略资源，是新型生产要素。提升领导干部对大数据的认知水平，是推进政府数据共建共享、培育数据要素市场的前提条件。一方面，通过邀请国家、省、市相关领导和行业专家学者，对各地、各部门的领导开展大数据、云计算、人工智能等方面专题培训，树立数据共享增值新理念；另一方面，围绕"十四五"数字政府建设目标和内容进行深度解读，促进各地、各部门全面掌握并有序实施大数据建设"宏伟蓝图"。

其次，引导跨部门数据信息化项目建设。信息化系统是产生数据资源的主要源头。规范部门信息化系统建设，是提升数据质量、促进数据开放共享的重要途径。通过编制下发政务信息资源共享目录清单，指导各部门在新建信息化系统时充分考虑共用其他部门数据，减少数据重复采集。同时，将编制数据资源共享目录作为项目立项审批的前提条件，将部门数据资源共享目录的完整性、时效性以及可用性作为项目验收和落实运维经费的重要依据。

再次，协同推进大数据开发利用。通过持续挖掘数据资源价值，拓展创新应用，发挥实战实效。以指挥中心二期和部门信息化项目建设为契机，加快与系统建设部门形成工作联动，以应用促进数据持续动态归集，做到"应归尽归、应享尽享"。此外，指挥中心应与业务部门协同探索数据资源跨部门、跨层级、跨领域共享应用场景建设，让大数据在政务服务高效化、市域治理智能化、民生服务便捷化等方面发挥更大的作用。

最后，应充分探索数字技术在市域治理现代化中的作用。例

如,依靠智能化的数字技术对社会治理风险进行及时预警,预防社会治理风险的发生;通过对市域海量数据的深度挖掘与可视化分析,为领导科学决策提供数据支持;通过一体化、智能化的综合治理与服务平台,提高政府治理水平与公共服务能力,满足人民对美好生活的新需求。[1]

(三)加强党的领导地位,拓宽发挥党组织作用的渠道

坚持和加强党的领导是我们党治国理政的重要特色,也是推进市域治理现代化的重要方式。在市域治理现代化过程中,处理好数字化治理方式与党员干部领导作用发挥之间的关系是坚持党的群众路线的必然要求。

一方面,要明确党组织在基层事务治理中的领导地位与作用发挥方式。即在基层治理事务中,应明确规定哪些事务应该通过基层党组织的领导与协调加以解决,哪些事务需要通过数字治理平台上报。对于民众上报的该由基层党组织加以解决的事务,政府应拒绝受理,并告知民众该找党员、找干部,凸显基层党组织的领导地位。

另一方面,要使基层党组织成为数字治理中的"先锋队",充分发挥党员干部在发现社区问题、解决社区事务中的主观能动性,而非仅仅作为网格管理的延伸。要发动党员做好先锋模范,牢固树立责任意识,主动担当作为,切实解决群众合理合法的诉求。

(四)丰富公民参与方式,拓展居民自治空间

中国是人民当家作主的国家,丰富公民参与方式,拓宽居民自治空间,是市域治理现代化建设中"人民当家作主"的重要体现。

---

[1] 陈一新:《推进基层社会治理现代化要发挥"五治"作用》(2018年10月12日),检察日报正义网,http://news.jcrb.com/jszx/201810/t20181012.1914269.html,最后浏览日期:2022年3月21日。

如何处理好市域治理与基层治理之间的关系,政府管理与基层自治之间的关系,是加强居民自治必须回答的问题。

一是要建设具有南通市市域治理特色的"随手拍、随时听、随时办、随时改"的公众参与新模式,推动民众广泛参与市域治理。通过塑造民众与政府的良性互动关系,打造民众主动发现问题、政府随时听取意见、随时处置事件、随时整改问题的数字化治理体系。

二是要明确政府管理与村民自治的边界,加强基层群众自治。对属于基层自治范围的事务,政府不应过多干涉,无论是回应还是处置,而应交由基层自治组织加以解决。基层自治组织应积极开展自治活动,强化村民自我管理、自我教育、自我服务的能力,让生活小事不出社区。

(五)明确部门的职责权限,完善事件的预警与研判功能

厘清部门的职责,建立流程化的分类处置办法。一方面,按照"法定、商定、指定"的原则,对全市市域治理领域涉及职能交叉的事件制定分流处理细则。对于法律政策规定的事件,直接派单交办给职能部门处理;对于涉及多部门职责交叉、问题属性不清、执法边界模糊的事件,通过相关部门联席协商会议确定办理方式;对于引起部门之间相互推诿扯皮的事件,通过向上级请示报告的方式交由上级单位或领导指定责任部门处置。

另一方面,要加强监测预警、分析研判的准确率。一是要提升预警研判的技术能力,通过预警数据的分析不断优化预警模型,提高预警的及时性、准确性。二是要建立分析研判专班,制定分析判断制度,通过实践探索形成每日研判、每周研判、月度分析等不同的常态研判模式及战时研判模式、专题研判模式、特别研判模式多样化、多层次的研判形式。

（六）建立科学的行政问效制度，实行进驻工作人员轮岗

指挥中心行政问效制度的优化，既需要向上争取行政问效的权力，也需要建立科学的、量化的、具体的行政问效方式。首先，要在制度创新上获得指挥中心与行政问效部门联合问效的权力，并明确指挥中心在问效方面的职能分工。其次，应全方位地量化各成员单位服务态度、工作效率、办理过程、办理结果、评价满意度等，牵头研究制定考核的具体指标，着重对数据归集、上级领导交办、进驻工作考评、创新应用、预警监测、协调联动、派发指令（办理质量、时效、效果）等进行全过程的督查考核。此外，对于进驻指挥中心的工作人员面临的认同危机，应通过轮岗制度来及时消解考核与激励分离导致的工作压力。同时，组织部门应当出台相关配套政策对进驻部门人员予以成长关怀，激励部门人员与指挥中心人员共同发展，从心灵到行为真正为市域治理现代化作贡献。

五、结语

南通市市域治理现代化建设是对市域治理创新模式的一次大胆探索与实践。基于南通市市域治理现代化建设的经验，可以发现：市域治理现代化建设的顺利推进有赖于自上而下的行政压力与地方领导的注意力分配，得益于持续更新的阶段性目标任务与整体政府建设的需求驱动，更离不开强大的组织队伍、良好的数字基础设施、丰富的经验知识积累等资源保障。同时，南通市市域治理现代化的实践具有明显的技术驱动制度创新特征，即在数字治理理念的引领与数字技术基础支撑的作用下，南通市通过组织架构调整与治理体系重塑，预警决策、联动处置、行政问效等运行机

制建构，智慧治理应用场景开发等途径，最终实现市域治理制度体系的创新与完善。也就是说，技术应用本身并非治理的目的，如何通过技术赋能推动制度体系创新才是保证市域长治久安的根本路径。

南通市市域治理现代化建设取得了显著成绩，为其他城市市域治理现代化建设提供了很好的示范作用。试点工作开展以来，指挥中心吸引了中央部委以及24个省市考察团前来学习，其市域治理现代化经验获得李克强总理批示、中央依法治国办通报表扬，被中央电视台、《人民日报》、《半月谈》、《新华日报》、中国网、人民论坛网、学习强国、凤凰网、新华网、交汇点等数十家中央和省级主流媒体的全方位报道。荣获2020政府信息化管理创新奖，全国最佳政务热线"2020年度卓越管理创新"奖，2021年度中国信息化数字政务创新奖，2021年全国政务热线服务质量评估—服务群众优秀单位等诸多荣誉。毋庸置疑，南通市市域治理现代化建设已走在全国前列。

世间万物都是呈螺旋式上升的，南通市市域治理现代化工作的推进也是如此，在取得诸多成效的同时，仍需要不断回顾、总结、完善、提升。通过不断挑战，破除体制、制度障碍，创新更适应发展的举措，建立起政治、法治、德治、自治、智治相互融合的市域治理现代化体系。市域治理现代化关系国家治理体系现代化与治理能力现代化的重要战略布局，需要地方政府敢闯、敢拼、敢干，以敢为人先的战斗精神闯出一条科学、正确的建设道路。

［本文写作得到南通市市域治理现代化指挥中心的鼎力支持，谨此表示衷心感谢。］

市域营商环境优化的理念与机制：
基于 A 市实践的思考

曹现强* 李 烁**

[**内容摘要**] 优化营商环境是近年来"放管服"改革的主要目标。中央政府不断增强的奖惩问责措施和营商环境量化评价相结合，将城市政府引入优化营商环境的"治理锦标赛"，并通过政治动员将其进一步强化。面对上级改革任务和城市间横向竞争的压力，城市政府普遍形成了"对标对表"的理念，并通过行政审批便利化改革、优惠政策密集供给、政务服务优化、城市品牌塑造等机制高强度地推动市域营商环境优化。本研究基于对 A 市改革实践的观察，讨论了上述理念与机制的适应性，提出将营商环境"全局观"作为新形势下市域营商环境优化的新理念，并通过一系列新机制推动市域营商环境持续改善。

[**关键词**] "放管服"改革；优化营商环境；城市治理

一、引言

近年来，优化营商环境一直是政府改革的重头戏。自 2015 年起，在每年的全国深化"放管服"改革电视电话会议讲话中，李克强

---

* 曹现强，山东大学政治学与公共管理学院教授、博士生导师。
** 李烁，山东大学政治学与公共管理学院行政管理专业博士研究生。

总理均将优化营商环境作为"放管服"改革和政府职能转变的目标，以期通过"放管服"改革改善营商环境，从而提高中国经济的国际竞争力、激发市场活力、推动高质量发展。2017年的深化"放管服"改革电视电话会议表扬了一些地区对标世界银行指标改善营商环境的做法并要求"各地都应该这么做"①，鼓励地方和基层积极探索。2018年，在中央政府的要求下，国家发展和改革委员会开始探索构建"中国特色的营商环境评价体系"，通过第三方评估的方式在全国22个城市开展试评价，并在随后的年份逐步扩大评价范围。② 2019年，李克强总理要求将优化营商环境工作与中国共产党"不忘初心、牢记使命"的主题教育相结合，并将优化营商环境的各项举措落实情况作为国务院大督查的重点。③ 更强有力的政治动员、更严肃的奖惩问责，伴随着更大范围的营商环境评价，使地方政府面临的优化营商环境压力和竞争日趋激烈，极大地调动了地方政府的注意力和积极性，并推动了相关领域的改革进程。

市域是优化营商环境的"主战场"。世界银行和国家发展和改革委员会营商环境评价都选择了"城市"作为评价的基本单元：在世界银行营商环境评价中，经济体成绩产生于城市成绩。2020年世界银行营商环境评价基于上海（55%权重）、北京（45%权重）两个城市的成绩计算出中国的成绩。④ 在国家发展和改革委员会营商环

---

① 李克强：《在全国深化简政放权放管结合优化服务改革电视电话会议上的讲话》，《人民日报》，2017年6月30日，第2版。
② 《国务院办公厅关于印发全国深化"放管服"改革转变政府职能电视电话会议重点任务分工方案的通知》（2018年8月14日），中国政府网，http://www.gov.cn/zhengce/content/2018-08/14/content_5313752.htm，最后浏览日期：2022年3月1日；李克强：《在全国深化"放管服"改革转变政府职能电视电话会议上的讲话》，《人民日报》，2018年7月13日，第2版。
③ 《国务院办公厅关于印发全国深化"放管服"改革优化营商环境电视电话会议重点任务分工方案的通知》（2019年8月12日），http://www.gov.cn/zhengce/content/2019-08/12/content_5420694.htm，最后浏览日期：2022年3月1日。
④ The World Bank, *Doing Business 2020: Comparing Business Regulation in 190 Economies*, Washington D.C.: World Bank, 2020, pp.82-83.

境评价中,2018年试评价22个城市,2019年评价41个城市、试评价21个城市,2020年评价80个城市和18个国家级新区,首部官方报告《中国营商环境报告2020》选取了15个标杆城市作为典型案例。① 这些做法并非巧合,"从区域层面看,城市是包含企业从事营商活动面临的外部环境生态系统的最小行政区划"②,故而最适合作为营商环境的评价对象。从国家治理的角度看,市域处于国家治理的中观层面,它拥有相对基层更高的行政位阶、更多的资源统筹余地、更丰富的法治手段,是宏观与微观的转承点、社会治理现代化的集成体、撬动国家治理现代化的战略支点。③ 同时,城市集中了大量的生产要素和商业活动,政府与市场交互频繁,政府职能转变矛盾凸显,成为"放管服"改革探索的最前线。

"营商环境只有更好,没有最好"④,随着国务院《优化营商环境条例》发布实施及地方相关立法全面铺开,优化营商环境已然成为各级政府的一项制度化的长期工作。受先天禀赋、推进程度等因素影响,中国的营商环境水平在总体取得较大改善、全球排名大幅跃升的同时,国内城市间的营商环境品质差异也逐渐显现。在2021年的深化"放管服"改革电视电话会议中,李克强总理指出了地区间的发展水平差距折射出的营商环境差距。⑤ 面对日趋激烈的城市间竞争态势,总结、反思近年来市域营商环境优化的理念和机制,对于"先进城市"来说,有助于其瞄准症结,更加深入地改革

---

① 国家发展和改革委员会:《中国营商环境报告2020》,中国地图出版社2020年版,第36—168页。
② 李志军、张世国、李逸飞、单珊:《中国城市营商环境评价及有关建议》,《江苏社会科学》2019年第2期。
③ 《陈一新:着眼把重大矛盾风险化解在市域 打造社会治理的"前线指挥部"》(2020年10月22日),中国长安网,https://www.chinapeace.gov.cn/chinapeace/c100007/2020-10/22/content_12406293.shtml,最后浏览日期:2022年3月1日。
④ 习近平:《共建创新包容的开放型世界经济——在首届中国国际进口博览会开幕式上的主旨演讲》,《中华人民共和国国务院公报》2018年第33期。
⑤ 李克强:《在全国深化"放管服"改革着力培育和激发市场主体活力电视电话会议上的讲话》,《人民日报》2021年6月8日,第2版。

创新,破除体制机制障碍,释放营商环境不断优化的潜力,将国内领先提升为国际一流;对于"后进城市"来说,有助于其借鉴参考其他地区的改革经验,跳出按部就班的路径依赖,在新形势下实现营商环境的跨越式提升,因而具有重要的现实意义。

二、文献综述与研究问题

总体而言,学术界对营商环境的研究与中央政府的政策重点,尤其是李克强总理2015年以来在深化"放管服"改革电视电话会议上的讲话中表达的对营商环境的关切存在明显的"同频共振",学术研究的成果数量、研究议题选择、基本概念运用等都反映出这一特征。

研究成果数量可以大致反映出学术界对营商环境关注程度的变化。在中国知网学术期刊库中以"营商环境"为主题检索,最早的研究成果发表于1994年,但直至2015年,年度研究成果产出量才有了明显增长,2017年的成果产出量大幅提高,2018年的成果产出量接近1994—2017年总量的两倍,2021年这一数量相较2018年又近乎翻倍(见图1)。研究成果数量变化趋势与中央政府对营商环境的关注趋势及明确鼓励地方创新、引入官方营商环境评价,实施更多奖惩问责措施的时间节点基本一致,反映出学术研究热点与政府改革重点之间的密切关联。

从研究议题选择来看,将检索范围缩小至CNKI(中国知网)、学术期刊库中的CSSCI(中文社会科学引文索引)和北大核心两类刊物以剔除质量较低的研究,统计以主题为"营商环境"的967条检索结果的关键词词频,除"营商环境"(词频:508)外,出现最多的两个关键词分别为"'放管服'改革"(词频:59)和"高质量发展"(词频:50)。学术研究一方面通过量化方法证实了营商环境改善对高

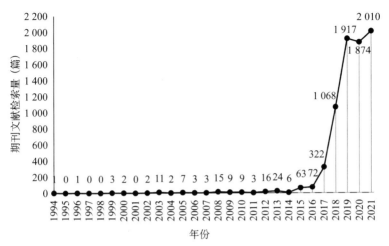

图 1 以"营商环境"为主题的期刊文献检索数量

资料来源：作者依据中国知网检索结果绘制。检索日期：2022 年 3 月 20 日。

质量发展的促进作用，另一方面肯定了以"放管服"改革为核心的营商环境建设的重要意义。①②③④⑤ 这些相互关联的研究体现的逻辑思路与李克强总理历年讲话中关于以"放管服"改革优化营商环境进而推动高质量发展的改革策略基本一致。

不仅如此，学术界关于营商环境评价体系构建的讨论往往以李克强总理在 2015—2017 年讲话中引用的世界银行营商环境报

---

① 夏后学、谭清美、白俊红：《营商环境、企业寻租与市场创新——来自中国企业营商环境调查的经验证据》，《经济研究》2019 年第 4 期。
② 贺大兴、王静：《营商环境与经济高质量发展：指标体系与实证研究》，《上海对外经贸大学学报》2020 年第 6 期。
③ 陈太义、王燕、赵晓松：《营商环境、企业信心与企业高质量发展——来自 2018 年中国企业综合调查(CEGS)的经验证据》，《宏观质量研究》2020 年第 2 期。
④ 廖福崇：《"放管服"改革、行政审批与营商环境——来自企业调查的经验证据》，《公共管理与政策评论》2019 年第 6 期。
⑤ 王昌林、赵栩：《加快营造国际一流的营商环境——关于当前深化"放管服"改革、优化营商环境的一些思考》，《中国行政管理》2019 年第 7 期。

告为参照。①②③ 国务院《优化营商环境条例》对"营商环境"的定义是:"营商环境,是指企业等市场主体在市场经济活动中所涉及的体制机制性因素和条件。"④此定义为后续学术对话提供了概念锚点。⑤⑥ 中央政府强调的通过"简政放权、放管结合、优化服务"及减税降费等改革措施打造"便利化""市场化、法治化、国际化"营商环境,则成为许多研究提出优化营商环境改革路径及具体政策建议的主要方向和落脚点。⑦⑧⑨

一些研究发现,优化营商环境的意义不仅在于它对于促进经济发展的积极作用,杨开峰认为:"营商环境在一定程度上是政府治理体系和能力的体现。"⑩娄成武等认为:"建设良好的营商环境是政府治理的基本目标。"⑪近年来中央政府持续重视、不断推动的优化营商环境改革措施,已经成为"中央政府治理的新手段"和"地方治理竞争的新场域"。⑫ 优化营商环境改变的不仅是市场主体经济活动所处的环境,也实现了对政府职能和运作方式的重构,

---

① 娄成武、张国勇:《基于市场主体主观感知的营商环境评估框架构建——兼评世界银行营商环境评估模式》,《当代经济管理》2018年第6期。
② 宋林霖、何成祥:《优化营商环境视阈下"放管服"改革的逻辑与推进路径——基于世界银行营商环境指标体系的分析》,《中国行政管理》2018年第4期。
③ 杨涛:《营商环境评价指标体系构建研究——基于鲁苏浙粤四省的比较分析》,《商业经济研究》2015年第13期。
④ 《优化营商环境条例》,《中华人民共和国国务院公报》2019年第31期。
⑤ 沈荣华:《优化营商环境的内涵、现状与思考》,《行政管理改革》2020年第10期。
⑥ 陈太义、王燕、赵晓松:《营商环境、企业信心与企业高质量发展——来自2018年中国企业综合调查(CEGS)的经验证据》,《宏观质量研究》2020年第2期。
⑦ 宋林霖、何成祥:《优化营商环境视阈下"放管服"改革的逻辑与推进路径——基于世界银行营商环境指标体系的分析》,《中国行政管理》2018年第4期。
⑧ 杨志勇、文丰安:《优化营商环境的价值、难点与策略》,《改革》2018年第10期。
⑨ 沈荣华:《优化营商环境重在市场化法治化国际化》,《国家治理》2021年第9期。
⑩ 《如何优化营商环境?专家建言:破瓶颈、找差距、补短板》,《中国企业报》,2019年12月10日,第5版。
⑪ 娄成武、张国勇:《基于市场主体主观感知的营商环境评估框架构建——兼评世界银行营商环境评估模式》,《当代经济管理》2018年第6期。
⑫ 娄成武、张国勇:《治理视阈下的营商环境:内在逻辑与构建思路》,《辽宁大学学报》(哲学社会科学版)2018年第2期。

从而对政府治理体系和治理能力现代化进程产生了深远影响。

市域是营商环境的"最小单位",城市政府是市域营商环境优化的主导力量。在落实自上而下的改革任务和应对横向的城市间竞争等压力的共同驱动下,城市政府采取一系列措施推动市域营商环境优化,这些措施共同构成了一定历史时期内的市域营商环境优化机制。就现实情况来看,在这些机制效果逐渐显现、提升了市域营商环境的同时,机制的作用条件和作用对象也发生了改变——随着改革推进,旧问题解决、新问题浮现,市场主体的关注与需求也在发生变化。"只有更好,没有最好"①意味着营商环境优化机制不是恒定的,它必然随着营商环境改善而不断升级。

机制升级的背后是理念转型。21 世纪初,制度主义的新流派——话语制度主义把"观念"带入制度研究的视野中心。② 施密特(Schmidt)等提出,具体政策及实施方案所直接表达出的"政策性观念"背后往往还存在着"程式性观念",即"更为一般化且更加基础的程式……它们限定了政策所要解决的问题",以及更加基础的"居于幕后发挥前提性假设的背景作用"的"哲学性观念"。③ 本研究借鉴这一思路,将这类蕴含在优化营商环境具体措施之中并对具体措施产生引导规范作用的观念统称为优化营商环境理念。一些研究指出,将地方政府经济履行职能方式从招商引资调整为优化营商环境,本身就标志着改革理念的重大转变。④⑤ 不仅如

---

① 习近平:《共建创新包容的开放型世界经济——在首届中国国际进口博览会开幕式上的主旨演讲》,《中华人民共和国国务院公报》2018 年第 33 期。

② Vivien A. Schmidt, "Taking Ideas and Discourse Seriously: Explaining Change through Discursive Institutionalism as the Fourth 'New Institutionalism'", *European Political Science Review*, 2010, 2(1), pp.1-25.

③ [美]维维恩·A.施密特:《话语制度主义:观念与话语的解释力》,马雪松、田玉麒译,《国外理论动态》2015 年第 7 期。

④ 宋林霖、何成祥:《从招商引资至优化营商环境:地方政府经济职能履行方式的重大转向》,《上海行政学院学报》2019 年第 6 期。

⑤ 马相东、王跃生:《新时代吸引外资新方略:从招商政策优惠到营商环境优化》,《中共中央党校学报》2018 年第 4 期。

此,营商环境的内涵也在随着历史情境变化。从李克强总理历年在深化"放管服"改革电视电话会议上的讲话来看,在对营商环境的重视和定义总体保持一致的前提下,优化营商环境的具体导向、改革重点、评价方式等也在逐年变化。实际上,正如罗知所言,"优化营商环境也需转型升级"[①],在不同的时空条件和发展阶段下,市域营商环境建设所秉持的理念也应当及时转型,以更好地引导优化营商环境机制的选择与设计。

相较于学术界对关注营商环境与经济活动各要素的量化关系以及对实现中央政府优化营商环境目标的路径等研究议题的普遍关切,将市域营商环境置于特定的历史情境下,关注市域营商环境优化理念与机制及其未来发展方向的研究仍显单薄。因而,本研究将重点关注这一议题并尝试回答以下问题:目前,市域营商环境优化主要通过哪些机制推动?这些机制背后折射出市域营商环境优化的何种理念?这些理念与机制形成于何种制度背景之下?它们面临着哪些挑战?又应当转向何方?

三、研究对象:A 市基本情况及资料来源

本研究主要以 A 市为案例探讨上述研究问题。就中国的情况而言,市域指涉许许多多的不同城市,这也就引申出单案例研究不得不面对的"一般化"问题——基于 A 市单一案例的研究结论如何推广到更加多样化的场景?[②] 一方面,按照布若威(Burawoy)

[①] 罗知:《优化营商环境也需转型升级》(2021 年 2 月 22 日),澎湃新闻,https://www.thepaper.cn/newsDetail_forward_11306987,最后浏览日期:2022 年 3 月 1 日。
[②] Randy Stoecker, "Evaluating and Rethinking the Case Study", *The Sociological Review*, 1991, 39(1), pp.88−112.

"扩展案例法"①的思路,虽然不同城市的资源禀赋、经济发展、社会文化特质有所不同,但就市域营商环境优化来看,它们面临的外部压力来源是一致的——中央政府的改革任务压力和其他城市的横向竞争压力。同时,国家发展和改革委员会营商环境评价也为衡量不同城市的营商环境提供了官方认可的统一"标尺"。这些外部条件构成了市域营商环境优化理念塑造和机制选择的共性基础,从而使得A市的实践具有一定的普遍意义。另一方面,A市具有一定的典型性——其营商环境经历了由"平庸"到"出众"的提升过程。作为东部大省S省的省会城市及副省级城市,它的营商环境品质最初在全国并不突出,甚至在省内也难以与其省会地位相符,以至于2018年A市召开的全市营商环境动员大会需要以播放暗访录像的形式展现A市营商环境中存在的问题,并以"痛下决心""要动真格""一把手工程"等强有力的措辞昭示A市党政领导机构对优化营商环境的重视程度和"忧患意识"。经过两年的努力后,A市的营商环境评价成绩大幅提升,在2020年国家发展和改革委员会营商环境评价中,A市的评价总成绩已名列全国前10,在14个领域名列全国标杆城市,是80个参评城市中营商环境改善幅度最大的城市之一。故而,A市的经历既可以视为一个营商环境相对平庸的城市实现快速提振的过程,又可以反映出一个营商环境已经相对较好的城市在如何继续取得新突破上的反思与探索,这两类经历已经可以涵盖全国大多数城市的现实情况。

本研究所依据的资料主要来自2019年、2021年对A市优化营商环境工作开展的两次调查,调查通过半结构化分组集体访谈的形式,向A市市级政府部门、区(具)政府、开发区管委会及产业园区管理部门工作人员、不同类型的企业代表了解了他们对于A

---

① Michael Burawoy, "The Extended Case Method", *Sociological Theory*, 1998, 16(1), pp.4-33.

市优化营商环境工作的感知、反思和评价。同时,调查还梳理分析了 A 市优化营商环境的相关政策,并对线下政务服务大厅和线上政务服务平台等设施进行了"体验式"观察。两次调查均在 A 市某部门的支持下实施,但调查时独立的第三方身份及声明的"非考核"的中立态度保证了调查所获信息的真实性。

四、市域营商环境优化的背景:多重驱动力叠加

对于城市政府来说,通过何种机制推动市域营商环境优化是一系列具体而现实的选择,蕴含并体现在这一系列机制中的市域营商环境优化理念同样也是具体而现实的,它们并非凭空产生,而是与城市政府的职能定位与所处环境密切相关。首先,作为"有为政府"[①],城市政府不仅是市域营商环境的主导者,更肩负着推动城市经济发展的责任;其次,就所处环境而言,来自中央的顶层设计和推动、横向的城市间竞争同样形塑着城市政府行为。[②]

罗知发现,2018 年至 2020 年,在世界银行营商环境评价报告中,我国分数最高或提升较快的是与政务环境相关的、可定量度量的指标。[③] 在改革实践中,这一特征集中反映在政府对营商环境"便利度"的重视上,李克强总理在 2016 至 2018 年的深化"放管服"电视电话会议上均明确指出了中国在世界银行报告中的营商环境便利度排名提升情况。这一方面与中国以往在该指标上成绩不佳有关:在 2015 年的世界银行报告中,中国行政审批环境在全

[①] 倪外:《有为政府、有效市场与营商环境优化研究——以上海为例》,《上海经济研究》2019 年第 10 期。

[②] 庞凯:《"放管服"改革政策创新扩散的驱动因素研究——基于 31 个省级政府的实证研究》,《成都大学学报》(社会科学版)2021 年第 6 期。

[③] 罗知:《优化营商环境也需转型升级》(2021 年 2 月 22 日),澎湃新闻,https://www.thepaper.cn/newsDetail_forward_11306987,最后浏览日期:2022 年 3 月 1 日。

球189个经济体中仅排在第136名,繁冗、低效的行政审批对经济活力的抑制效应明显。① 中国迫切需要通过"放管服"改革提高营商环境便利度、降低行政审批产生的制度性交易成本以激发经济活力。② 另一方面,世界银行报告对营商环境便利化的评价主要体现在手续、时间、成本三个方面,这些指标与实践操作相结合产生了最具体、最便于量化、最翔实的数据。③ 世界银行的评价体系为中央政府推动"放管服"改革、改善市场主体面对的营商环境提供了可借鉴的操作方法和制度工具,便利化营商环境建设成为中央政府推动各地深化"放管服"改革的有力抓手。④ 2018年开始试点的国家发展和改革委员会营商环境评价体系同样在相当大程度上借鉴了世界银行营商环境评价指标体系设计,这类手续、时间、成本等指标也得以保留。由于"放管服"改革和优化营商环境在逻辑上关联较强,这套清晰、易于操作的营商评价指标体系在很大程度上解决了中央政府对"放管服"改革任务的"验收"问题,即中央政府可以通过营商环境评价成绩衡量、比较各地深化"放管服"改革的成效。⑤⑥

除国家发展和改革委员会营商环境评价之外,2017年、2018年的国务院大督查也引入了通过可量化、可比较的指标评价地方营商环境的做法,相对于2017年的3项指标(企业开办、投资项目报建审批、不动产交易登记)、18个省的覆盖范围,2018年的国务院大

---

① 张龙鹏、蒋为、周立群:《行政审批对创业的影响研究——基于企业家才能的视角》,《中国工业经济》2016年第4期。
② 夏杰长、刘诚:《行政审批改革、交易费用与中国经济增长》,《管理世界》2017年第4期。
③ 宋林霖、何成祥:《优化营商环境视阈下"放管服"改革的逻辑与推进路径——基于世界银行营商环境指标体系的分析》,《中国行政管理》2018年第4期。
④ 同上。
⑤ 姚东旻、崔琳、张鹏远、周雪光:《中国政府治理模式的选择与转换:一个正式模型》,《社会》2021年第6期。
⑥ 宋林霖、何成祥:《优化营商环境视阈下"放管服"改革的逻辑与推进路径——基于世界银行营商环境指标体系的分析》,《中国行政管理》2018年第4期。

督查营商环境调查项目扩展到 7 项指标(企业开办、工程项目报建审批、房产交易登记、用电报装、用水报装、用气报装、获得信贷)、31 个省。① 从指标选取来看,国务院大督查所选用的营商环境调查评价量化指标绝大部分也与便利度密切相关。

除范围不断扩大的量化评价、力度不断增强的表扬奖励和监督问责措施之外,2019 年,李克强总理在深化"放管服"改革优化营商环境电视电话会议上的讲话中要求,以党的"不忘初心、牢记使命"主题教育为动力推动营商环境持续优化。② 如果说中央政府通过量化评价、激励问责等措施发动了地方政府间优化营商环境的"治理锦标赛"③,党的政治动员向优化营商环境领域渗透,则向这项工作引入了"运动式治理"的因素,即周雪光所谓"以政治动员过程……超越科层制度的组织失败,达到纠偏、规范边界的意图"。④ 这一举措使政府优化营商环境的工作带上了更强的"政治任务"色彩。同时,在追求高质量发展的时代语境下,经济结构优化和发展质量提升在城市间经济增长绩效竞争中的重要性凸显。由于营商环境对城市经济发展有着显著而稳健的影响,营商环境较好的城市对高质量投资有更强的吸引力,长期存在的城市间的经济增长绩效竞争也逐渐将优化营商环境作为重点,以期通过营商环境"势能差"获取竞争优势、吸引更多优质经济要素

---

① 《国务院关于开展第四次大督查的通知》(2017 年 5 月 31 日),中国政府网,http://www.gov.cn/zhengce/content/2017-05/31/content_5198500.htm,最后浏览日期:2022 年 3 月 1 日。
② 李克强:《在全国深化"放管服"改革优化营商环境电视电话会议上的讲话》,《人民日报》2019 年 7 月 29 日,第 2 版。
③ 彭勃、赵吉:《从增长锦标赛到治理竞赛:我国城市治理方式的转换及其问题》,《内蒙古社会科学》(汉文版)2019 年第 1 期;周飞舟:《锦标赛体制》,《社会学研究》2009 年第 3 期。
④ 周雪光:《运动型治理机制:中国国家治理的制度逻辑再思考》,《开放时代》2012 年第 9 期。

集中。①

总体而言，为推动"放管服"改革，中央政府采取了一系列激励、问责措施，一套可量化、可比较的营商环境评价指标为中央政府衡量各地改革绩效提供了简便易行的标准，也使得这些激励问责措施变得更容易操作。指标体系在很大程度上解决了中央政府的"验收"问题，同时也为地方政府的绩效竞争提供了清晰的指向。地方政府围绕营商环境指标直接展开的"治理锦标赛"随着"运动式治理"的渗入而更加激烈，经济增长绩效竞争也间接地向地方施加了优化营商环境的压力。多方面驱动力的叠加，极大地调动了地方政府行动，共同构成了近年来地方政府优化营商环境的背景。

政策文件是"政府处理公共事务的真实反映和行为印迹"②，政策文件发布数量可以客观地反映地方政府施政热点的变化情况。在中国知网"政府文件库"中检索标题包含"营商环境"且发布机关为"地方单位"的政策文献，共得到 2 399 条结果。从发布时间来看，2017 年各地发布的与"营商环境"相关的政策数量增速开始明显提高，2018 年大幅增长，至 2019 年达到顶峰（见图 2）。这三个时间点与 2017 年国务院大督查开始使用营商环境量化指标、2018 年国家发展和改革委员会开始试点营商环境评价并逐步推广、2019 年将优化营商环境引入党的"不忘初心、牢记使命"主题教育的时间节点一致，印证了前述判断。值得注意的是，2020 年以后政策文献数量的回落不应被简单地视为优化营商环境工作从地方政府施政热点中"退潮"，这更可能是政策布局逐渐完善之后的政策发布数量的正常回落。

---

① 董志强、魏下海、汤灿晴：《制度软环境与经济发展——基于 30 个大城市营商环境的经验研究》，《管理世界》2012 年第 4 期。

② 黄萃、任弢、张剑：《政策文献量化研究：公共政策研究的新方向》，《公共管理学报》2015 年第 2 期。

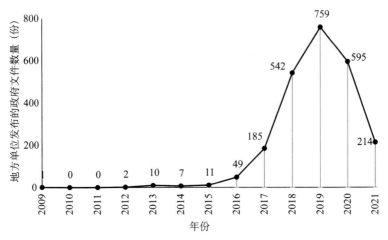

图2 地方单位发布的"营商环境"政府文件数量逐年变化情况
资料来源:作者依据中国知网检索结果绘制。检索日期:2022年3月20日。

五、市域营商环境优化的理念与机制:A市的实践与反思

(一)多重驱动力下的市域营商环境优化理念塑形

多重驱动力叠加的影响同样体现在A市政府的优化营商环境工作中。相对其他城市,A市面临的竞争压力只强不弱:作为S省省会城市、副省级城市,A市不仅面对着来自全国同类城市的横向比较,省内的另一副省级城市及其他近年来经济发展势头强劲的周边城市也对A市施加了不少竞争压力。但是,单纯的竞争压力并未直接促使A市在优化营商环境上下大力气。从政策发布情况来看,最初,A市人民政府仅在2014年、2017年分别发布了一份市级优化营商环境的文件,而这两份文件都与营商环境便利度有关。其中,2014年的文件以"改革工商登记制度"为主题,它实际上是对中央政府注册资本登记制度改革方案(国发〔2014〕7号)

的落实,其直接目的即"推进工商注册制度便利化"①;2017年的文件中提出A市要打造"十最"营商环境,但只明确提及"审批效率最高、审批项目最少、政务服务最优"这"三最",其他"七最"在政策中并未明言,仅用"等"字一带而过,将营商环境优化的重点放在便利化上的取向同样清晰可见。

2018年,中央政府在国务院大督查中扩充了营商环境量化评价指标并开始了国家发展和改革委员会营商环境评价试点。这一年也是A市优化营商环境的转折点,优化营商环境在A市得到了前所未有的关注。在政治动员层面,在市委市政府召开全市优化营商环境动员大会上,市领导以"知耻后勇""痛下决心""雷厉风行""动真碰硬"等强有力的话语表达A市党政领导机构对A市当前营商环境品质的不满和对优化营商环境工作的重视,要求将优化营商环境作为"党政'一把手'一起抓"的"当前头等大事","通过铁的决心、铁的手腕、铁的举措,确保全市营商环境在较短时间内有较大改观"。在A市委书记提出的六个"痛下决心"中,"打造高效便捷的政务环境"排在第一位。在政策层面,A市围绕会议精神印发了《全面深化"零跑腿""只跑一次""你不用跑我来跑"改革实施方案》和事项清单、《深化"一次办成"改革进一步优化营商环境的若干措施》和《关于开展十大重点任务攻坚战深入推进审批服务便民化的实施意见》等市级文件。在组织层面,A市组建了市行政审批服务局,以期通过行政许可权实质划转集中的方式破解行政审批中的部门协调困难,实现流程再造、提高办事效率。这些政策和组织层面的措施都将改善营商环境便利度作为首要目标。

2019年,A市先后两次印发了深化"放管服"改革优化营商环境重点任务分工方案,营商环境便利化措施在这两份方案中占据

---

① 《国务院关于印发注册资本登记制度改革方案的通知》(2014年2月18日),中国政府网,http://www.gov.cn/zhengce/content/2014-02/18/content_8642.htm,最后浏览日期:2022年3月1日。

大量篇幅。同年,A市优化营商环境政策还提出了"一窗受理·一次办成""网上一窗""掌上一窗"等一系列改革措施。2020年,A市印发《深入实施品牌战略三年行动计划(2020—2022年)的通知》,明确提出"打响政务服务品牌,打造最优营商环境"。这些措施同样围绕改善营商环境便利度展开。

与A市各级、各部门政府工作人员的座谈也反映出类似情况,在谈及过去几年优化营商环境采取的措施和取得的成绩时,在不同部门、层级工作的政府工作人员首先陈述的内容几乎都与"压时限、减材料、降成本"有关。值得注意的是,在政府工作人员的口中,"对标对表"这一词语频频出现。"标"意味着先进标杆、评价指标,可以理解为优化营商环境要实现的目标;"表"意味着时间期限。目标和时限相结合,不仅意味着上级要以营商环境评价指标对地方政府工作成效开展事后评价,更意味着地方政府未来的工作任务和目标围绕着评价指标和周期设置。此外,在政府目标治理中常常出现的"层层加码"[①]也出现在A市政府优化营商环境工作中。以世界银行、国家发展和改革委员会营商环境评价和国务院大督查均选用的"企业开办"指标为例,2018年5月17日,国务院发布文件要求年底前各省会城市将企业开办时间减至8.5个工作日以内,其中,企业设立登记时间减至5个工作日以内(国办发〔2018〕32号文件);S省在9月中旬发布文件,要求各市在当年9月30日前将企业开办时间减至3个工作日以内,其中,企业设立登记时间减至1个工作日以内。实际上,早在S省"加码"之前,A市就已经在8月初主动发文提出,要"对标深圳、杭州等城市最优营商环境标准、对标世界银行营商环境评价指标体系",将全市企业开办时间在8月底前压减至3个工作日以内。

---

① 周黎安、刘冲、厉行、翁翕:《"层层加码"与官员激励》,《世界经济文汇》2015年第1期。

"对标对表"非常形象地总结了 2018 年以来 A 市优化营商环境的实践理念:面临上级改革任务的刚性压力和同类城市间的竞争,以及因营商环境"势能差"引发的企业、投资、项目流动带来的经济增长和产业结构升级压力,城市政府选择了围绕营商环境指标"自我加码",以清晰且更高的量化目标、明确且更紧迫的时间期限高规格、大力度、快节奏地推动市域营商环境优化,以期在短时间内实现评价成绩大幅提升,不仅超前超额完成上级改革任务,更要在围绕营商环境量化评价指标的城市间"标尺竞争"[①]中胜出。同时,由于引入量化评价不可避免地会引发"可计量任务"驱逐"不可计量任务"[②]的倾向,"手续、时间、成本"[③]等更易量化、数据更翔实的指标对应的营商环境便利化措施自然成为市域营商环境优化的工作重点。

(二)"对标对表"理念下的市域营商环境优化机制选择

"对标对表"的理念并非明确书写在 A 市优化营商环境的某项政策文本中,而是从 A 市政府优化营商环境措施的方方面面或隐或显地表现出来,从 A 市各级、各部门政府工作人员的工作感受中反映出来,相比于抽象的学术概念,这更像是一种实践理念,它深刻影响了 2018 年以来 A 市市域营商环境优化的机制选择。

本研究所谓的"机制"应当被理解为对市域营商环境优化实践措施的归类。这里所谓的"实践措施"并非完全等同于优化营商环境政策文本中布置的具体措施,从座谈中政府工作人员反映的情

---

① 余泳泽、潘妍:《中国经济高速增长与服务业结构升级滞后并存之谜——基于地方经济增长目标约束视角的解释》,《经济研究》2019 年第 3 期。
② Kevin J. O'Brien and Lianjiang Li, "Selective Policy Implementation in Rural China", *Comparative Politics*, 1999, 31(2), pp. 167-186.
③ 宋林霖、何成祥:《优化营商环境视阈下"放管服"改革的逻辑与推进路径——基于世界银行营商环境指标体系的分析》,《中国行政管理》2018 年第 4 期。

况和研究团队的观察来看,每份优化营商环境政策中少则十几条多则上百条的政策措施的落实情况、落实力度、落实效果不一。虽然政策措施对营商环境的方方面面均有所覆盖,从政策主题和政府治理实践对不同政策措施的重视程度来看,具有"对标对表"特征的措施往往在政策主题和政府治理实践中具有更高权重。在"对标对表"理念的影响下,A市主要通过四类机制推动市域营商环境优化。

第一类机制是以优化机构职能配置、扩大行政许可权下放、再造行政流程、应用信息技术等手段推动行政审批便利化改革。具体而言,主要是通过将分散在各主管部门的行政许可权划转至行政审批服务局,实现行政许可权实质性集中以克服许可权分散带来的部门间协同难题;将许可权下放至更低层级以提高基层审批权限;通过行政流程再造和信息技术应用压时限、减材料、降成本。

第二类机制是以税费、产业、人才、融资等领域的优惠政策密集供给打造"成本洼地",提高城市投资吸引力。在过去相当长的一段时间内,投资优惠政策是城市政府最重要的招商引资竞争手段。① 这种带有"制度惯性"的做法得以延续并内嵌到市域营商环境优化工作中。除中央政府统一实施的减税降费等政策措施以外,地方性优惠政策也呈现"对标对表"的倾向:一方面,由于部分营商环境评价指标以某项政策是否存在和政策文本中的量化规定为评价依据,这些政策需要赶在评价之前、针对具体指标制定并印发,政策文本中的量化规定也需尽可能"加码"以争取获得较好的评价成绩;另一方面,一些政策性优惠措施是否制定需要与"先进城市"或其他潜在的竞争对手保持一致,且这些措施的力度需要与竞争对手持平甚至更高,以避免产生"竞争劣势"。

第三类机制是加强线下政务服务中心、线上政务服务平台建

---

① 赵文:《城市招商引资:恶性竞争与"赢商环境"》,《商务周刊》2004年第10期。

设,提高服务水平,改善城市政务服务窗口的风貌。这类机制是第一类机制的自然延伸,即行政审批便利化改革需要通过线下政务服务窗口和线上政务服务平台向市场主体表现出来。具体而言,主要包括实现行政审批服务集中办理,提高线下政务服务中心软硬件设施和便民服务设施建设水平,加强窗口服务人员的礼仪、业务培训,延长服务时间,引入服务满意度评价("好差评"等)措施并加强对窗口服务人员的监督问责等。同时,包括政务服务网站和政务服务 APP 等线上服务平台建设也成为提高政务服务水平的重点之一,这类线上服务平台还通过自助服务终端设备铺设延伸到线下政务服务大厅和社区服务中心等场所。

第四类机制是以政务服务品牌为核心,塑造城市营商环境形象,并以此作为城市政府的招商引资"招牌"。这类机制将具体行政审批便利化措施包装为"一次办成""一链办理"等诸多"措施品牌",进而将这些"措施品牌"归入城市政务服务品牌,并以城市政务服务品牌为核心打造城市营商环境招牌,在企业开办、投资落地、工程建设等环节为招商引资创造更加便利的政府服务环境。

总体而言,在"对标对表"理念的影响下,以便利化为核心的政务服务环境建设是过去几年中 A 市市域营商环境优化的重要内容,这类机制大多围绕市场主体的行政审批活动展开。在"放管服"改革中,这类机制大致对应着"简政放权"与"优化服务",这两个领域也是营商环境评价指标中最易量化、城市间竞争最易比较的部分。同时,作为以往城市政府招商引资的主要手段——优惠政策供给也嵌入市域营商环境之中,在营商环境评价、经济高质量发展压力和城市间竞争的驱动下,A 市各领域优惠政策供给也呈现"对标对表"的特征,大量优惠力度不输同类城市的政策密集发布,构成了市域营商环境优化的另一重要板块。

(三)市域营商环境优化理念与机制的局限

在上述机制的作用下,A 市营商环境的改善显著。至 2021 年,A 市的国家发展和改革委员会营商环境评价成绩有了大幅提升,许多指标已经成为全国标杆,一些改革措施不仅受到国务院第八次大督查的点名表扬,也获得了来自学术界的奖项。从市场主体的感受来看,营商环境改善最明显的表现就是"办事方便"。在调查中,A 市营商环境便利度获得了受访市场主体的一致好评。

这种情况并非 A 市独有,总体来看,全国各地的营商环境便利度明显改善。李克强总理在 2020 年深化"放管服"电视电话会议上的讲话中展示了这部分改革成果:以往费时费力的企业开办已经压减到不超过 5 个工作日,以往耗时以"年"为单位的工程建设项目审批"万里长征"已经压减到不超过 120 个工作日。① 实际上,在"对标对表"的市域营商环境竞争中,许多城市的"企业开办"等指标竞争已经不再以"日"为单位,而是用"小时""分钟"甚至"秒"计算,对于包括 A 市在内的许多城市来说,一些行政审批事项实现"秒办"已经不是什么新鲜事。

营商环境进入"历史上最好时期"并不意味着 A 市优化营商环境工作的终止。但是,对于如何在新形势下继续推动市域营商环境优化,A 市政府工作人员和市场主体都有困惑。从 A 市政府工作人员的角度来看,一方面,在现有制度和技术条件下,对标营商环境评价指标和"先进城市"水平继续改善营商环境便利度遇到瓶颈,许多指标已经到了"时限压无可压、材料减无可减、成本降无可降"的地步,继续提升的边际成本骤增,部分行政许可事项过于追求便利度指标的成绩提升,负外部性溢出,不利于营商环境整

---

① 李克强:《在全国深化"放管服"改革优化营商环境电视电话会议上的讲话》,《人民日报》,2020 年 9 月 30 日,第 2 版。

体、长远改善;另一方面,各地便利度短板普遍补齐后,单纯基于便利度的营商环境竞争优势已不再明显,未来的市域营商环境竞争发力点仍不甚明确。

从市场主体的角度看,行政审批时间、材料、成本持续压减,确实降低了企业的办事成本,但随着营商环境便利度持续改善,这类措施所能带来的市场主体获得感提升的边际收益递减,便利度指标继续小幅提高虽有竞争意义,却难以转化为市场主体评价的实质性改善。同时,对于市场主体而言,企业开办等行为只是经营活动的开始,找政府"办事"只是经营活动的一小部分,随着"办事"的痛点得到解决,市场主体的关注点自然转移到营商环境中的其他"不尽如人意"之处。

这类困惑折射出过去几年受"对标对表"理念影响的市域营商环境优化机制在新形势下暴露的一些问题,具体而言,主要体现在以下几个方面。

对于第一类推进行政审批便利化改革的机制而言,一方面,行政许可权从各专业领域的主管部门划转到行政审批服务局并实现实质性集中,在有利于审批流程再造的同时,也割裂了审批和监管之间的业务关系,带来了审管协同难题。另一方面,在短时间内围绕时限、材料、成本等"外显指标"采取的便利度提升措施往往缺乏现代化治理体系和治理能力的有力支撑,"清单"标准化不足、部门间协同不畅、部门性信息系统平台重复建设、数据赋能不充分、信息流通成本高等问题制约了营商环境便利度进一步提升的潜力。

对于第二类加强优惠政策供给的机制而言,各领域的优惠政策不断增多,政策板块布局不断完善,但政府侧的政策密集供给和市场侧的政策实际获得之间脱节。主要问题包括:政策宣传不到位且解释模糊导致政策供需主体间信息不对称;政策性优惠的承诺主体和兑现主体分离导致一些政策成为"空头支票";政策供给效果缺乏明确评估等。这些问题一方面抬高了市场主体的政策享有成本,使得一些政策性优惠对市场主体来说"食之无味、弃之可惜",甚至催生出有偿"代理申报"市场;另一方面,政策实际效果缺乏科学评估,清理接续不及时,一些为应对评价指标而制定的"任务性政策"更是沦为"抽屉政策"。同时,过分重视靠优惠吸引外来投资、大项目的政策倾向,也催生出一些市场主体虚假包装、骗补套利的不正常经营行为以及区(县)间围绕优惠条件的内耗式竞争。

对于第三类提升线下线上政务服务水平的机制而言,主要存在服务细节不到位、高品质服务覆盖不全等问题。从服务细节来看,目前的线下政务服务集中有余、散布不足,办理业务之前的通勤时间、停车排队及等待时间远长于实际办理业务耗时;线上政务服务水平难以达到"网购式"服务水平,部门化的"管理逻辑"尚未全面转变为面向用户的"服务逻辑",线上政务服务的部门化供给、平台多头建设与用户的一站式需求矛盾突出。同时,线上政务服务平台的流量承载能力与市场主体规模不匹配。从服务覆盖来看,政府服务水平提升基本局限于行政审批服务,政策服务水平明显落后,水、气、热、电、公共事业服务和就医、入学等基本公共服务仍不够便利,不同行业的服务项目间衔接、信息共享不畅。

对于第四类塑造城市营商环境品牌的机制而言,主要问题在于以便利化政务服务为核心营造的城市营商环境品牌难以适应市场主体对经营全过程高质量营商环境的需求。具体而言,包括"招商"与"留商""养商"等后续服务脱节、中小微企业融资难、人力资源供不应求、产业链不健全、公共服务与社会保障支撑不足等。

市域营商环境优化机制面临的种种困境共同指向了"对标对表"理念的历史局限性——在过去几年中,中央政府将量化指标体系与奖惩问责制度结合,将地方政府引入市域营商环境优化的"治理锦标赛",政治运动的渗入进一步将这场"锦标赛"推至白热化。

这些"技术治理"①手段的应用形塑了 A 市政府"对标对表"的市域营商环境优化理念。在"对标对表"的推动下,营商环境评价指标所涉重点领域的改革突破,在短时间内大幅提升了 A 市营商环境评价成绩与排名,同时,也暴露了这一理念对营商环境的综合性、系统性和市场主体获得感重视不足的问题。

六、理念变革与机制升级——市域营商环境优化的未来展望

随着营商环境评价成绩的不断提升,单纯的"对标对表"以及相应的市域营商环境优化机制已经难以适应新形势下 A 市优化营商环境的实践需要,理念变革与机制升级十分必要。

(一)市域营商环境优化的理念变革

实际上,中央政府的优化营商环境理念也在持续转变。李克强总理在 2018 年及以前的深化"放管服"电视电话会议讲话中,重点关注中国在世界银行营商环境报告中的便利度名次,优化营商环境的方向也限定为"法治化、国际化、便利化"②;但 2019 年及以后的讲话已经不再提及中国在世界银行营商环境报告中的便利度名次,虽然在具体措施上仍强调"为市场主体和人民群众提供便利化服务",但优化营商环境的方向已经转变为"市场化、法治化、国际化",不再将"便利化"作为营商环境的"三化"之一。③

---

① 渠敬东、周飞舟、应星:《从总体支配到技术治理——基于中国 30 年改革经验的社会学分析》,《中国社会科学》2009 年第 6 期。
② 李克强:《在全国深化"放管服"改革转变政府职能电视电话会议上的讲话》,《人民日报》,2018 年 7 月 13 日,第 2 版。
③ 李克强:《在全国深化"放管服"改革优化营商环境电视电话会议上的讲话》,《人民日报》,2019 年 7 月 29 日,第 2 版。

用词的变化反映出中央政府对优化营商环境工作重点理解的变化。但是，由于世界银行和国家发展和改革委员会两大营商环境评价体系仍是衡量城市营商环境的主要依据，以手续、时间、成本为核心的便利度指标仍然是这些指标体系中最易量化的部分，将量化指标体系与奖惩问责手段相结合的"技术治理"手段仍然未变，在"对标对表"理念的影响下，A市政府仍然延续了将改善便利度作为市域营商环境优化主要机制的做法。2021年，"对标对表"理念取得了明显成效，同时，其局限性逐渐暴露，营商环境评价体系的变化为理念变革提供了难得的历史契机：一方面，世界银行集团停发《营商环境报告》，这意味着已经运行多年的世界银行营商环境评价体系走向终结①；另一方面，李克强总理在2021年深化"放管服"电视电话会议上强调："要规范营商环境评价，以市场主体和群众的实际感受作为主要评价依据，力戒形式主义，防止增加地方和市场主体负担。"②

这一历史契机催生了A市市域营商环境优化应当秉持的新理念——营商环境"全局观"。相对于"对标对表"，营商环境"全局观"要解决的主要矛盾从营商环境评价排名不高转变为内涵建设不足，要实现的主要目标从优化评价成绩转变为提升改革实效，要采用的主要手段从重点领域突破转变为全局协同推进。总体而言，营商环境"全局观"强调全局协同、系统谋划，从超越区域界限、层级界限、部门界限、行业界限的市场主体经营全周期视角理解营商环境；强调用"眼睛向下"的评价标准，从市场主体的获得感出发评价营商环境；强调以纵深改革释放营商环境提升潜力，力求打造

---

① 《世界银行集团停发〈营商环境报告〉》(2021年9月16日)，世界银行，https://www.shihang.org/zh/news/statement/2021/09/16/world-bank-group-to-discontinue-doing-business-report，最后浏览日期：2022年3月1日。

② 李克强：《在全国深化"放管服"改革着力培育和激发市场主体活力电视电话会议上的讲话》，《人民日报》，2021年6月8日，第2版。

以服务、资源、政策的高效协同和系统集成为基础,以治理能力的数字化转型为支撑,以精准服务、智慧服务为特征的一流营商环境。

(二) 市域营商环境优化的机制升级

理念变革必然带来机制升级。在营商环境"全局观"的引导下,A市应通过强化协同机制、推动政策集成、加强数据赋能、拓展全维服务,优化城市治理体系、提升城市治理能力,切实提升市场主体的营商环境获得感,推进城市高质量发展。

首先,要强化协同机制。通过更加完善的标准化体系和信用体系建设,强化审管协同;在厘清部门权责的基础上,以面向市场主体的"服务逻辑"统摄部门分立的"管理逻辑",强化部门协同;以简政为目标加强放权,优化层级间的权力配置,加强市级统筹,强化层级协同;充分调动社会的力量参与市域营商环境优化中,强化社会协同。

其次,要推动政策集成。建立结构标准化、内容规范化的政策数据(信息)库,强化政策库应用,推动政策供给集成;在建设完善政策库的基础上加强政策供需间的精准匹配,以行政审批便利化改革的力度和经验降低政策兑现成本,优化政策服务,推动政策服务集成;落实政策目标管理、兑现进度追踪,建立政策效果评估机制和政策清理更新机制,加强政策评估。

再次,要加强数据赋能。推动旧系统归并、新系统互通,整合各类业务系统和信息平台;提高各行业的数据开放水平、构建数据生态系统,整合分散的数据资源;打破权力壁垒、标准壁垒和技术壁垒,融合"大量数据"为"大数据",通过智慧治理应用创新和赋能基层,提升智慧治理能力;完善数据共享与开发的责任分担、利益补偿和创新激励等配套制度,调动各类主体提高数据应用能力的积极性。

最后,要拓展全维服务。完善"分布式"线下服务体系、以用户导向重构线上服务,提高服务承载能力、优化政务服务细节;以政务服务的标准为参照,集成服务资源,优化服务流程,提升服务质量,打造"一站式"政策服务;将公用事业业务、公共服务业务及市场主体经营全周期服务纳入市域营商环境服务体系,拓展高品质服务的范围。

(三) 总结与展望

从近期的实践动向来看,A市的一些市域营商环境优化措施所蕴含的理念已经展现出较为明显的"全局观"特征。虽然A市的实践经验不可避免地带有一定的特殊性——例如,行政审批服务局或许不是国内所有城市行政审批便利化改革采用的组织模式,但是相似的改革经历(在过去几年普遍以"对标对表"的理念高强度地推动以改善便利度为重点的市域营商环境优化)和相同的时代背景(中央政府优化营商环境重点方向的转变及营商环境评价方式的变革)等因素使得基于A市市域营商环境优化经验的反思与探索具有较强的普遍意义。作为一种新理念的营商环境"全局观"及相应的市域营商环境优化机制选择,不仅可为其他城市持续推动市域营商环境优化提供有益参考,更为提升城市治理体系和治理能力现代化水平、推进城市高质量发展贡献了新的思路。未来的研究应该更加重视制度背景和"技术治理"手段对市域营商环境优化理念形成与机制选择的影响,从更加具体、现实的角度探讨市域营商环境优化的路径选择问题。

市域治理视角下的空间生产与城市增长

——以深圳市为例

刘 筱* 黄芩锖**

[内容摘要] 改革开放 40 多年,中国城市化水平迅速增长,增幅超过 60%。这一数据表明,传统农业社会形态得到根本性改变,这意味着原来以县域为单位的社会治理要向以市域为单位进行新的统筹,也意味着延续 2 000 年的农业社会治理需要在现代化方向朝着城市型社会治理转型。本文以改革开放的窗口城市深圳市为例,从城市市区向市域的三次扩容,探讨其内在市域治理逻辑。研究发现,深圳市的市域治理体现为代表国家意志的城市政权向乡村基层的延伸,具体表现为三个层面:第一,通过法制手段推动城市市区的全面扩张,最终实现全面城市化;第二,通过土地制度的改革,确保城市政府的直接管辖权逐步覆盖全市域;第三,通过政策创新重构新时代基层治理模式,确保国家权力在市域内的通达。最后,本文提出,基于土地制度的二元性和空间生产的资本属性,新时代中国市域治理问题不仅仅表现为城市如何反哺乡村的问题,而是让城乡之间在空间生产中的收益分配公平公正的问题,进而落实中国的城市化进程,推进共同富裕。

[关键词] 市域治理;空间生产;城市增长;增长机器

---

* 刘筱,深圳大学政府管理学院教授。
** 黄芩锖,深圳大学政府管理学院硕士研究生。

一、问题的提出

2018年6月,在全国新任地市级政法委书记培训示范班开班式上,中央政法委秘书长陈一新首次提出"市域社会治理现代化"的概念,并指出市域社会治理是国家治理在市域范围的具体实施,是国家治理的重要基石;2019年10月,十九届四中全会提出"加快推进市域社会治理现代化"的战略目标,十九届五中全会再次明确"加强和创新市域社会治理,推进市域社会治理现代化"[①],这一系列国家战略新部署正折射出我国社会治理面临新的转型。我国城市化水平从改革开放前的17.8%到2011年超过50%,这意味着国家正式进入城市社会时代;2021年城市化水平进一步快速增长,达到62%,这意味着原来的以县域为单位的社会治理要向以市域为单位进行新的统筹,这也意味着延续2 000年的农业社会治理需要在现代化方向朝着城市型社会治理转型。

市域社会治理作为一个新型治理概念,还没有完全统一的概念界定。首先,关于社会治理的研究是一个新兴的领域;其次,对于市域的内涵也没有形成统一。因此,这也为当前探讨市域社会治理提供了更充分的研究"现场",为中国特色的社会主义理论体系构建提供更多的探讨元素。

首先,笔者以"社会治理"为主题,在中国知网的硕博论文库进行检索;其次,又进行期刊数据库(排除非核心期刊)的检索。数据显示,2005—2011年,每年的发表都在10—100篇以内;从2012年起,相关研究呈现巨大的升幅。这反映出社会治理研究与城市化

---

① 《中共中央关于制定国民经济和社会发展第十四个五年规划和二○三五年远景目标的建议》(2020年11月3日),中国政府网,http://www.gov.cn/xinwen/2020-11/03/content_5556991.htm,最后浏览日期:2021年12月3日。

发展有着密切关联。从期刊来看,同样表现了相似的规律。

"市域治理"的期刊与学位论文统计如下。核心期刊发表论文集中在 2019 年及之后,与这一概念的提出时间保持了一致。在 129 篇学位论文中,虽然呈现明显的波动性,但是从内容来看,涉及社会治理及现代化需求的文献仅从 2018 年开始,且从学科来看主要集中在法政领域,而其他研究主要涉及空间资源以及公共产品等的布局与管理,与本文所讨论的基于国家治理现代化背景下的市域治理显然不相同。因此,从国家战略布局出发研究市域治理具有重要的现实意义与时代紧迫性。

中国市域治理研究具有极强的复杂性,主要表现为:第一,地域空间复杂性导致的市域问题复杂性;第二,行政管理体制的复杂性导致市域治理体系的复杂性。比如,既有面积超过 1 万平方千米的城市如直辖市北京、天津和重庆,还有众多如哈尔滨、长春、丽水等地级市;也有面积不足 2 000 平方千米的城市如深圳、厦门、香港和澳门,而不同城市的城乡占比又差距极大,由此导致市域内的社会、经济与文化等方方面面呈现较大的差异性。此外,中国的行政管理体制复合了城市与乡村两种形态的管理体制,并无缝衔接于城市市域范围;中国的城市又具有不同的行政层级,不仅有直辖市,还有副省级、地级和县级城市,因此,交叉着行政层级的城、乡二元行政管理体制使市域治理表现出高度复杂性。基于以上,本文将以改革开放的窗口城市深圳市为例,从其城市变迁的角度探讨其内在的市域治理逻辑,也为当下中国市域社会治理研究提供深圳观察。

二、市还是建制市

"城市"这一概念几乎是伴随着人类文明的产生而产生的,但在不同的文化语境中对城市的内涵却有着不同的理解。中西方城市因其产生的路径和机理差异,对城市起源以及功能定义就有完全不同的理解①,而其演化路径也产生了两种类型:商业路径与农业路径。正是城市演化路径的不同,导致了截然不同的城市发展与管理模式,并由此产生了完全不同的城市政权模式。随着工业化以及现代化的发展及完成,城市及城市管理又在共同的动力驱动下产生了共同的诉求与转型。因此,理清中西方城市及城市管理的差异是研究现代化背景下的城市治理的起点。

(一) 基于西方传统的城乡分治

从古希腊时期的自治城邦,到中世纪的城市(镇),城市从来都是独立于乡村的存在:依靠商业来保证城市生存所需②,依靠武力来保证城市安全,更依赖宗教来使城市具备权威性。因此,无论是从古代的城邦管理,还是到中世纪的教会管理,宗教和商业促使城市蓬勃兴起,商业通过其贸易网络,构建起丰富的生产与生活资源供需网络,并进一步促进了城市经济的多样性以及城市功能的多重性。但是,工业革命以前的西方城市并没有因为商业而保持城市的持续扩张,相反,总是因为各种因素尤其是天灾人祸而终止发展进程,甚至衰亡。历史学家发现,正是供养罗马(粮食)任务的失败,"国家随之崩塌"③,当战争或是瘟疫来临时,原来依靠商业网络建构起来的供给网络会因此而瓦解,随之而来的是城乡的对立,进而冲击政权并最终导致政权的崩溃。

---

① 关于中西方城市起源与定义一直以来都有各种争论,西方城市观也因为种种偏见而否定或是忽视中国的城市文明。中国香港学者薛凤旋在其《中国城市及其文明的演变》(2010年出版)一书中对此进行了阐述,并对中西方城市文明进行了丰富而有深度的探讨。

② 约翰·里德(John Reader)在其《城市》一书中就描绘了欧洲城市城乡对立的传统,并提及"雅典城邦完全依靠私人企业来保证持续与充足的谷物供应,政府很少参与"。

③ Rickman, Geoffrey, *Roman Granaries and Store Buildings*, Cambridge: Cambridge University Press, 1971, pp. 24 – 25.

当然,最值得关注的是依托自治行会而构建起的具有现代意义的城市管理。城市首先是手工业、商业的空间载体,聚集必然导致各种冲突,随之而来的就是基于共同的生存与发展需要建构一个管理共识,从汉萨同盟到米兰、佛罗伦萨,再到商人自治的伦敦市(London City),城市逐渐成长为享有特别法律、行政与司法等特权的集体法人。而这与商业和资本合力推动的工业化有着必然关系,唯有工业化能解决在工业革命以前城乡的对立与对盾,也唯有工业化能保证不依赖乡村也能满足城市迅猛扩张的物质需求。1835年英国通过的市议会组织法案(Municipal Corporations Act 1835)首次确立了城市政府的权力与职能,并成为现代城市政府的模板。至此,现代意义的城市通过立法确定了与乡村的相互独立关系。

总而言之,是工业化解决了城乡分治的矛盾,为了更好地保证城市的增长,现代意义的城市制度以及城市管理也就因此而产生。这一前提是明确的城乡界限,明确了各自的权责,并以城市自治为基本起点。

(二) 基于东方传统的城乡合治

可以说秦始皇统一中国奠定了延续两千年的中国城市行政体系以及中国政治传统。秦朝废封建、行郡县,以36个郡和约800个县为基础,营造了一个约800座城市的三级城市行政体系(首都、郡治和县治),并且确立了城市的功能是行政功能,稳定地方经济、保证国家物资尤其是农产品供给以及税收。城市服务于其直接腹地,即所管辖的广大农业区,在中央集权的三级行政体系之下,通过城乡接合的方式,既解决了城市的供应问题,又保证了国家的统一与安全,也因此塑造了中国高度集中的农业体系。可以说,中国传统的城市发展"体现了一个以农业作为全国经济与社会组织的基础的广域国家特点……拥有城市性质的聚落大抵都是中地(central place)……在这个以农业为基础的国度里,城市体系和行政体系混合为一个有机体,以保持人与自然的大平衡"。[①] 两千年的发展累积,再加上儒家思想(如"顺天时""亲民贵"等)的影响,必然导致制度累积,使城乡合治的传统并以农业为基的价值观融入整个民族的文化基因中,也因此在外来工业革命冲击之下,这种农业传统必然因生产力水平的巨大差异而冲击整个经济体系、文化体系,进而冲击政治体系。1921年,北洋政府试图学习西方的城市管理制度,颁布了第一部具有现代意义的《市自治制》,开创了中国市制。但是,任何制度必须根植于其"土壤",现代西方的市制建立在工业化基础之上,而仍然处于农业时代的近代中国必然导致"新型"行政体制与传统经济基础的矛盾,按照1930年民国政府颁布的《市组织法》,1949年全国有市136个,其所对应的仍然是广大的、生产力低下的农村,也直接导致中央对地方管理的失控。生产关系与生产力的矛盾也自然导致了以国民政府为代表的旧制度瓦解,随之而来的是中国共产党对生产力与生产关系的历史性重构。

(三) 具有东方传统的现代建制城市

新中国成立以来,关于城乡关系的建构是在各种因素的交织下探索出来的。从土改到为了保证城市农产品供给而实行的统购政策,都对构建新型城乡关系提出了挑战。毛泽东曾指出,合作化(集体化)是"提高生产力,完成国家工业化的前提条件"。[②] 这一论点直接点明了当时的生产力水平依旧低下,仍然需要依靠农业来保证工业发展。自1958年起,为了逐步消灭"三大差别"(指工

---

① 薛凤旋:《中国城市及其文明的演变》,世界图书出版公司北京分公司2010年版,第258页。
② 毛泽东:《关于农业集体化问题》,载《农业集体化重要文件汇编》(上卷),中共中央党校出版社1981年版,第369页。

农差别、城乡差别、脑力劳动和体力劳动差别),并保证城市的生活所需,中央进一步将许多特大城市和大城市的行政范围扩大,包括其周围的郊县,形成新的以城市为核心的行政单元——城市区域(city-region)。① 为了保证中央对地方的统一管理,在行政管理体制上形成了市辖县这一全新的具有城乡合治传统、又具有现代行政管理色彩的新型地方治理模式。这一模式打破了现代西方意义上的城市与乡村的隔膜,以行政方式将城市与广大农村腹地再次紧密地结合在一起并形成有机的城乡生态系统。至此,中国全域形成了从中央到省再到地方(城市区域)的无缝管理,而城市区域内部又形成了市区—郊区—村镇的具有同心圆圈层特征的三级城镇体系。

从1978年实行改革开放至1982年宪法修订,进一步明确了中国的社会主义公有制的土地所有制基础为:"城市的土地属于国家所有。农村和城市郊区的土地,除由法律规定属于国家所有的以外,属于集体所有;宅基地和自留地、自留山,也属于集体所有。国家为了公共利益的需要,可以依照法律规定对土地实行征收或者征用并给予补偿。任何组织或者个人不得侵占、买卖或者以其他形式非法转让土地。土地的使用权可以依照法律的规定转让"(《中华人民共和国宪法》第十条)。也正是这一条,在城乡合治的社会主义新城市管理体制基础上叠加了二元的土地制度,使城乡之间存在了事实上的城与乡二元行政管理体制。城市管理随着城市化的加速,在城市的行政管辖区内扩张,也必然伴随着行使城市管理体制的城市政府与行使乡村行政管理体制的乡镇地方政府间的冲突与矛盾。改革开放使工业化水平迅速提升,随之而来的是乡村人口向市区的聚集,有限的市区空间相对的是十倍甚至百倍

---

① 薛凤旋:《中国城市及其文明的演变》,世界图书出版公司北京分公司2010年版,第288页。

的乡村地域空间,土地红利的诱导迅速激发了城与乡之间"谁才是真正管理者"的较量。于是,伴随着工业化的完成、城市化进入中等水平,中国市域管理现代化的讨论就必然提上新的议程。它不仅要讨论在进一步现代化发展背景下的市域内行政管理体制创新与改革,同时还必须讨论在市域内城乡土地二元制度的创新管理。下文将以深圳市发展为例,从二元土地制度的改革角度探讨城市市域治理现代化的逻辑。

三、深圳市城市空间发展的三次扩容

深圳市从一个边陲小渔村快速发展至大都市,其高度城市化并非简单的版图扩大可直接实现,而是通过土地制度的改革,促进市场经济发展,以此推动城市化水平的快速提升。[1] 自深圳特区建立以来,有关城市管理的规范性文件[2]见证并巩固了深圳市先行先试的土地制度改革成果与城市化过程。城市发展扩容并不是一蹴而就的,因此,笔者对自特区成立以来,特区政府、广东省政府和中央有关城市管理的规范性文件进行梳理(见表1),以此明晰深圳市的城市发展扩容脉络。

---

[1] 谢涤湘、陈惠琪:《高度城市化地区的土地问题及其思考——以深圳为例》,《生态经济》2013年第4期。

[2] 广义上涵盖了法律法规及具有约束力的非立法性文件,但这个概念目前尚无权威解释与界定。

表 1 深圳市建市以来相关城市管理规范性文件梳理

年份	级别	规范性文件
1979	国家	7月1日,第五届全国人大会议通过《中华人民共和国中外合资经营企业法》,允许对合营企业收取土地使用费
1980	国家	7月,国务院《关于中外合营企业建设用地的暂行规定》提出:"中外合营企业用地,不论新征土地,还是利用原有企业场地,都应计收场地使用费。"
1980	省	8月,由广东省政府颁布的《广东省经济特区条例》提出:"境外客商使用经济特区土地的要交纳土地使用费。"
1981	省	11月,广东省第五届人大常委会通过了《深圳经济特区土地管理暂行规定》,对在特区兴办企事业的所有单位收取土地使用费,土地进入有偿使用的时期;同时提出用地需要市政府审批,禁止私自进行买卖、出租和转让土地
1982	市	3月,深圳市政府颁布《关于严禁在特区内乱建和私建房屋的规定》,明确特区内的土地须由政府统一开发、统一规划,所有个人严禁在特区内私建房屋,违反者将受到经济、行政处分或司法处罚。这是深圳市政府有关违建的最早文件
1982	国家	5月,国务院颁布《国家建设征用土地条例》,赋予县、市人民政府一定数额的审批征地权限,并可根据实际需求放宽或缩小数额
1982	市	9月,深圳市政府颁布《深圳经济特区农村社员建房用地的暂行规定》,对特区内农村建房用地的面积等进行严格统一管理,建房须由政府批准,这也是后续一系列有关违规违法土地管理文件的出发点
1983	市	1月,深圳市政府发布《关于严禁在特区内乱建和私建房屋的补充规定》,强调"对于过去未经批准,私人擅自占用土地建造的私房,要逐户进行检查,根据其不同情况进行处理;今后私人擅自占地建筑私房的,以违法论处"。进一步严格管控私人违建

（续表）

年份	级别	规范性文件
1985	市	3月15日,深圳市政府发出《关于坚决处理干部、职工继续违章建造私房的通知》,指出凡属1982年3月29日之后的违章私房或未经批准加建扩建者,一律无偿没收归公
1986	市	6月,深圳市政府发布《深圳市人民政府关于进一步加强深圳特区农村规划工作的通知》,对特区内农村违规建房进行更加严格的清理整改,进一步细化建房用地规定,严禁农民无限制建房
1986	省	11月,广东省第六届人大常委会通过《广东省土地管理实施办法》,提出对国家建设征用土地支付安置补助费,但征用宅基地和未计税土地,则不付给
1987	市	9月,深圳市政府出台《深圳市人民政府关于加强特区内已划红线用地管理的通知》,对划拨用地的红线图办理做了详细的规定,意在将村民建设占用土地限制在较小且固定的范围内,从而在面上减少"合法外"用地的覆盖区域①
1987	省	12月,广东省第六届人大常委会通过了深圳市政府制定的《深圳经济特区土地管理条例》,特区土地有偿使用、土地使用权有偿转让制度正式确立
1988	市	1月,深圳市政府发布《深圳市人民政府关于处理违法违章占用土地及土地登记有关问题的决定》,对违法违规占用土地进行处理,但却对历史遗留的违规建房作出"原则上不作处理"的决定
1988	国家	4月,第七届全国人大会议通过《中华人民共和国宪法修正案》,允许土地依法出租,土地使用权可依法转让
1988	市	8月,深圳市政府颁布《深圳经济特区协议出让土地使用权地价标准及减免土地使用价款的暂行规定》,最先对特区内通过协议出让用地的地价进行规定

---

① 罗罡辉、游朋、李贵才、罗平:《深圳市"合法外"土地管理政策变迁研究》,《城市发展研究》2013年第11期。

(续表)

年份	级别	规范性文件
1988	国家	12月23日,第七届全国人大常委会通过的《中华人民共和国土地管理法》规定:"国有土地和集体所有土地使用权可以依法转让;国家依法实行国有土地有偿使用制度。"
1989	市	1月,深圳市政府发布《关于深圳经济特区征地工作的若干规定》,提出"对特区内可供开发的属于集体所有的土地,由市政府依照法律的规定统一征用",实现对集体所有土地征用制度的突破,同时指出不再划拨土地给农村自行兴建厂房
1990	国家	5月,国务院颁布《中华人民共和国城镇国有土地使用权出让和转让暂行条例》,规定"土地使用权可以依法使用、转让、出租、抵押或者用于其他经济活动"
1990	市	8月,深圳市政府颁布了《深圳经济特区土地使用费征收办法》,开始按年度收取土地使用费
1991	省	7月,广东省人大常委会对《广东省土地管理实施办法》进行修订,赋予经济特区所在地的市人民政府限额内的征用土地审批权限
1992	市	6月18日,深圳市政府发布《关于深圳经济特区农村城市化的暂行规定》,把特区内全部农村土地征收为城市国有土地,原农民全部一次性转为城市居民,同时提出将集体经济组织转变为自负盈亏的集体企业,对原村办企业进行股份制改革
1992	国家	7月1日,第七届全国人大常委会通过《全国人民代表大会常委会关于授权深圳市人民代表大会及其常委会和深圳市人民政府分别制定法规和规章在深圳经济特区实施的决定》,全国人大授权深圳特区立法权
1994	市	4月,深圳市人大通过《深圳经济特区股份合作公司条例》,确立深圳经济特区股份合作公司的法律地位
1994	市	6月18日,深圳市人大常委会通过《深圳经济特区土地使用权出让条例》,全面系统地规定了土地使用权出让的内容与程序,是全国第一部系统性法规

(续表)

年份	级别	规范性文件
1995	国家	12月27日,《全国人民代表大会常务委员会办公厅关于深圳市人大及其常委会制定的法规适用于该市行政区域内问题的复函》,明确特区内适用国家法律和特区法规,特区外的两区适用国家法律和广东省法规,"一市两法"格局形成
1997	市	4月,深圳市政府颁布《关于调整深圳经济特区土地使用费征收标准的通知》,对不同类别、不同等级的土地应缴纳的土地使用费进行了调整
1998	市	2月6日,深圳市政府颁布《深圳经济特区土地使用权招标、拍卖规定》,在全国首次确定所有特区内的居住、商业用地等经营性用地采用招标、拍卖方式进行土地使用权出让
1998	市	2月,深圳市人大常委会通过对《深圳经济特区土地使用权出让条例》的修正,将原条例第二条第二款修改为"土地使用者应当向市政府交纳土地开发与市政配套设施金"
2000	国家	7月,全国人大通过《中华人民共和国立法法》,保留经济特区的授权立法权,还赋予经济特区所在地的市以较大市的立法权
2001	省	2月,广东省第九届人大第四次会议通过《广东省地方立法条例》,将深圳市的较大立法权细化
2001	市	3月6日,深圳市政府颁布《深圳市土地交易市场管理规定》,深圳市开始出现了土地资源的市场配置
2001	市	10月,深圳市人大常委会通过《深圳经济特区处理历史遗留违法私房若干规定》和《深圳经济特区处理历史遗留生产经营性违法建筑若干规定》,指出特区农民擅自开发农地作住宅、工商用途的为违法建筑,等同于无补偿征地
2002	市	8月21日,深圳市人民政府颁布《深圳市征用土地实施办法》,提出对征用土地批准文件进行公告,征地公告发布后不得对土地进行处分、增加补偿金的种植、土地有关权益转让等行为

（续表）

年份	级别	规范性文件
2002	市	2月,深圳市政府通过《〈深圳经济特区处理历史遗留违法私房若干规定〉实施细则》,对违法私房进行产权确认、罚款、补办征地手续等工作
2002	国家	4月,国土资源部通过《招标拍卖挂牌出让国有土地使用权规定》,特区的土地出让新增加挂牌出让方式
2003	市	10月,中共深圳市委、市人民政府发布《中共深圳市委深圳市人民政府关于加快宝安龙岗两区城市化进程的意见》,提出在两区进行撤销镇建立街道办和居委会的试点工作,将集体经济组织的所有财产等额折成股份组建股份合作公司,农民转为居民后,其集体所有土地转为国有
2004	市	6月26日,深圳市政府发布《深圳市宝安龙岗两区城市化土地管理办法》,首次创新了农村集体土地转变为国有土地的制度,深圳市实现全市土地国有化;同时对继受单位进行转地补偿,但已建成区、经批准尚未使用的建设用地等土地被排除在外
2004	国家	10月,国务院发布《国务院关于深化改革严格土地管理的决定》,指出要大力推进土地资源的市场化配置,工业用地也要创造条件逐步实行招拍挂出让
2006	国家	5月31日,国土资源部发布《招标拍卖挂牌出让国有土地使用权规范》(试行)和《协议出让国有土地使用权规范》(试行),对招拍挂和协议出让国有土地使用权从程序、技术标准和操作规范上进行细化
2006	国家	12月,国务院发布《国务院办公厅关于规范国有土地使用权出让收支管理的通知(国办发〔2006〕100号)》,财政部、国土资源部、中国人民银行发布《国有土地使用权出让收支管理办法》,规定土地出让收入全部缴入地方国库
2007	市	10月,深圳市发布《深圳市工业及其他产业用地使用权出让若干规定》,规定工业及其他产业用地使用权出让采用招标、拍卖或者挂牌等公开竞价的方式

(续表)

年份	级别	规范性文件
2010	市	12月,深圳市人大常委会通过对《深圳经济特区股份合作公司条例》的修正,提出"宝安区、龙岗区、光明新区和坪山新区"参照适用该条例
2010	市	12月,深圳市人大常委会通过《深圳经济特区土地使用权出让条例》修正,提出土地使用权出让金等土地收益统一缴入市政府在地方国库设立的专账,由市财政部门管理
2011	省	2月,广东省委、省政府批复《深汕(尾)特别合作区基本框架方案》,正式设立深汕特别合作区;5月,明确深圳市主导经济管理和建设,汕尾市负责征地拆迁和社会事务
2017	省	9月,广东省政府作出《关于深汕特别合作区体制机制调整方案的批复》将合作区纳入深圳市"10+1"区管理体系,区党工委、管委会由原来的广东省委、省政府派出机构调整为深圳市委、市政府派出机构,合作区发展建设由深圳市全面主导
2019	市	8月,深圳市人大常委会通过对《深圳经济特区股份合作公司条例》修正,明确集体所有的土地不能直接用以抵偿债务,同时增加"公司可以采取募集新股、股权置换等股权改革方式引进战略投资者或者投资设立、参股有限责任公司或者股份有限公司"

资料来源:作者依据公开资料整理。

由表1可见,深圳市通过土地制度的市场化改革及土地国有化,打破行政管理体制的边界,推动行政管理体制的改革与创新,以此实现城市扩容。从整体上看,深圳城市发展经历了三次标志性扩容,并事实上形成四个发展阶段。

(一)1979—1992年:初建以经济特区为核心的现代城市管理格局

1979年,宝安县改制为深圳市;1980年,深圳经济特区正式建立。深圳市背负使命,开启了以经济发展推动现代化发展的探索道路。但此时中央仅有政策支持而无资金提供,深圳市为谋求发展而"杀开一条血路",大胆尝试"变地为金",与香港签订租赁土地协议、"违宪"①向"三资"企业(中外合资经营企业、中外合作经营企业和外商独资经营企业)收取土地使用费、进行土地拍卖,换取资金进行特区城市建设。这种"先行先试"打破了以往无偿无期使用土地的旧制度,也让中央看到了土地带来的红利。于是,自1979年全国人大通过《中华人民共和国中外合资经营企业法》允许对合营企业收取土地使用费后,中央政府、广东省政府接连颁布相关法律法规,从起初的中外合营企业到所有在特区兴办企事业的单位,都需缴纳土地使用费,土地进入有偿使用的时期。深圳市的土地管理改革成果通过省和国家颁布的法律得到了巩固,甚至推动了宪法的修改(1988年),明确"土地的使用权可以依照法律的规定转让"。拥有政策红利的深圳市在第一个十年探索期热火朝天地开展城市建设,集中力量抓道路、供电等"七通一平"城市基础设施建设②及工业建设。然而,此时的深圳市政府可以直接管理统筹的仅有特区范围,特区以外的市域内地区则实行县级行政管理体制。深圳市的现代化意义上的城市建设仅在特区内做试验,寸土寸金让市政府不得不对土地资源进行充分利用。因而,市政府只能通过与特区内农村集体的博弈来争取更多的土地资源。1981年11月颁布的《深圳经济特区土地管理暂行规定》,除了明确土地进入有偿使用时期外,也开始对土地使用进行管理限制,提出用地需要市政府审批,禁止私自进行买卖、出租和转让土地。但是土地红利不仅政府看得到,特区内的农民也意识到了,私占土地、私建房子的行为频频出现。为了遏制村民的行为,1982年3

---

① 《宪法》第十条第四款规定:"任何组织或者个人不得侵占、买卖或者以其他形式非法转让土地。"
② 王硕:《深圳经济特区的建立(1979—1986)》,《中国经济史研究》2006年第3期。

月,深圳市政府颁布《关于严禁在特区内乱建和私建房屋的规定》,明确特区内的土地须由政府统一开发、统一规划,所有个人严禁在特区内私建房屋,违反者将受到经济、行政处分或司法处罚。这是深圳市政府最早针对私建房屋的文件。到了9月,市政府颁布《深圳经济特区农村社员建房用地的暂行规定》,对特区内农村建房用地的面积等进行严格限制,农民建房皆须由政府批准,这也是后续一系列有关违规违法土地管理文件的出发点。1983—1986年,深圳市政府不断收紧对农村私自建房的限制,但这种行为仍然层出不穷。此时的市政府迫于发展的压力无法耗费过多资源去消除违规占地建房的行为,在这场博弈中只能采取限制和妥协。于是我们可以看到1987年出台的《深圳市人民政府关于加强特区内已划红线用地管理的通知》,采取"红线政策"将村民建设占用土地限制在较小且固定的范围内,减少村民违规用地的覆盖区域。而1988年发布的《深圳市人民政府关于处理违法违章占用土地及土地登记有关问题的决定》,对违法违规占用土地进行处理,但却对历史遗留的违规建房作出"原则上不作处理"的决定。深圳市也由此带来了后续的市域治理新难题:历史遗留的土地占用管理问题。

可见,在以特区为核心的城市管理探索时期,深圳市呈现三个特征:一是"有法不依",先行先试打破传统,"倒逼"国家土地管理制度的改革;二是基于土地的官民博弈,政府的用地管控与村民的私占土地行为,形成特区内村集体与市政府争夺土地利益的格局;三是市政府的无奈妥协,在特区内争夺土地控制权的冲突中,市政府迫于各种压力,包括合法性、可行性等质疑,加之此时的城市治理能力也极为有限,对历史遗留的违法违规问题只能采取相对妥协的处理方式。总之,第一个十年的探索,不仅初步建立了以特区为核心的具有现代意义的城市管理体制,同时发现了二元土地制度对外向型城市发展的影响,并进一步为法制体系的完善提供了可以借鉴的经验。

（二）1992年第一次扩容："关内"征地形成"一市两制"局面

如果说深圳建市以来的第一个十年是特区政府与原村集体间就城市发展形成的官民博弈的"摸着石头过河"，接下来的第二个十年（1992—2002年）则是以市政府的强势介入为特征，由市政府主导特区发展。为了加快经济发展，1989年深圳市便提出对特区内可供开发的集体所有土地统一征用，实现对集体所有土地征用制度的突破，同时指出不再划拨土地给农村自行兴建厂房。1990年5月，国务院颁布《中华人民共和国城镇国有土地使用权出让和转让暂行条例》，"按照本条例的规定取得土地使用权的土地使用者，其使用权在使用年限内可以转让、出租、抵押或用于其他经济活动"。至此，从国家层面明确了土地有偿使用的法理依据，也为接下来深圳市政府征用具有空间竞争关系的村集体土地提供了合法性。1992年6月18日，深圳市政府发布《关于深圳经济特区农村城市化的暂行规定》，实施特区内农村城市化，即将特区内的农村转化为城市、村民转化为城市居民。通过这一举动，特区内所有土地一次性完成国有化，4万多农民一次性变为城市居民，《暂行规定》提出，将集体经济组织转变为自负盈亏的集体企业，对原村办企业进行股份制改革，特区全面进入城市化管理。此时的深圳经济特区包括罗湖区、福田区、南山区，龙岗区、宝安区两区则为非特区，1995年，中央明确批示两者适用不同的法律法规。由此，关内的统一征地实现了第一次大规模城市化，但也形成深圳"一市两制"的局面。

这十年，深圳市政府从法理上获得的强势地位并没有在实践中取得同样强势的特区城市管理能力，表现出的就是村集体在违建上的"集体反扑"，客观上也造成了特区内市政府与村集体间争夺空间资源。2001年10月，深圳市人大常委会通过《深圳经济特区处理历史遗留违法私房若干规定》和《深圳经济特区处理历史遗留生产经营性违法建筑若干规定》,指出特区农民擅自开发农地作住宅、工商用途的为违法建筑,等同于无补偿征地。但是,这两个规定也对"事实违建"进行了准予确权的罚款处理。如《深圳经济特区处理历史遗留违法私房若干规定》第五条就以非常温和、低成本的方式承认了"违建",以此来达成与村集体的利益平衡。从第五条中就可以明确发现,在深圳建市20年以来的开发建设中,存在以下矛盾。第一,地方性法规的前后矛盾。该条款与1982年9月市政府颁布的《深圳经济特区农村社员建房用地的暂行规定》中第六条规定每户住房基底面积不得超过80平方米,以及1986年6月颁布的《深圳市人民政府关于进一步加强深圳特区农村规划工作的通知》中第五部分第一款规定的农村户最大建筑面积不超过240平方米的规定相矛盾,此条款直接确定了480平方米的合法规定。第二,地方政府内部针对城乡不同管理体制间的矛盾。深圳市政府在执行地方政策时,县、镇政府的基层政策之间存在矛盾(见第四、五款)。第三,原有法律法规不能解决改革开放出现的新问题的矛盾。比如,在村集体用地中存在对外买卖现象,而如何处理这类产权问题并无明确规定(第七款)。当然,正是这三个矛盾为之后如何妥善解决类似的城市发展问题提供了重要的参考与经验。

《深圳经济特区处理历史遗留违法私房若干规定》第五条

除本规定第四条第一款所列情形外,违法私房按以下规定处理:

(一)原村民在原农村用地红线内所建违法私房符合一户一栋原则、总建筑面积未超过480平方米且不超过四层的,免予处罚,由规划国土资源部门确认产权。建房者申请补办确认产权手续时,应补签土地使用权出让合同,免缴地价。

(二)原村民在原农村用地红线内所建违法私房符合一户一栋原则、总建筑面积在480平方米以上600平方米以下或四层以上七层以下的部分,由规划国土资源部门按建筑面积每平方米处以20元以上50元以下罚款,确认产权。建房者申请办理确认产权手续时,应补签土地使用权出让合同,免缴地价。

(三)原村民在原农村用地红线内所建违法私房符合一户一栋原则、总建筑面积超过600平方米或者超过七层的部分,由规划国土资源部门按建筑面积每平方米处以50元以上100元以下罚款,确认产权。建房者申请办理确认产权手续时,应补签土地使用权出让合同,免缴地价。

(四)原村民按县、镇政府批准文件在原农村用地红线内所建违反一户一栋原则的违法私房的多栋部分,免予处罚,由规划国土资源部门确认产权。建房者申请补办确认产权手续时,应补签土地使用权出让合同,出让地价按现行地价减免百分之七十五。

(五)原村民未经县、镇政府批准在原农村用地红线内所建违反一户一栋原则的违法私房的多栋部分,由规划国土资源部门按建筑面积每平方米处以50元以上100元以下罚款,确认产权。建房者申请办理确认产权手续时,应补签土地使用权出让合同,出让地价按现行地价减免百分之七十五。

(六)非原村民在原农村用地红线内所建违法私房,由规划国土资源部门按建筑面积每平方米处以100元以上150元以下罚款,确认产权。建房者申请办理确认产权手续时,应补签土地使用权出让合同,出让地价按现行地价减免百分之七十五。

（七）原村民与非原村民合作所建违法私房，按照其各自所占份额分别处理。

（三）2004 年第二次扩容："关外"转地打破"二线关"格局

随着城市建设与工业发展的快速进行，深圳市遭遇了用地瓶颈。尽管 1992 年关内统一征地后，深圳市不断进行土地管理制度改革以获取尽可能多的土地用以发展建设，但仅经过 20 年，整个深圳市已开发利用的土地面积超 500 平方千米[①]，接近可建设用地的七成，关内已是无地可用的状态。且由于"一市两制"的存在，关内外城市化发展的二元化日益凸显。在第二个十年期间，特区内全面的城市化使深圳的城市发展尤其是经济增长有了跨越式发展，如何将原村集体融入城市化进程也已积累了丰富经验。因此，2003 年，深圳市委、市政府发布《中共深圳市委深圳市人民政府关于加快宝安龙岗两区城市化进程的意见》，将焦点放在关外两区，提出试点撤镇设街道办、居委会，变农民为居民，原集体所有土地依法转为国有。至此，深圳市政府在改革的道路上迈开了更大的步子。2004 年 6 月 26 日，深圳市政府颁布《深圳市宝安龙岗两区城市化土地管理办法》，正式提出"两区农村集体经济组织全部成员转为城镇居民后，原属于其成员集体所有的土地属于国家所有"。这次改革创新了农村集体土地转变为国有土地的制度，深圳市实现全市土地国有化，27 万农民一次性变为居民，深圳市成为全国第一个没有农村建制的城市。尽管这种农地国有化的合法性遭到部分法学专家的质疑[②]，但深圳市的这一做法实现了第二次

---

① 黎江涛：《深圳市土地管理法律制度初探》，《企业经济》2012 年第 7 期。
② 刘愿：《深圳农地国有化与城市化陷阱——以新安上合社区为例》，《经济纵横》2008 年第 1 期。

大规模城市扩容。通过关外统一"转地",打破了"二线关"约束造成的二元化格局,至2010年,中央批准了深圳市扩大特区版图的申请,从此特区范围延伸至全市。

总结第三个十年,深圳市政府吸取了之前的特区内城市化的经验,在空间扩容中以行政改革引导土地制度改革。首先,以宝安区、龙岗区的镇改街、村改居为先导,使镇、村的行政管理权限直接转移到区政府手中;其次,将原村委会与原村小组的集体经济进行股份制改革,确保了产权的城市化,最重要的集体土地则因镇改街、村改居,依法转为了事实上由市政府直接管理的国有土地。至此,行使现代城市管理体制的市政府在与村委村组争夺空间管制权中取得了绝对主导地位,也为接下来全面城市型市域治理提供了重要的现实基础。

(四)2011年第三次扩容:深汕合作尝试"飞地经济"模式

虽经过2004年关外农地国有化,深圳实现了全市土地统一规划建设,但土地资源早已匮乏。土地资源不足便是深圳市提出的"四个难以为继"的发展瓶颈之首[1],深圳市的发展受到空间的极大限制,迫切需要进行产业升级与产业转移、开拓周边区域的发展空间。2008年,在广东省政府提出的"产业转移和劳动力转移"战略号召下,深圳市与汕尾市共建产业转移工业园。到了2011年,广东省委、省政府批复通过《深汕(尾)特别合作区基本框架方案》,正式设立深汕特别合作区,深圳市的城市发展开启了"飞地经济"的跨区域合作模式。此时,深圳市主导经济管理和建设,汕尾市负责征地拆迁和社会事务,仍属于传统"飞地经济"的两地共管共建模

---

[1] 杜雁:《深度城市化的机遇与挑战——深圳经济特区成立三十周年的思考》,《城市规划》2010年第8期。

式。直到 2017 年,《关于深汕特别合作区体制机制调整方案的批复》提出将合作区纳入深圳市"10 + 1"区管理体系,合作区发展建设由深圳市全面主导,实现了全国首例"飞出地"全面管理"飞地"的模式①。深圳市的城市发展扩容迎来了新的机遇与挑战。空间资源的增加带来了产业发展的新机遇;而挑战在于,不同于过去 40 多年仅在市域范围内针对城乡不同管理体制间的博弈,这次扩容更叠加了市域以外、不同地方政府主体间与管理体制间的协调。在第五个十年,深圳市若能探索出新型城市管理模式,则对深圳市建设双区中心有重要的现实意义。

四、城市扩容背后的市域治理逻辑

深圳市城市发展 40 多年,前后三次大规模扩容,虽实现了深圳市城市发展的快速增长,但同时也突显了城市增长背后的底层逻辑:基于土地二元制度引发的空间竞争和权力博弈。城乡二元制带来的矛盾,诸如土地利益分配不均、土地管理权力争夺等,是全面城市化发展的最大阻碍,也是城市治理的重要挑战,如何解决这一难题,是深圳市市域治理的关键内容。因此,讨论深圳市城市扩容背后的市域治理逻辑是本文的核心。本文将立足于空间生产和增长机器理论背后的权利与制度变迁进行分析。

(一)基于空间生产的现实需求

在一穷二白的建设背景之下,深圳市要实现城市快速发展,只能依赖土地资源,利用空间生产的资本属性和权力属性,以空间生

---

① 王璇、邹艳丽:《"飞地经济"空间生产的治理逻辑探析——以深汕特别合作区为例》,《中国行政管理》2021 年第 2 期。

产的迅速扩张推动城市发展。面临建设资金短缺的难题,深圳市先行先试,进行向土地要资金的政策试验;面临市政府直接管理权力有限的障碍,深圳市通过制度优势和行政规划,扩大深圳市政府直接管控的空间范围,通过城市更新和土地整备,扩大实质性的土地管理权,实现市政府对市域的全面管理。

1. 向土地要资金的"政策试验田"

空间生产理论由马克思主义城市学派提出,该学派意识到"空间社会性"为解决西方城市化进程中城市空间重构、种族和社会分化等问题提供了解释和应对的途径。[1] 列斐伏尔(Lefebvre)最初提出了其核心概念"空间的社会生产"[2];哈维(Harvey)提出的空间流动理论则很好地解释了城市空间的发展、扩张、更新背后资本和空间的相互关系[3];国内诸多学者早在十年前就展开了相关研究[4],不仅因为中国城市化的快速增长导致了城市空间迅速变动、转型、扩张,还因为中国城市化进程包含各种权力组合、资本组合,尤其是作为改革开放窗口的深圳市,其城市发展的初始基因就带有外向特征,因而推动深圳市城市增长的力量就必然额外增加海外资本以及社会的力量。深圳建市初期,中央给予的建设资金仅为3 300万元,在中央政策的支持下,深圳市政府果断学习邻居香港的做法——向土地要资金,开始了以土地出租、委托或合作开发等有偿使用的尝试。这一启动阶段的主要资方为香港招商局等香港开发企业,这也为深圳外向型城市发展提供了重要的窗口与契机。

除此之外,深圳市的本土村民因地缘关系与海外有千丝万缕

---

[1] 参见[美]理查德·皮特:《现代地理学思想》,周尚意译,商务印书馆2007年版。
[2] See Henri Lefebvre, *The Production of Space*, Oxford: Blackwell, 1991.
[3] See David Harvey, *The Limits to Capital*, Oxford: Blackwell, 1982.
[4] 叶超、柴彦威、张小林:《"空间的生产"理论、研究进展及其对中国城市研究的启示》,《经济地理》2011年第3期。

的联系,甚至相当多的村民身份在本地,但早已侨居海外。因此,早在1982年深圳市政府颁发的《深圳经济特区农村社员建房用地的暂行规定》中就特别规定了华侨、港澳同胞的建房问题(五条),最关键的也是造成接下来复杂的空间生产权争夺问题的则是其中的第七条——"办事处和大队的工业用地,按照每个社员15平方米计算划地,如兴办商业、服务业等建筑,应按照《深圳城市建设管理暂行办法》,向市规划局办理审批手续,不得擅自占地乱建"——则肯定了村集体发展工商业的权利。天然拥有资本主义基因的海外"村民"必然最先嗅到土地资本的味道,于是,在巨大的空间生产收益刺激下,一场又一场关于市政府、村集体、外资等争夺土地开发权和收益的斗争也就蔓延开来。当然,市政府作为法定地方行政机构,从最初的"有地没钱",到之后的"有钱没地",必然要向"有钱还要有地"的目标前进。可以说,这是事隔30年后,完成了土改的新中国政权再次面临的基层治理难题,即如何解决与公权力争利的地方"精英"势力。深圳市无疑为中央提供了在改革开放背景下基层治理实验观察的重要现场。

深圳市向土地要资金的试验是为整个国家土地制度的改革服务的。我们可以看到,是深圳市政府主动采取收取土地使用费、出租土地,以换取资金进行发展,但拥有最大话语权的是中央政府。1979年,全国人大通过的《中华人民共和国中外合资经营企业法》,首次允许对合营企业收取土地使用费,体现了中央对于这种"以地换金"试验的认同。即便1982年的《宪法》仍然明确规定土地不得以买卖、出租等形式转让,但1987年,拥有特区授权立法的广东省政府依旧通过《深圳经济特区土地管理条例》,正式确立特区土地有偿使用、土地使用权有偿转让制度。从表面上看,地方政府的法规与上位法相违背,但实际上却是国家授权广东省政府进行特区立法,允许在特区范围内进行具有法理冲突性的试验。1988年4月通过的《中华人民共和国宪法修正案》,允许土地依法出租、土地使用权依法转让;同年12月制定的《中华人民共和国土地管理法》规定:"国家依法实行国有土地有偿使用制度。"这些法律条文将深圳市的土地管理制度改革成果推广至全国,足以说明权力介入空间生产,是为推动和调节"政治制度"和"游戏规则"的出台,完成空间生产过程中制度规则的空间生产。[1] 1992年,全国人大授权深圳特区立法权,更是赋予深圳特区更多"政策试验田"的空间,深圳市的实践对于整个国家的基层治理改革探索具有重要的意义。

2. 改革正向激励刺激空间再扩容

从1979年至今,深圳市政府的每一次政策创新,都似乎得到了中央政府的回应(表1),每一阶段的成功实践都伴随着国家层面的立法回应。三次空间扩容无疑都得到了中央的肯定。以特区为试点,再以市域为载体,一步步将代表中央集权力量的市政府管理触角直接深入市域的各个角落。以2010年深圳市土地变更调查数据(表2)为例,整个深圳市市域内由原村集体所控制的土地几近一个特区(396平方千米),而第一次扩容使特区内近90%的空间由市政府直接管辖。第二次扩容更是通过默认"国有+适当补偿"的方式"转了"近600平方千米土地为国有。可以说,深圳市的城市发展扩容,不仅仅是国家改革开放战略的需要,也是由深圳市政府权力扩大的正向激励作用推动的。总结起来,深圳市三次城市扩容的背后,中央与地方的权力介入空间生产推动空间扩容,一是通过制度,二是通过行政规划。在全球化不断加强的背景下,中国要融入全球资本循环,唯有依靠权力的运用来推动市场化经济的发展。因此,中央成立了经济特区,给予特殊制度,在特区内实行特殊政策与法规,"制度的特殊化"也是权力最直接的体现。[2]

---

[1] 郭文:《"空间的生产"内涵、逻辑体系及对中国新型城镇化实践的思考》,《经济地理》2014年第6期。

[2] 同上。

成立经济特区后的深圳市,利用制度红利,率先将土地资源市场化,通过土地使用权有偿出让的方式,引入"三资"企业,实现资本融入全球化循环。可以说,深圳市的扩容也是为了使代表中央的市政府权力渗入基层,通过制度为地方的空间生产吸引资本,刺激空间再扩容。对深圳市来说,扩容的障碍也是权力深入基层治理的障碍,即国家所有与集体所有的二元制共存导致的土地市场化难题。因此,政府主要通过行政区域调整与空间规划来化解。1992年,宝安县制再度被撤销,变为深圳市辖区,并以"二线关"分割管辖,由此实现关内的先行城市化发展。基于市政府对关内的直接管理权限,才使得关内统一征地成为可能。2004年,为打破二元制实现关内外一体化,深圳市则通过镇改街、村改居的行政改革,扩大市政府的直接管理权限,来实现土地制度的改革。2011年,广东省政府划出深汕特别合作区,采取深圳市政府全面管理"飞地"发展建设的尝试实现空间生产的扩容。这三次城市扩容都通过行政规划,扩大了深圳市政府的权力和直接管控的空间范围。

然而,通过表2我们也可以看到,第二次扩容进行的大规模转地,仍然有298.2平方千米土地属于历史违建,待明晰产权,并且这298.2平方千米属于实实在在的建设用地,占深圳市全部建设可用地968平方千米的30.1%。深圳市政府对土地管理的权力表面上得到了扩大,但对土地利用的实质管控能力仍然有限。在城市扩容的过程中,碍于发展初期征地的合法性与可行性的质疑,深圳市政府对违法违规占用土地采取了妥协,这一历史遗留问题成了深圳市市域治理的突出问题。因此,深圳市政府想要在实际上获得土地管理权力,就必须解决历史遗留的违建。为突破现状,2009年,深圳市市政府出台《深圳市城市更新办法》,提出对特定城市建成区(包括旧工业区、旧商业区、旧住宅区、城中村及旧屋村等)进行综合整治、功能改变或者拆除重建,尝试通过城市更新,调动开发商与原村民的积极性,在多方协作与利益平衡之下完成土地的二次开发,以此化解历史遗留问题。但城市更新依旧需要明确的土地产权,且易造成土地碎片化,更新进度不一,统筹难度高。因此,深圳市政府只能探索新的改革模式。2011年发布的《深圳市人民政府关于推进土地整备工作的若干意见》,首次提出"土地整备"这一概念,以此来解决历史遗留问题。2015年,深圳市政府颁布了《土地整备利益统筹试点项目管理办法(试行)》,正式提出整村统筹整备项目试点,力图彻底解决原关外地区土地历史遗留问题。整村统筹以规划为核心,规划的编制过程是村民参与的不断谈判、动态调整完善的双向互动过程,以此实现城中村的利益和城市发展共赢的综合解决方案。① 村民变对抗为合作参与开发,城市化发展由零星更新变为成片发展,由此真正解决历史遗留的城市管理难题。深圳市通过这一改革也真正实现了土地管理权力的实质性扩大,为全国解决市域治理的城乡土地管理问题提供了可以借鉴的经验。

表2 改制股份合作公司留用地规模

	特区内	特区外	合法用地	合法外用地
面积(平方千米)	44.31	348.95	95.06	298.20
占比(%)	11.27	88.73	24.17	75.83
总量(平方千米)	393.26	393.26	/	/

资料来源:深圳市规划国土资源委员会。转引自谢涤湘、牛通:《深圳市土地城市化进程及土地问题探析》,《城市观察》2017年第4期。

(二)为竞争而创新的"增长机器"

深圳市在城市发展的过程中,为了能在全国各地的激烈竞争中促进城市增长,不断进行改革和创新,出现了土地商品化、土地

---

① 张宇、欧名豪、蔡玉军:《整村统筹——解决城中村土地利用和发展问题的一个探索》,《城市规划》2015年第2期。

管理权力的分散以及地方精英与房地产市场利益攸关的发展特征,恰好契合"增长机器"的形成条件。① 一方面,在分税制改革的压力之下,深圳市政府表现出企业家式的行为;另一方面,在GDP考核机制之下,深圳市政府不断进行产业升级和科技创新,形成以GDP增长获取政治资源的发展路径。

1. 企业家式政府推动下的城市增长

全球化背景下的激烈竞争迫使政府积极发展经济,实现经济的增长需要依赖政府、企业等各种利益集团的合作,由此形成的合作伙伴关系也就是"增长联盟"(Growth Coalition)或"增长机器"(Growth Machine)。在我国,在两种动机——地方政府发展地方经济的强烈动机和基于土地的经济精英聚敛财富的动机——的驱使之下形成的"增长机器"②,也与财政体制改革密切相关。1994年,我国进行了全面"分税制"改革,通过财权与事权的划分,重新划定中央与地方的税种与税收分成比例,其结果是更多的收入收归中央,地方政府承担了更多的责任。财权和事权不匹配、收入和支出不对等的地方只能通过发展地方经济来增加财政收入,此时的土地便是最直接的收入来源。分税制改革后,土地出让带来的增值收入成为地方财政的主要来源。2006年,国务院发布《国务院办公厅关于规范国有土地使用权出让收支管理的通知(国办发〔2006〕100号)》以及财政部、国土资源部和中国人民银行发布《国有土地使用权出让收支管理办法》,都规定土地出让收入全部缴入地方国库。财政体制改革极大地激励了地方政府发展当地经济的积极性,同时也使得地方政府呈现企业家式的追求利益的

---

① 张振华:《增长联盟:分析转型期我国地方政府与经济利益集团关系的一种理论视角》,《天津社会科学》2011年第1期。
② 张京祥、吴佳、殷洁:《城市土地储备制度及其空间效应的检讨》,《城市规划》2007年第12期。

行为,掌握了可分配的资源。① 深圳特区成立以来,深圳市政府通过不断进行土地管理制度改革,成功实现了向土地要资金,促进了城市发展建设。在这个过程中,土地制度与财政体制的改革使得市政府也慢慢变成了土地的供给者、垄断者、受益者。在城市经济增长与土地增值收益的红利驱使之下,深圳市进行的城市扩容是必然行为。通过三次城市扩容,深圳市政府拥有了从特区内近90%的土地,到整个深圳市市域的土地管理权限,其土地出让带来的财政收入必然更加可观。但"分税制"的改革以及城市增长的推动,导致市政府也承担了大量的城市发展建设投入,地方财政收入的增加扩张了公共基础设施的投资,也由此推动了城市化发展和经济增长。在这种通过土地获取财政收入,又将财政收入投入城市建设与土地城市化发展的循环之下,深圳市政府必须将土地的增值收入最大化。深圳市自建设之初,便开始了房地产行业的发展,经过40多年,深圳市房地产价格迅猛上升所造成的住房问题已是影响深圳市长远发展的重大难题之一。未来,深圳市政府如何平衡土地增值"双刃剑"是市域治理的重要内容,但这也为全国其他城市依靠土地增值发展城市化的路径提供了教训。

2. GDP考核机制下的产业升级与科技创新

"分税制"改革所带来的影响,不仅促使政府走向企业家式政府,也推动了地方官员考核机制的改变。土地财政的出现并非财政压力所迫这么简单,更为重要的是以偏重经济指标GDP的政府绩效评估形式的兴起。"分税制"改革使得中央与地方的分权从行政意义上扩展到经济层面,由此也创造了更为直接的领导干部绩效评价方式。1995年,中共中央颁布《党政领导干部选拔任用工作暂行条例》,明确提出了选拔任用领导干部必须坚持"注重实

---

① 丘海雄、徐建牛:《市场转型过程中地方政府角色研究述评》,《社会学研究》2004年第4期。

绩",GDP则成了衡量实绩的关键指标。以土地换投资,以投资带动GDP增长,以GDP增长获取政治发展的路线①推动了土地财政的兴起,由此也促进了城市发展的扩张。深圳市作为改革开放的窗口,率先实现土地制度的改革,获得了工业的快速发展与城市化水平的提高,同时也增加了地方的财政收入。深圳市政府基于财政收入的最大化,一方面,通过三次城市扩容不断获取增量土地进入土地市场,伴随着土地价格和房地产价格的上涨,获得了大量的土地出让收入及土地相关产业税收收入;另一方面,通过获取土地使用管理权,实施土地引资策略,出让工业用地吸引外来资本投资,以增加税收收入和促进地区经济发展。②但随着国家推行土地有偿使用及GDP考核机制的进行,基于土地财政的竞争日益剧烈,地方官员之间横向形成了"晋升锦标赛"。单靠土地出让难以长期获得稳定且持续增长的财政收入,且大量的低端工业兴起不仅使城市产业发展结构紊乱,也带来了一系列的环境问题,此外还出现了房地产泡沫。因此,走产业升级之路才能突破现有的经济增长瓶颈。2007年10月,深圳市发布《深圳市工业及其他产业用地使用权出让若干规定》,规定工业及其他产业用地使用权出让"采用招标、拍卖或者挂牌等公开竞价的方式",遏制了工业用地的出让模式,也由此暂缓低端工业继续发展的步伐,为产业升级创造有利的条件。2008年,深圳市政府发布《关于加快推进我市旧工业区升级改造的工作方案》,提出要"确保土地集约节约利用,促进城市可持续发展",深圳市政府意识到,在信息化时代,传统工业的发展并不能带来经济的可持续增长。因此,要实现土地增值的最大化,便要通过土地的重新规划与二次开发,进行产业升级,调整

---

① 龚丽贞:《土地财政之源:压力所迫还是晋升诱惑?——基于东部沿海发达城市数据的实证分析》,《财经论丛》2019年第5期。
② 唐鹏、石晓平、曲福田:《地方政府竞争与土地财政策略选择》,《资源科学》2014年第4期。

产业结构,发展高新技术产业,进行科技创新,才能让经济增长再创新高,反哺地方城市建设发展的同时谋求地方官员的晋升。深圳市的三次城市扩容,也经历了由传统农业、渔业到传统工业、再到高新技术产业发展的结构调整与产业升级的转变。城市化的深入发展也伴随着产业的升级与结构调整,深圳市未来的市域治理依旧要朝着推动产业的优化升级与科技创新进行。

(三) 以结果为导向的市域治理

改革开放后,深圳市加快城市化发展,城市空间与结构的剧烈变动,使得发展机遇与社会矛盾并重,而市域治理最终面对的是基于城乡二元结构的治理。深圳市为稳定市域治理,在城市发展的三次扩容中,以结果为导向进行城市现代化管理。一是通过空降地方官员与乡镇官僚进行博弈,获得市域直接管理权;二是通过对农村集体经济组织进行股份制改革,引入市场机制,瓦解本土"村势力",为城市型市域治理提供重要保障。

1. 空降的城市政府与本土化的乡镇官僚间的权力博弈

深圳市作为改革开放试验田,是党中央在南海边上画的一个"圈",从建市初就确定了其作为首都北京的"飞地"这一政治地位,因此,深圳市的政府及官员并非一般的本土化演进,而是具有极强的"空降"特色,这一组织特色避免了本土治理中的社会网络干扰,从而形成忠于中央的政治格局。虽然深圳名义上成为建制市,但其市域内绝大部分土地仍为传统的乡村形态,行使的是乡村管理制度。我国的乡村集体土地实行乡、村和村小组"三级所有",因而乡(镇)和村委等基层治理主体事实上享受对土地使用、收益和处置上的优先权或实际控制权。尽管按照我国政府行政体系的层级关系,这些基层官僚处于最底层,但基于最根本的生产资料——土地的控制权,却使其在与外部的城市政府博弈时表现出极大的能动性与话语权,也造成了空降的城市政府在城市建设亟需土地资源的现实压力下不可避免地向本土乡镇官僚"要地"。从深圳市的三次城市扩容来看,无疑都以市政府的"步步紧逼"而取得了阶段性的博弈胜利。以 2004 年启动的全面城市化转地为例,宝安区、龙岗区两区约 956 平方千米的集体土地,政府对其中的 265 平方千米纯农业用地"适当补偿",360 平方千米未承包集体所有的农村用地以"默认国有"的原则被自然转为国有土地,另外,接近 400 平方千米的"违建"用地则作为历史遗留问题被"适当"罚款予以确权,并统一转为国有。这些数据表明,"适当补偿 + 罚款"[①]换回的是 956 平方千米可以由市政府直接管理的国有土地。不仅如此,进一步从行政体制调整中将镇改街、村改居,统一改制为城市管理体制,从而使深圳市全域再无二元社会治理结构。至于部分专业人士所质疑的"违法",不如将其理解为中央在基层的一次关键性试点。随着我国城市化水平的提升,代表全民的政府尤其是城市政府承担了大量的公共基础设施的投入,这也是城市"增长机器"理论所强调的土地增值的原因。但由于我国宪法规定社会主义土地公有制表现为国有土地与集体土地两种所有制形式,城市政府并没有合法权利参与集体土地的收益分配,这无疑对集体之外的"全民"是不公平的,权责的不对等以何种形式加以解决,深圳市政府进行了有效的尝试,虽然这一尝试并没有在全国推广,但 2010 年国务院批准了深圳市扩大特区版图的申请,从另一个角度肯定了这一做法的有效性。

2. 本土"村势力"的市场化改造——股份制改革

改革开放使"计划经济时代所积累的大量廉价土地"得以释

---

① 2010 年深圳市土地变更调查统计数据显示,截至 2010 年年底仅 95 平方千米确权。仍然有 298.2 平方千米的合法外用地没有确权。面对深圳市日益稀缺的城市建设用地,如何盘活事实上由村集体所控制的这部分集体土地以及越来越高昂的谈判成本是当下深圳市政府必须解决的难题。

放,也使这种以"内生资源禀赋为基础的空间生产"①成为各方势力争夺的焦点。1992年6月,由中共深圳市委与市人民政府发布的《关于深圳经济特区农村城市化的暂行规定》提出,将集体经济组织转变为自负盈亏的集体企业,对原村办企业进行股份制改革。这一规定无疑是代表国家的城市政府力图扭转前十年被动的城乡关系而对本土"村势力"的一次反攻。1992年7月1日,第七届全国人大常委会通过了《全国人民代表大会常委会关于授权深圳市人民代表大会及其常委会和深圳市人民政府分别制定法规和规章在深圳经济特区实施的决定》,从而确立了深圳市政府(广义)的地方立法权;1994年4月,深圳市第一届人民代表大会常务委员会通过《深圳经济特区股份合作公司条例》,首次对村集体的股份制改革提供了法律依据,也从此为基于传统地缘关系而构建起来的内向封闭"村势力"进行现代化、市场化以及社会化转型打开了第一扇窗。更为重要的是,这一做法对传统政治经济与社会管理统一在村集体内部的格局进行了解构,使村集体对村(改制为社区)的掌控范围逐渐向单一的经济收益转变。2016年起,深圳市政府又通过"强区放权改革",前后下沉近3 000个编制充实基层,并将优秀年轻干部选派到社区一线。2018年开始实行的基层治理体系改革,进一步将所有工作人员转变为社区专职工作者,经费由财政保障。从而为政经彻底分离提供了制度与财政上的保障。

当然,真正难的改革在于如何将近300平方千米的产权关系不明的集体土地进行股份化,从而可以入市交易。2013年1月,深圳市政府出台了《深圳市人民政府关于优化空间配置促进产业转型升级的意见》及其6个配套文件(也称为"1+6"文件),其中的第十五条提出:"调动社区股份公司、保有富余产业用地企业的积

---

① 李志刚、翟文雅:《"世界化"视角下中国城市空间生产的理论价值与实践经验》,《规划师》2019年第19期。

极性,鼓励社区企业以资金、土地、厂房入股等多种形式参与产业项目建设,提高社区土地资源利用水平和效益",进一步突破了现行法律关于集体土地使用权不得出让、转让或出租等限制,同时创新土地溢价收益的分配机制并提供两种可协调选择的收益分配方式,从而为集体土地流转提供了政策依据,也为进一步深化农村集体股份制改革提供了创新性试验。考虑到如此天量的土地资产的收益安全,2016年9月1日,深圳市委办公厅印发了《关于深化股份合作公司改革的工作方案》,提出要加强对区和街道集体经济的监管力量,并从监管机构设置和人员力量上都作了相应规定,至此,"村势力"在一波波产权改革和基层治理改革中被逐渐分散,也为接下来的城市型市域治理提供了重要的空间与组织保证。

五、结论及未来展望

为探讨新时代中国市域治理的复杂性与冲突性以及必然性,本文以改革开放的窗口城市深圳市为例,从其城市变迁的角度探讨其内在的市域治理逻辑,也为当下中国市域治理研究提供深圳观察样本。

研究发现,深圳市的市域治理体现为代表国家意志的城市政权向乡村基层的延伸,因此,深圳市的市域治理表现为三个层面:第一,通过法制手段推动城市市区的全面扩容,最终实现全面城市化;第二,通过土地制度的改革确保城市政府的直接管辖权逐步覆盖全市域;第三,通过政策创新重构新时代基层治理模式,确保国家权力在市域内的通达。要实现以上三点,深层次的治理逻辑则表现为:(1)来自中央的授权是必要条件,无论是允许"先行先试"还是授予地方立法权,都是保证中央与地方政府之间权力统一、利益一致的关键;(2)改革开放大背景和分税制改革带来的城市竞争格局是充分条件,能否主导空间生产是"城市增长联盟"中企业家式政府执政能力的重要体现;(3)市场化改革是彻底终结依附在城乡二元关系上的乡村本土势力对乡村基层控制的关键,也是最终实现全面市域治理的重要途径。综上,基于对深圳市40多年来的市域治理的梳理,可以发现基于土地制度的二元性和基于空间生产的资本属性,新时代中国城市治理问题不仅仅表现为城市如何反哺乡村的问题,而是让城乡之间在空间生产中的收益分配公平公正的问题,这一问题的解决才能让中国的城市化进程真正推进共同富裕。

市域社会治理现代化的实践路径审思
——基于工具理性和价值理性的视角

董庆玲*

[内容摘要] 市域社会治理与治理能力现代化是市域社会发展的内在需要,更是国家治理体系与治理能力现代化的有机组成部分。信息技术、智能技术的不断发展,为我国市域社会治理现代提供了契机与手段。市域社会治理现代化的实践路径是建构市域社会治理目标、治理制度、治理方式的整体性治理进程。市域社会治理遵从理性展开的实践逻辑规律,在推进市域社会治理现代化进程中,在治理目标设定与选择、制度制定与执行、治理技术开发与应用、公共服务精准供给与优化创新等方面,须建构工具理性和价值理性内在契合的实践路径。本文赋予了市域社会治理现代化实践路径的"事实—价值"分析向度,探析市域社会现代化在工具理性和价值理性融合统一方面所内蕴的价值内核与价值要义,解析制度路径与技术路径。通过制度规范多元主体有序参与,规范市域社会治理过程,发挥制度的合力作用;通过技术路径实现市域公共服务的优质供给与精准供给。区别于对市域社会治理的不同经验梳理的碎片化路径研究,基于工具理性和价值理性的分析,是回归治理本质的分析思路,更是解决市域社会治理主体多元互动、治理制度滞后、治理技术泛化的实践路径突破。

[关键词] 市域社会治理;治理现代化;工具理性;价值理性;制度

---

* 董庆玲,内蒙古大学满洲里学院副教授。

党的十九届五中全会提出,"十四五"时期经济社会发展要以推动高质量发展为主题,市域社会治理是实现高质量发展的重要平台与保障。从行政区划意义上来说,市域主要包括副省级城市、地级市、计划单列市等在内的设区城市。① 市域社会治理在推进国家治理、省域治理与基层治理进程中发挥承上启下的重要作用;在治理生态系统中发挥融合发展的重要功能。市域社会治理立足于国家治理体系与治理能力现代化建设的治理逻辑,旨在解析要素融合与发展理论,探析市域社会治理的内生动力,优化市域社会治理的系统运行,推动整体性治理,优化治理生态。市域社会治理系统包含治理理念、治理目标、治理主体、治理资源、治理制度、治理方式等要素,包含治理决策、执行、监督等治理过程,要求从整体上把握市域社会治理系统的要素构成和运行,解析市域社会治理过程中工具理性和价值理性辩证统一的内在要求,明晰治理要素间的有机融合,促进市域社会治理的政治、自治、法治、德治、智治"五治融合",探求市域高质量发展。市域社会治理现代化的核心理论特质是新时代中国特色治理理论,依据的是治理规律和国情的顶层设计及省情、市情的实践探索。

一、文献回顾与问题提出

市域社会治理现代化作为国家治理现代化的重要组成部分,关于市域治理现代化的研究主要在社会学、法学、管理学领域中,呈现综合范畴的特征,现有研究成果集中在理论阐释和先进经验做法两方面。第一,围绕理论阐释,研究了市域治理与国家治理的

---

① 徐汉明:《市域社会治理现代化:内在逻辑与推进路径》,《理论探索》2020年第1期。

关系、市域治理的内在逻辑、市域治理的实践路径等方面。市域社会治理是国家治理的重要基石①,界定市域社会治理的内涵,对市域治理现代化的必要性、重要性、可行性进行分析,解析市域治理资源禀赋②;以市域治理现代化助推省域治理现代化,从省域治理、市域治理、县域治理三级权责关系与职能格局,避免市域治理处于中间层级而演变成"悬浮层级",通过完善治理工具和平台载体创新推进市域治理③;理顺市域社会治理主体间的关系,推进市域社会治理的智治进程。④

第二,关于市域治理实践经验,既包括总结性的做法,提出在实践市域社会治理的过程中,要以公共需求为导向、以社会承载力为基础、以创新社会治理系统为核心、以社会力量支持为关键,综合运用"微治理""协治理""善治理""巧治理"⑤;又包括地域性的治理实践,各地区积极探索基层治理的经验硕果,辽宁省大连市、上海市金山区、江西省赣州市、云南省玉溪市、新疆维吾尔自治区阿克苏市等地区基层社会治理成绩斐然。上海市、广州市、武汉市、南京市、杭州市、重庆市等地还探索出特大城市的社会治理模式。另外,还有社会工作如何参与并推进市域社会治理的相关研究;整体推进疫情防控中的市域社会治理现代化,建立协同高效的系统化市域政治体系。⑥

国外关于市域社会治理现代化的研究主要集中在智慧城市的相关研究中。包括英国在智慧城市建设中通过平台建设、电子政

---

① 陈一新:《新时代市域社会治理理念体系能力现代化》,《社会治理》2018年8期。
② 徐汉明:《市域社会治理现代化:内在逻辑与推进路径》,《理论探索》2020年1期。
③ 刘开君:《以市域治理现代化助推省域治理现代化》,《浙江经济》2020年3期。
④ 许晓东、芮跃峰:《市域社会治理现代化体系建构与路径选择》,《社会主义研究》2021年5期。
⑤ 姜晓萍、董家鸣:《市域社会治理现代化的理论认知与实现途径》,《社会政策研究》2019年第4期。
⑥ 郭春甫、罗尼宇:《整体推进疫情防控中的市域社会治理现代化》,《重庆行政》2020年第2期。

务等方式推进城市治理的相关研究;托菲芬(Torfifing, J.)关于智慧城市构建的网格单元有助于提升城市治理的效率与满意度的研究①;伊布(N. Shoaib)关于公民通过智能化的方式参与城市治理与公共政策中的研究②;康利(C. Conley)关于城市治理的具体问题的研究,如提升政府与社会交互能力、信息安全方面的研究③;哈迪·哈比布扎德(Hadi Habibzadeh)、托尔加·索亚塔(Tolga Soyata)关于城市治理的基础设施及公共服务方面的细化研究④,并指出现代化的城市治理基础是提升市民满意度的重要内容。⑤

通过梳理关于市域社会治理的现有研究,本文发现"市域社会治理"这一概念从提出到试点实践的短暂时期内,成果大多体现在概念在理论维度基于不同学科的逻辑论证以及在不同试点城市的经验提炼,特别是新兴现代技术推进市域社会治理的模式探索。在现有研究中,分化与倾向市域社会治理技术或流程的工具理性研究,或是偏向于市域治理前景与趋势的价值理性研究,呈现单一维度的研究,即理论与实践探索性研究。

市域社会治理的理论研究与实践探索,不仅仅是经验的总结,而应将其置于治理理论与实践的本源起点,即回到治理是理性实践活动过程的逻辑起点。市域社会治理作为治理在市域范围内的场域,要审视市域社会治理系统内的治理目标、治理主体、治理过

---

① Jakob Edler, Martin Berger, Michael Dinges, et al., "The Practice of Evaluation in Innovation Policy in Europe", *Research Evaluation*, 2011, 21(3), pp.167-182.
② Nausheen Shoaib and Jawwad Shamsi, "Understanding Network Requirements for Smart City Applications: Challenges and Solutions," *IT Pro.*, 2019, 21(3), pp.33-40.
③ C. Conley, "Making Smart Decisions about Smart Cities" (November 13, 2017), Amer. Civil Liberties Union Calif., https://www.aclunc.org/publications/making-smart-decisions-about-smart-cities, retrieved April 17, 2022.
④ Hadi Habibzadeh, Tolga Soyata, Burak Kantarci, Azzedine Boukerche, and Cem Kaptan. "Sensing, Communication and Security Planes: A New Challenge for a Smart City System Design", Computer Networks, 2018(1), pp.163-200.
⑤ Hadi Habibzadeh, Cem Kaptan, Tolga Soyata, Burak Kantarci, and Azzedine Boukerche. "Smart City System Design: A Comprehensive Study of the Application and Data Planes", ACM Computing Surveys, 2019, 52(2), pp.1-38.

程、治理制度、治理技术等核心要素。从系统论的视角分析我国市域社会治理的实践路径,按照治理的内在理性逻辑建构治理图景;市域治理现代化则涉及"如何现代化?""如何在治理进程中推进现代化?"的问题。市域治理现代化作为一个实践命题,不仅仅体现在市域治理的"时间表"与"路线图"上,更是现阶段推进市域治理效能的综合体现,实践路径的探索是市域社会治理现代化进程中的关键问题。工具理性与价值理性为市域社会治理现代化实践路径分析与审视提供了一种较为系统的治理路径解构与建构思路。工具理性和价值理性的融合为市域社会治理建构了制度路径与技术路径,明晰了市域社会治理的价值引领和实践规范。

二、市域社会治理现代化的内涵与本质

(一)市域社会治理现代化的内涵

市域社会治理现代化是一个新的概念。市域社会治理从场域上来说,包含设区的市为基本治理单元,覆盖市所管辖的全部区域范围。市域社会治理现代化从时间意义上来说,应回应新时代社会治理面临的风险与机遇。市域社会治理现代化是指通过推进治理理念现代化、治理过程现代化和治理方式现代化,推进市域社会治理的制度设计适应新时代市域社会面临的新问题和新挑战。

市域社会治理现代化从内容上来说,应包含治理理念、治理主体、治理制度、治理过程、治理技术等系统上的现代化。市域社会治理主体包括党委、政府、企业、社会组织、民众等多元治理主体。市域社会治理现代化的核心要义是构建多元主体平等参与的治理共同体,与社会形成共生格局,实现一元治理到多元治理的转变。市域社会治理制度是市域社会治理现代化与创新的重要内容,建

构了社会的行动规则与准则,既包括市域社会治理地方性法规,又包含各市在探索市域社会治理方面的具体制度。市域社会治理现代化过程,是治理过程和结果的统一,表现为两个核心特点:一是治理过程的双向度,传统的自上而下等级式治理加上自下而上的参与式、互动式治理的优化;二是治理过程的前置性,利用大数据等信息技术,实现从末端治理转向源头治理及有效的预防性治理。

(二) 市域社会治理现代化的本质

市域社会治理遵从治理理性逻辑的一般规律。治理的本质追求在于推动社会实践发展、提升社会实践的社会效能,进而推动整个社会与人的全面发展,市域社会治理同样遵从这一治理逻辑。市域社会治理现代化是在市域场域范围内培育公共理性与公共精神,是现代化治理目的与治理手段相统一的内生的实践活动过程。理性与现代化构成了市域社会治理的本质特征。市域社会治理的最大挑战是治理场域发生整体性框定,城市化、信息化、智能化的力量交织在一起,政治、经济、生态等领域统合在一起,市域民众对于治理现代化的需求显著增强,共同构成了治理实践的复杂性。

解析市域社会治理的理性本质是市域社会治理现代化实践路径的前置问题。不厘清市域社会治理本质这个问题,将造成市域社会治理理论研究的盲从和实践领域的应接不暇、负担过重、治理成本较高等不良效应。人类社会发展史记载着人们对理性认知的变迁,从原始时期的完整理性、古希腊时期的客观理性,到近代的价值理性、工具理性,再到现当代的实践理性和社会理性。[①] 马克斯·韦伯(Max Weber)用合理性解释理性,将合理性区分为形式合理性和实质合理性,即"目的合乎理性"的工具理性和"价值合乎理性"的价值理性。工具理性指向事物的"实然"状态,强调在剔除

---

① 王彩云:《政治学视域中价值理性的回归》,《政治学研究》2013年第6期。

价值判断的基础上,通过精确计算、手段选择、程序规制等实现预期目标;价值理性则通过对外界事物的情况和其他人的举止的期待,并利用这种期待作为"条件"或作为"手段",以期实现自己合乎理性所争取和考虑的作为成果的目的。工具理性与价值理性为市域社会治理提供了一种分析向度。市域社会治理遵循不可逆化的理性进程来建立治理秩序,治理思维出发点的科学性决定了市域社会治理的工具理性诉求,治理实践的落脚点决定了市域社会治理的价值理性诉求。新时代市域社会治理现代化,既需要在市域治理边界下进行以试点式经验积累与挖掘的创新;更需要建构与实现多元治理主体、复合治理工具与技术、自上而下和自下而上的双向度治理过程、动态的治理制度优化的系统路径。互联网、云计算、大数据、人工智能等一系列信息技术的不断更新,为市域社会治理的工具理性发挥作用提供了保障;但市域社会治理不是"价值无涉"的治理实践,价值理性构建了市域社会治理的应然逻辑,对价值理性的反思与追问使得市域社会治理回溯到"为什么推进市域社会治理现代化?"的本源逻辑。

三、市域社会治理现代化的价值要素构成

社会治理的最高形态是价值凝聚。[①] 市域社会治理是一个复杂的、动态的综合系统,多元、复杂的思想和价值观念为市域社会治理的资源整合与路径整合带来了难题,为使利益分歧和矛盾冲突最小化,应将价值共识、规范共识最大化,厘清工具理性和价值理性统合市域社会治理的价值要素构成,实现治理价值要素的积

---

① 王倩、危怀安:《工具赋能与价值失控:技术化社会治理问题解构》,《云南社会科学》2021年第1期。

极回归。市域社会治理现代化要求实现市域社会的高效性、稳定性和持续进步性。市域社会治理的价值内核是复合性的价值总和,具有内在逻辑自洽性与外在运转有序性的特点,在其价值排序与构成方面具有特定的内涵维系价值之间既具有平衡的张力又避免冲突。工具理性与价值理性统合下的市域社会治理现代化需包含效率、效益、公平、正义的多维价值要素,形成一种稳定的价值体系,作为市域社会治理的内在"规定性"。工具理性框定了"效率"的价值诉求。效率这一价值要素赋含时间上与成本上的综合要义,各类资源保持配置合理、高度整合与充分利用,特别要充分利用现代技术赋能,探寻治理方式的科学化与治理流程的最优化。公平、正义、发展作为价值理性的要素,是将公共价值融入市域社会治理现代化全过程,树立市域社会治理现代化共建、共治、共享的现代共治观。公平是指市域社会治理主体在市域治理过程中参与市域社会治理程序上的公平。公正是市域社会治理的伦理价值内容,凸显了市域社会治理的公共责任,明确了市域社会治理主体的行为选择要保障市域民众合法权利的实现,并为最少受惠者获得公平的社会服务而进行持续努力。市域社会治理现代化的发展价值体现在两个方面:一是市域系统整体性发展,是各个构成要素与领域间的协调发展;二是发展的出发点与落脚点是人的自由全面发展。

(1)效率价值。效率价值是市域社会治理现代化进程中工具理性的核心价值追求,旨在简化与优化社会治理的复杂性。治理效率是市域社会治理能力现代化的重要基础,智能化、信息化、平台化等现代科学技术嵌入治理过程与手段,为市域社会治理效率实现提供了可能,技术治理思维、手段、模式探求覆盖市域社会治理全过程,为效率价值的实现提供了保障。效率这一价值维度不仅有速度层面的时间含义,也包含效能(治理效果与投入成本的比值)的经济含义。市域社会治理效率价值应是一个复合价值,应包含市域社会治理的整体性效率、治理主体的组织效率及个人效率的统合。首先,市域社会治理的整体性效率体现在市域范围内治理资源整合性、治理领域协调性的效率和多元治理主体协同的效率。其次,市域社会治理组织效率是指按照科学原理和技术方法对治理系统与治理流程进行重新安排,以保障与提高治理主体的效率。最后,市域社会治理个人效率是指市域民众在公共服务体验方面的效率感受,客观上要求公共服务供给的精准性和实效性。

(2)效益价值。效益是产出与效果之间的关系,是对效率价值的有益补充。效益价值追求的是治理结果的有益性,既包括对市域民众的效益,也包括对治理主体的效益。效益价值作为一个综合性的概念致力于公共生活的改善,可解析为经济效益、社会效益、生态效益、信息效益等多维一体的整体效益观。在市域社会治理现代化进程中,效益的内涵也更加丰富,在追求物质文明的基础上,民众在精神文明方面的诉求日趋提升。

(3)公平、正义价值。公平、正义作为社会制度的首要价值,是社会主义的本质和内在要求,是中国特色社会主义和社会发展的最大优势。在市域社会治理现代化进程中,必须尊重和保障治理主体、治理客体的权利,强调冲突或不同的利益得以协调并采取联合行动的持续过程,以多元治理主体间的合作求得公共利益最大化为取向,构建公平、正义的利益分配机制和治理资源共享机制,因而在治理逻辑上便具有了"善治"的指向,在市域治理制度设计及公共服务供给中则表现为追求公平、正义的伦理价值。公平价值是指建立以权利公平、机会公平、规则公平、过程公平、程序公平、分配公平、结果公平为主要内容的细化的治理制度与过程。麦金泰尔认为"正义是给每个人——包括给予者本身——应得的本分"。[1] 正义价值是指治理作为一种公共性的社会实践活动,将市

---

[1] [美]阿拉斯戴尔·麦金太尔:《谁之正义? 何种合理性?》,万俊人、吴海针、王今一译,当代中国出版社 1996 年版,第 56 页。

域范围内的民众需求置于基础和核心地位,在权衡利益与价值分配方面体现出的价值诉求,它规范了治理行为的正当性和社会可接受性,确立了治理主体在利益权衡与博弈方面的判断标准与行为边界,以及贡献与权益之间的合理分配,特别是处于弱势群体地位的市域民众,更应考虑其合理利益诉求,形塑市域范围内合理的利益结构,整合市域社会治理秩序的规范性。

（4）发展价值。如果市域社会治理不能回应"人"的诉求,无法满足"人"的生存与发展诉求,无法对市域社会治理提供价值取向和方法论基础,市域社会治理自身的现代化水平就无法得以实现。坚持以人民为中心的发展思想是中国特色社会主义制度的显著优势。坚持人民主体地位,发展为了人民、发展依靠人民、发展成果由人民共享,维护人民的根本利益。[①] 在市域社会治理进程中相信人民,尊重人民,注重发挥人民群众的创造力量,是党在市域社会治理领域坚持"以人民为中心"的执政伦理。因此,应坚持以人民为中心的城市发展价值理念,市域社会治理主体应更好地满足市域社会民众的发展需求,增进社会福利;转变发展进程中的唯经济指标、唯经济效益及粗放式的增长,回到人的出发点和落脚点。将市域民众多样化、多层次、高质量的多维需求作为出发点,由单纯关注人的需求到实现人的全面发展,拓宽市域公共服务的边界、延伸公共服务的内容,坚持以人民为中心的发展理念,进一步促进公平与公正。

四、市域社会治理现代化的实践路径

市域社会治理现代化的实践路径需基于治理的理性本质,在

---

① 《坚持以人民为中心的发展思想》(2021年3月11日),人民网,http://www.gov.cn/xinwen/2021-03/11/content_5592128.htm,最后浏览日期:2022年4月17日。

市域场域内将工具理性与价值理性内蕴的价值要义充分融入治理要素中。建构市域社会治理现代化路径,一方面要消减传统社会管理的负面效应,另一方面要建构市域社会治理的现代化路径。市域社会治理现代化路径要解决"如何实现现代化""如何推进现代化进程"等关键问题。就市域社会治理实践的核心路径来讲,在创新路径中存在制度革新和技术创新两种进路,应包含市域社会治理现代化的规范制度路径及新兴技术运用到治理实践领域的技术路径。工具理性和价值理性融合为制度逻辑设计的制度路径的被动性和滞后性与技术逻辑主张的技术嵌入的主动性和动态性统一而成的实践路径。

(一)市域社会治理现代化的制度路径

正如罗尔斯所言:"公共理性是一个民主国家的基本特征。它是公民的理性,是那些共享平等公民身份的人的理性。他们的理性目标是公共善,此乃政治正义观念对社会之基本制度结构的要求所在,也是这些制度所服务的目标和目的所在。"[1]市域社会治理制度建构在社会制度框架之下、市域场域之内。市域社会治理制度本身是否合理、规范、有效,在很大程度上决定市域社会治理现代化进程的质量与效果,受社会管理、城市管理长期以来的路径依赖,制度规范市域社会治理既存在难度和复杂性,又是必然选择。市域社会治理现代化是制度的创新,制度的创新与建构的核心要义在于制度的工具理性与价值理性的融合统一,即将市域社会治理价值构成融入制度理念之中。市域社会治理体系是一个全面的、协调的、动态的制度运行系统,应充分重视制度体系的工具理性功能,进一步加强工具理性所追求的规范化、程序化、层级化、

---

[1] [美]约翰·罗尔斯:《政治自由主义》,万俊人译,译林出版社2000年版,第225—226页。

法治化,同时在制度设计、执行、评估方面充分考虑人民意愿与诉求,彰显价值理性的维度,避免短视行为、效率至上等现象,增强制度行为的合理性和合法性。

1. 强化市域立法制度供给

新时代以人民为中心的发展思想不仅仅停留在理论的发展和丰富上,而是站在制度顶层设计推动制度体系的构建和执行过程保障公正性。首先,设区市具有地方立法权,市域社会治理在立法层面的制度供给,为破解市域社会治理难题提供可操作性的规范依据,赋予市域社会治理的治理边界与治理效能的基本遵循,真正成为市域治理现代化体系的首要制度和推进利器,是市域社会治理效率价值的重要保障。其次,各市域的经济、文化、生态、教育、发展境况不同,在准确把握市域实情的基础上,找准市域立法要解决、能解决的问题,积极制定推进市域社会治理的综合性或专项性的地方性法规。一些城市已进行了积极的探索,如2021年3月10日施行的《南京市社会治理促进条例》,是全国首部以促进市域社会治理为主题的地方性法规,其中的实施细则针对政治安全维护、矛盾纠纷化解、社会治安防控、基层社会治理等方面进行了明确规定。由此可见,只有以较小的立法制度成本规范市域治理行为与治理过程,才能为市域社会治理现代化提供精准、有效的法律依据和保障,从根本上实现市域社会治理的效率追求。

2. 制度规范多元主体有序参与

市域公共治理事务日益复杂,多元主体协同参与公共治理将日益重要,应通过制度规范多元主体有序参与。在制度设计与执行中规范多元主体的职责边界、参与方式与合作弹性。我国市域社会治理强调多元主体参与,但在实践中党政部门、社会组织、群团组织、经济组织、自治组织、市域民众等治理主体积极参与的多元共治格局尚未充分发挥作用,缺乏整体性的推进力量,亟待通过制度引导、规范,建立完善的市域社会治理制度保障,明确党政部门的权责边界，通过合作设计、合供、合作创造等方式吸引相关主体参与，协同配合，发挥耦合功能。明晰市域政府领导者与统筹决策者的角色及职能边界，统筹政府、各类组织与公众共同参与和合作的市域社会治理现代化体系。无论是北京、上海等特大城市市域治理实践，还是内蒙古乌海市、赤峰市、鄂尔多斯市等中小城市市域社会治理试点建立和完善党建引领网格精细化治理制度，均取得了较好的治理效果，成为破解基层治理难题、规范市域社会基层治理主体有序参与及协同的城市典范。同时，应积极引导培育公益性、服务性、互助性组织，通过有效的激励制度着力解决社会组织发育迟缓和不成熟的现状。在市域社会治理现代化进程中，各类组织参与呈现散发、不持续、不连贯的特征，还暴露社会组织定位模糊的缺点，存在社会组织聘请第三方为市域民众提供公共服务的现象，无法满足市域社会治理对社会组织的功能定位与效用发挥。应建立契合地方实际的外部制度与内部制度。此外，公民参与过程缺乏足够的组织性、秩序性与规范性，在治理过程中应全方位处理好多元主体的价值诉求及持续互动，保障制度的人民性和公共性。

3. 制度规范市域社会治理过程

治理过程的现代化是治理全过程的业务流程再造，市域社会治理现代化是整体的、综合的、内生的复杂过程，是过程和结果的统一。市域社会治理现代化在推进过程中要重视以下三个方面：第一，强化公民需求分析，提升治理精准性，实现市域社会治理的效率、效益价值。市域治理调动治理资源、推动治理进程的各要素贴合服务对象的需求和偏好，以及与服务对象间的高效匹配和动态均衡。在市域治理进程中公共产品、公共服务供给和需求不匹配；不能精准地界定用户、有效地识别需求将影响源头治理及全过程，信息化治理关于信息的搜集、运用为掌握公民需求分析的系统性提供了技术保障，运用大数据海量信息服务，使供给能够最大程度地匹配居民需求,提升动态性的精准治理。但无论是民众需求分析还是技术治理,还远未覆盖市域治理的各个领域,公共服务需求由于难以被有效度量,同时还需在治理过程中建立健全治理主体与治理对象之间的联系互动的常态化机制,促进治理过程中治理主体对治理资源的"优质投放"与"精准使用"。第二,自上而下和自下而上的双向治理过程的制度化,提升治理的互动性。市域社会治理现代化需打破官僚制自上而下的传统单向度治理模式,积极培育社会组织,赋予社会组织真正的责任主体与权力主体地位,塑造双向融合的治理模式。市域社会治理分散在不同层级和不同职能部门之中,各级各类组织形成点对点的目标协同、信息协同的包含自上而下和自下而上的双向递进关系。通过互动式的治理方式将市域民众反映的问题形成反向倒逼机制,消减了传统治理的滞后性。市域社会治理过程的现代化体现在治理进程中转变了传统的自上而下的治理单向度。第三,市域社会治理制度遵从制度理性的逻辑,应优化具体制度设计,规范制度执行。例如,基层治理制度是市域社会治理的重要组成部分,基层治理的人员构成、经费来源、工作职责等细化制度没有充分细化;信息制度特别是系统化的信息公开、平台开放、数据处理、跨部门数据共享等细化内容,尚未充分在市域层面实现细化和落实,导致在数据收集与统计过程中的多头、重复工作,造成资源浪费,也涉及治理主体间的协调不畅和无计可施。对于现有制度来讲,市域社会治理现代化进程中缺失制度的评价与评估,缺乏差异化、多元性、层次性的反馈环节,将不利于制度的持续完善。

4. 发挥制度的合力效应

不同制度间的融合,同一制度的优化,发挥市域治理制度的合力效应,实现市域社会治理的复合性价值。不同制度间的融合指的是不同治理主体、不同部门间制度的衔接与过渡,融合与匹配,建立联动机制。信息化建设统筹衔接制度和资源共享共用制度不健全是亟待解决的治理制度问题,在市域治理现代化进程中大多都启动了电子政务建设,但信息、数据共享尚未在制度层面打通"最后一公里",不同部门各自为政、条块分割、信息孤岛、对外封闭等问题在一些地方尚未得到很好解决,消解了技术理性在制度执行过程中的效用;信息的审核与业务的管理属于不同"归口",这就需要制度在程序、规则、流程、标准等方面加以细化,保障在"信息审、管、用分离"的情况下做好政务服务、公共服务的数据共享和业务协同。对于同一制度的评估与反馈,信息与平台技术为制度的反馈与评估提供了技术支持与载体,使得制度评估与反馈超越了传统的"好差评"单一制度的时空限制,通过不同平台、渠道及时、真实、广泛地获得制度执行的具体情况,以便捷的方式评估与反馈出制度的"痛点""堵点"和"淤点",为制度优化调整提供了依据。

5. 将成熟的市域治理经验提升转化为治理制度

首先,在评估论证的基础上,将成熟、稳定、可行的市域治理经验做法上升为治理制度。将制度制定、执行、监督贯穿在部门治理、行业治理、基层治理全过程,推进制度创新,优化制度结构。在党建引领市域社会治理层面的治理经验提升为治理制度,将其固化并推广,如兰州市建立街道"大工委"和社区"大党委"制度,细化建立需求、资源、项目三项清单制度,塑造了稳定的制度路径。其次,民生治理是市域社会治理的重中之重,涉及就业、社会保障等领域,关乎市域社会治理的评价,基于民生领域的治理经验推动民生保障制度更加凸显与落实公正、发展的价值理念。健全多层次的社会保障体系,健全基本养老、基本医疗保险制度,是对弱势群体的权利保障从伦理价值层面的关照与现实制度层面的回应,如上海市、武汉市先后对灵活就业人员参加职工基本养老和医疗保险方面进行了探索,并通过制度进行了明确与细化。江苏省南通市在2020年就实现了市域保障标准一体化,优化了基本生活救助标准调整机制;2021年先后制定了一批惠民政策;2022年在全省率先出台文件推进社会救助制度改革,各级民政部门通过完善救助制度、创新工作机制、改进救助方式,积极构建以基本生活救助、专项社会救助、急难社会救助为主体,社会力量参与为补充的分层分类救助制度体系,充分发挥救助制度体系在保民生、兜底线、促和谐中的重要作用,切实增进民生福祉。① 此外,深化与落实专项救助制度改革。安徽省滁州市针对老年群体养老服务体系有效供给不足的状况,反复摸索与优化,建立多层次养老服务体系制度,制定6个方面21项基本养老公共服务清单制度,力求和老年人实际需求相匹配,并全面推行家庭医生签约服务制度。

(二) 市域社会治理现代化的技术路径

技术治理的主要内涵就是将现代科技应用于社会公共事务中,以此来提升全社会领域的运行效率。② 互联网、大数据、区块链、人工智能等为技术嵌入市域社会现代化治理路径提供了技术支持,且嵌入市域社会治理的广度与深度逐渐强化,贯穿在市域社会治理全周期的治理进程中。市域社会治理现代化的技术路径,强调以动态性、前瞻性、智慧性思维,交织技术手段建构技术路径,技术治理路径是一个缓慢且滞后、探索与试错的过程。安德森认为:"行政管理机构的实施活动依靠的不仅仅是该机构官员的态度和动机,以及外部的压力,而且取决于该机构所能获取的政策实施技术。"③市域社会治理现代化的技术路径被广泛运用到公共服务供给与市域公共安全、社会治安风险防范领域中,体现在各市域社会治理指挥服务中心的运行与运转中。

---

① 《南通市在全省率先推进社会救助制度改革让民生保障更暖心》(2022年2月11日),江苏文明网,http://wm.jschina.com.cn/9658/202202/t20220211_7416503.shtml,最后浏览日期:2022年2月11日。
② 刘永谋:《大数据与技术治理》,《民主与科学》2019年3期。
③ [美]詹姆斯·E.安德森:《公共决策》,唐亮译,华夏出版社1990年版,第137页。

管理哲学中的公共价值理论为市域社会治理现代化的技术路径提供了理论指导。一方面,追求市域社会治理效率价值的同时,要避免技术统治、技术滥用与智能低效,探析以互联网、大数据、信息技术嵌入治理要素,而不被"技术异化",规避技术治理可能导致的风险。另一方面,市域社会治理不仅是单纯的技术开发与应用的问题,需要工具理性和价值理性的融合保障。"一站式"服务、线上办理、全网通办、指尖办理、APP 自助办理等治理方式的优化,充分借助技术手段使得公共服务供给由"面对面"办理到"人对屏""零距离"办理。通过现代化的技术路径实现公共服务的"全覆盖"和"快响应"。但目前来看,市域社会治理与技术优势尚处于浅层次探索与融合进程中,在公共服务等领域尚未深度赋能,未充分应用到广泛的公共服务供给中,未实现公共服务供给的优化,应以满足人民美好生活需要为目标来进行市域社会治理的整体规划。

技术路径为传统的"目标—结果导向"转为"需求—过程导向"提供了技术可能,不仅保障公共服务在数量供给方面的技术支持,还要注重公共服务的质量供给,甄别市域民众需求的特点和难点问题,探索有温度的治理。第一,深度开发技术平台的功能与应用场景,探求效率价值在时间和空间上的实现与统合。推动各类数字化、智能化公共服务平台,推进公共服务向移动端的延伸,实现"网上办""掌上办""指尖办""全城办""异地办"等覆盖全域、便捷高效、普惠均等的高效体验。2019 年年初,全国首个智慧法院系统"上海刑事案件智能辅助办案系统"正式使用。在庭审现场,运用智能辅助办案系统,实现了语音识别区、智能抓取区、庭审示证区的即时联动,为庭审全过提供智能服务。[1] 这一系统为处理各类矛盾纠纷实现了多元治理主体的复合性效率价值。各市域各类

---

[1] 严剑漪、梁宗:《上海刑事案件智能辅助办案系统首次用于庭审》(2020 年 3 月 2 日),中国法院网,https://www.chinacourt.org/article/detail/2019/01/id/3713361.shtml,最后浏览日期:2022 年 4 月 17 日。

疫情防控管理的 APP，为疫情时期与疫情常态化阶段提供了有效管理和精准管理的技术路径保障。第二，充分发挥智能化技术在信息识别与感知方面的功能，有效框定"供需向度"，精准识别市域民众的公共服务需求，解决民众需求与政府公共服务供给不对称的异化问题，实现有针对性的点对点的供给与匹配，满足人民群众日益增长的多元化和专业化服务需求。第三，市域体现在以城市为中心并带动市—区（县、市）—街道（乡镇）之间的有机融合，将治理力量与资源充分下沉，打破空间布局的治理单元，治理空间与治理内容得到进一步拓展，消减传统治理的"城市中心主义"路径依赖，融合城乡治理资源，拉动周边一体化发展，发挥市域治理的辐射功能，做好基础性、普惠性的民生工作，推进公共服务均等化，进而推动共同富裕。第四，避免"过度治理"，违背"效率"价值初衷。越来越多的碎片化信息与智能化无限放大了技术应用的边界与时空场景，如在不同市域治理实践中反映出的在电子监控问题上，过度监控就可能成为阻碍治理的反作用力，信息收集与检测过载会降低治理效率，应避免无序开发及技术治理工具的盲目应用，造成"不会用、用不好、不好用"的技术失灵问题。第五，需要人本化的配套治理手段予以衔接及有益补充。市域治理现代化进程中开发的各类平台、APP 等技术治理工具，嵌入过多功能且存在交叉、重叠，在开发过程中过于强调工具理性，弱化了个性化体验与情感需求；且人的需求不能完全在技术平台中体现与表达出来，应保留一些线下服务、人工服务以及无电、无网等突发情况下的公共服务供给。针对技术路径在治理实践中具有短暂性、临时性和易替代性的特点，不能因市域社会治理技术路径的工具性功能而剔除其价值性功能，反之，应补充公共服务供给结构，提供充分的补充途径，特别是技术运用在不同领域"一哄而上"推进中衍生出的附带矛盾反而衍生出新的治理难题，不能因对工具性特征的盲目崇拜而忽视或弱化人文关怀，亟需建设便民惠民的智慧服务圈，提供线上线下融合的市域治理及公共服务,需要诸如"适老化服务"的有益补充,保障市域社会治理公正价值的实现。

(三)制度路径与技术路径的有机融合

市域社会治理现代化的技术路径为市域社会治理现代化提供了技术支持,并提升治理效能,单一路径有其局限性,技术发挥作用必须通过制度加以规范和统合才能有效执行和获得认同。在市域社会治理中存在一些用工具理性无法解决的现实问题,需确立价值理性发挥作用的范畴与功能,即依附于技术路径的工具理性价值与市域治理基于公共性所追求的价值理性需融合统一,通过技术嵌入的技术逻辑和以制度设计与执行为根本的制度逻辑需有机地统合。第一,制度路径保障技术路径的规范化。大数据、云计算、物联网、人工智能融入制度设计是市域治理现代化的重要表征,数据治理、公共服务智慧系统建设等顶层设计与社保卡、市民卡等电子卡、APP等便民化的客户端操作,都体现了智能化改造与服务升级,推进了市域社会治理的创新发展与智能发展的规范化,体现了技术路径与市域治理中的公共性价值取向的嫁接与整合。第二,技术路径为制度路径提供了效能保障。技术路径为制度路径的复杂化、多样化、动态化提供了技术支持与高效互动,将传统较为闭环的制度环境优化为市域社会治理开放的行政生态环境。伴随着信息技术的发展与完善,制度路径与技术路径处于适配与交互进程中,二者的有机融合是将工具理性与价值理性的价值理念制度化的实践活动过程,市域社会治理路径将处于一个动态平衡的演进过程中,有机地融合技术路径,而不是顾此失彼或强调单一路径。第三,制度路径与技术路径需统合与发力为人的出发点与落脚点。技术路径和制度路径的耦合与匹配,应表现为制度路径规范市域治理进程中治理行为的正当性与合理性;警惕技术更迭带来的制度规范缺位,让技术路径真正为人服务,市域社会治理的整体规划、功能设计、项目安排等,应为人民提供更便捷的生活和保障,否则,再前沿的技术与流程也不必然地导向便利的结果。因此,制度路径与技术路径的有机融合表现为:以技术推动制度变革;以制度固化技术路径的应用边界、权利向度与规制范围。

五、简要结语

工具理性和价值理性是社会行动理性的基本类型,也是解析市域社会治理理论与实践的重要维度,运用这一视角进行分析,使得市域社会治理厘清了前置性的价值构成,而不是遮蔽、弱化、分离了核心价值。市域社会治理从工具理性的角度提出了新兴技术作为技术手段、工具、平台融入市域治理要素与过程何以可能的问题;市域社会治理从价值理性的角度回答了市域社会运行和发展的实践指向,及其提供的方向性导引与过程性纠偏。市域社会治理实践路径的探索与创新需立足于工具理性与价值理性的融合,合理性与合法性融通,将市域治理现代化理念通过治理制度加以规范,将先进的市域社会治理经验通过制度化的形式加以固化,将满足市域民众诉求的技术手段通过技术路径加以明确,规避工具理性僭越和价值理性缺位,避免目的和手段的异化,保障市域社会治理进程的有序性与创新性。

[本文系内蒙古自治区哲学社会科学规划项目《内蒙古推进市域治理现代化研究》(项目编号:2020NDB020)的阶段性研究成果。]

人工智能算法"社会性嵌入"的衍生风险及其协同治理

洪　涛[*]　陶思佳[**]　卢思涵[***]　任昊翔[****]　马　涛[*****]

[**内容摘要**]　人工智能算法的广泛运用致使社会价值形态极端化、市场主体合谋智能化、政治议程干预隐蔽化等新型风险不断涌现,如何对其衍生风险进行有效治理成为亟待快速突破的时代议题。本文从微观层面、网络层面、宏观层面指出人工智能算法的"社会性嵌入"是各类相关风险产生的重要机制,并在"主体多元—关系建立—主体互动—协同实现"的视角下构建多元主体协同治理模式。如此,可有效解决跨域复杂化的人工智能算法问题,扭转传统治理效果弱化甚至治理失灵的困境。

[**关键词**]　人工智能算法;"社会性嵌入";衍生风险;协同治理

一、问题提出

人工智能作为数字经济的核心支撑技术,已经广泛而深入地渗透人类生活的各个领域,改善了公共决策效率,优化了企业生产

---

[*]　洪涛,哈尔滨工业大学经济与管理学院教授。
[**]　陶思佳,哈尔滨工业大学经济与管理学院博士研究生。
[***]　卢思涵,哈尔滨工业大学经济与管理学院博士研究生。
[****]　任昊翔,哈尔滨工业大学经济与管理学院博士研究生。
[*****]　马涛,哈尔滨工业大学经济与管理学院教授。

过程,提高了居民生活水平,甚至助推形成新的政治、经济和社会秩序。《中华人民共和国国民经济和社会发展第十四个五年规划和2035年远景目标纲要》强调要培育壮大人工智能、大数据、区块链、云计算、网络安全等新兴数字产业,"建设重点行业人工智能数据集,发展算法推理训练场景……推动通用化和行业性人工智能开放平台建设"。① 可见,人工智能已经成为中国打造数字经济新优势、建设创新型国家的重要技术引擎。然而,其底层要素——人工智能算法——不仅继承了传统算法的复杂、不透明等固有属性,还在机器学习过程中产生了设计者无法事先预知的自我特征,更借由海量数据媒介与人类高频互动而深度嵌入社会。在此背景下,"信息茧房"、平台垄断、"数字鸿沟"等信息社会衍生问题得以强化,社会价值形态极端化、市场主体合谋智能化、政治议程干预隐蔽化等新型风险不断涌现。如何实现对人工智能算法的有效治理,避免因其对人类社会的深度嵌入而推动各类风险持续产生、放大和扩散,已经成为极具紧迫性和重要性的时代议题。

2022年3月1日,国家互联网信息办公室、工业和信息化部、公安部、国家市场监督管理总局联合发布的《互联网信息服务算法推荐管理规定》正式实施,这是世界范围内第一部系统性、全面性的、以算法为监管对象的法律性文件,内容涉及信息安全、用户权益、平台用工、未成年人保护、算法安全责任体系建设等多个方面。同年3月20日,中共中央办公厅、国务院办公厅印发了《关于加强科技伦理治理的意见》,其中多次指出规范人工智能等重点领域的科技伦理是促进科技事业健康发展的重要保障。当前的多项行动部署和规定出台,体现了中国政府对人工智能算法治理的重视和决心,然而,"一管就死,一放就乱"的治理现状也暴露了由政府主导的传统监管模式并不能有效地应对新技术、新形势及其产生的新问题。

---

① 《中华人民共和国国民经济和社会发展第十四个五年规划和2035年远景目标纲要》,《人民日报》,2021年3月13日,第1版。

如何面向数字经济发展需要，制定人工智能算法治理方案，仍是一个紧迫且需要快速攻关的难点问题，学术界对此进行了热烈的讨论并取得了丰富的研究成果。首先，人工智能算法有着丰富的应用场景，产生了形态各异的政治、经济、社会问题与潜在风险。社交媒体平台利用人工智能算法对用户的偏好进行精准识别和计算，进而提供差异化、个性化服务，以迎合用户需求从而吸引和维持用户流量。这一过程必然会加剧其对消费者选择性的信息传递，导致所谓的"信息茧房"问题，即个人沉浸在自己选择的以及令自己愉悦的信息中。长此以往，将自身桎梏于所谓的"茧房"之中①，进而降低个人自主提炼优质信息以及自主判断和决策的能力，不断扰乱其价值体系，造成认知固化甚至形成偏见。②③企业也利用人工智能算法来优化产品定价方案以获得更高的利润，通过算法进行用户数据画像以更精准地了解支付意愿，进而对不同的消费者实行差异化定价策略，产生了大众熟知的"大数据杀熟"现象。同时，机器学习算法可独立于企业直接进行动态差别定价，甚至规避《反垄断法》的严格规制，实施隐蔽的价格合谋行为。④这一过程严重侵害了消费者的合法权益，引发了竞争扭曲的垄断行为并极大地扰乱了相关市场的公平竞争秩序。⑤⑥在数字政府建设过程中，人工智能算法也成为辅助行政决策智能化的重要技术支撑。受制于算法研发的能力，政府购买技术服务的过程也增强了其对技术开发者和控制者的技术依赖，使其可以隐蔽地干预政治议程。政府也因此陷入被算法支

---

① ［美］凯斯·R.桑斯坦：《信息乌托邦：众人如何生产知识》，毕竟悦译，法律出版社2008年版，第6页。
② 彭兰：《导致信息茧房的多重因素及"破茧"路径》，《新闻界》2020年第1期。
③ 丁晓蔚、王雪莹、胡菡菡：《论"信息茧房"矫治——兼及大数据人工智能2.0和"探索—开发"模式》，《中国地质大学学报》（社会科学版）2018第1期。
④ 孟昌、曲冰瑛：《算法合谋及其规制研究进展》，《经济学动态》2021年第6期。
⑤ 周围：《人工智能时代个性化定价算法的反垄断法规制》，《武汉大学学报》（哲学社会科学版）2021年第1期。
⑥ 时建中：《共同市场支配地位制度拓展适用于算法默示共谋研究》，《中国法学》2020年第2期。

配、政治话语权缺失的重大权力危机。①②

其次,人工智能算法衍生风险的发生具有内在的技术逻辑。社会的动态性与复杂性客观上决定了所谓"大数据集"的不完备性,据此进行的机器学习过程难免复制和强化数据中隐性的价值偏见。③ 同时,人工智能算法在输入数据和输出结果之间不可观察的空间成为被大众熟知的算法"黑箱",在训练中形成的规则集往往不能转换为人所理解的自然语言,复杂的演化运行机制与人类认知的脱离使其难以被清晰地解释④,即使设计者也很难清楚地掌握运行全过程,预判并控制其演化结果。⑤ 监管者则无法分辨是技术缺陷还是设计者恶意,传统的"行为—责任"逻辑链条被切断,造成了人工智能算法衍生风险"事前不易防范、事中难以监督、事后无法追责"的局面。

最后,对人工智能算法的有效治理依赖法律体系与治理框架的完善。多数学者从法学角度出发,基于技术特性探讨了算法解释、算法问责等关键治理难题,总结出算法伦理规制缺乏、责任主体和范围界定模糊⑥、立法者与技术研发人员合作不充分⑦等关键问题,进而对现有治理体系框架提出了不同的改进思路和优化策略。例如,包含可计算性、复杂性、一致性和可控性四个维度的算法伦理审查框架⑧;政府(法律)治理、社会(规范)治理和市场

---

① 张凌寒:《算法权力的兴起、异化及法律规制》,《法商研究》2019 年第 4 期。
② Ddh Shin, "Prospectus and Limitations of Algorithmic Governance: An Ecological Evaluation of Algorithmic Trends", *Digital Policy, Regulation and Governance*, 2019(4), pp.369-383.
③ 成曼丽:《大数据时代算法歧视的协同治理》,《中国流通经济》2022 年第 1 期。
④ 张凌寒:《权力之治:人工智能时代的算法规制》,上海人民出版社 2021 年版,第 28 页。
⑤ 贾开:《人工智能与算法治理研究》,《中国行政管理》2019 年第 1 期。
⑥ 许可、朱悦:《算法解释权:科技与法律的双重视角》,《苏州大学学报》(哲学社会科学版)2020 年第 2 期。
⑦ 郑戈:《算法的法律与法律的算法》,《中国法律评论》2018 第 2 期。
⑧ Elija Perrier, "Computability, Complexity, Consistency and Controllability: A Four C's Framework for Cross-disciplinary Ethical Algorithm Research", *arXiv preprint arXiv:2102.04234*, 2021.

(代码)治理相辅相成的算法的模块化治理体系[①];建立兼具公权力、信息权力、私权利的新型三元权利结构[②];强调多元主体参与治理过程的重要性和有效性。

然而,现有研究只是孤立地分析了人工智能算法的自身特质、人工智能算法对个人行为的影响或人类行为产生的海量数据对人工智能算法学习过程的影响,却没有看到三者结合对人类社会关系和社会结构所产生的根本性影响。正因如此,在探讨人工智能衍生风险时往往局限于技术逻辑和经济逻辑,忽略了更深层次的社会逻辑。事实上,人工智能算法以海量数据和信息输送为主要媒介形成了与人类个体间的双向形塑,进而通过不同形态的社会网络将个体行为变化聚变为群体行为演化。人工智能算法通过与个体间的高频互动及多形态社会网络的传输和强化实现了对人类社会的嵌入,俨然已经成为人类社会无法剥离的成员之一,无数个以其为中心的星形网络重构了人类社会的基本结构。不理解人工智能算法的社会属性,就无法提出有效的治理策略。

据此,本文指出人工智能算法的"社会性嵌入"是各类相关风险产生的重要机制。在微观层面表现为人工智能算法与人类个体的双向形塑;在网络层面表现为个体行为推动特定群体行为涌现;在宏观层面则表现为人类社会向数字社会的转型。据此,可以理解人工智能算法多重衍生风险背后的根本原因,以及以政府为唯一治理主体,意图只通过完善法规和政策来监控人工智能算法为何难以产生合意的治理绩效。进而,需要在"主体多元—关系建立—主体互动—协同实现"的视角下,探究人工智能算法治理过程中政府、市场与社会等多元治理主体的角色、职能、关系结

---

① 许可:《驯服算法:算法治理的历史展开与当代体系》,《华东政法大学学报》2022年第1期。
② 郑智航:《人工智能算法的伦理危机与法律规制》,《法律科学》(西北政法大学学报)2021年第1期。

构及其在系统中的作用机理,增强多元主体间的有效互动,并构建多元主体协同治理模式。如此,才能为解决跨域复杂化的人工智能算法问题提供理论指导与更具针对性的解决方案,扭转传统治理效果弱化甚至治理失灵的困境,助力人工智能算法走向安全、公平、向善。

二、人工智能算法的"社会性嵌入"

人工智能算法依赖个体的数据作为训练集不断地对自身进行演化和完善,而人工智能算法的选择性信息传输也不断地改变和重塑人的行为,形成了个体与算法技术间的高频互动和双向形塑。同时,个人受不同的社会网络连接,人工智能算法对个人行为的塑造也通过不同形式的社会网络模式将其对微观个体的影响向群体乃至社会传输扩散,进而达到算法深度嵌入社会生活当中的效果,并打破传统的社会互动模式,形成新型的数字社会形态(见图1)。

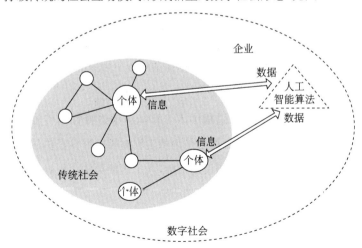

图1 人工智能算法的"社会性嵌入"图示

（一）"社会性嵌入"的微观基础：人工智能算法与人的双向形塑

人类产生的数据不断地影响算法的演化和输出，形成对算法的影响和塑造。在人工智能时代，算法的功能不再局限于处理数据并按照设计的特定目标决策和行动。机器学习等人工智能算法通过利用人类活动产生的海量数据信息，展现不断演化发展的新功能，并因此展现更强的使用价值。例如，定价算法经过训练可以根据自己过去的行为以及来自人们在市场交易中的反馈来学习优化定价策略。推荐算法通过不断收集用户数据，预测用户偏好并进行精准推荐，同时，用户对于推荐内容的刺激和反馈形成了新数据供算法进一步更新优化，算法不断地利用产生的数据进行学习以维持和吸引更多的目标用户。相似的，人脸识别技术采用的深度学习算法也依赖不断收集的数据集。技术研发者还会将算法置于特定的训练场景，利用特定数据展现的特征不断刺激、优化机器行为以提高识别的准确性。[1][2] 因此，人工智能算法高度依赖人类创建的数据和选定的"训练"进行不断的自我学习和优化改进，以达到预先指定的目标。无论是人类主动输入的数据还是算法对人类行为的观察而收集的数据，都极大地影响了算法的优化过程，在"人机"互动中展现出人类对人工智能算法的塑造作用。

另外，在"人机"互动过程中人工智能算法选择性地传输也不断改变和重塑人的行为。算法是为特定利益相关群体提供服务而研发设计出来的，为实现预设的目标，人工智能算法会根据生成的

---

[1] Karen Yeung, "Algorithmic Regulation: A Critical Interrogation", *Regulation & Governance*, 2018(4), pp.505-523.

[2] Paul Christiano, Jan Leike, Tom B. Brown, et al., "Deep Reinforcement Learning From Human Preferences", *Advances in Neural Information Processing Systems*, 2017(30), pp.1-9.

数据不断学习,持续地挖掘个体行为动机,并通过不断学习和自我优化,使得个体逐步趋向算法逻辑预设的行为选择。同时,深度学习算法展现出的自主性不断增强,也导致了其有意识地或者无意识地引导甚至支配目标受众的行为以达成预设目标。① 已有研究证明了在人工智能算法与个人进行高频紧密互动的过程中,人工智能算法也不断影响和塑造人类行为。例如,线上购物平台运用的匹配、推荐等一系列深度学习算法为刺激消费行为,可以通过挖掘用户历史数据、推送不同产品获得的反馈构建用户"数据画像",预估消费者的支付意愿,并动态调整价格获得消费者的价格接受区间,进而影响消费者的选择偏好以及最终的购买决策行为。② 社交媒体平台中的排名和过滤算法掌握着内容传播过程,为吸引用户和流量可以调整新闻和信息的可见性。这一过程不但控制了舆论导向,也潜移默化地形塑人们对外部世界的看法,以致引领人们的价值选择甚至重塑个人的思想观念。③ 因此,人类活动产生的特定数据和信息会对算法的输出产生影响,算法应用过程中不同信息的传播也会加深其对人行为的影响和塑造,形成算法与个人双向形塑的结构。

(二)"社会性嵌入"的强化机制:个体影响通过社会网络传输扩散

从微观层面来看,算法与个体间不断的互动形成了双向形塑

---

① Donghee Shin, "Toward Fair, Accountable, and Transparent Algorithms: Case Studies on Algorithm Initiatives in Korea and China", *Javnost-The Public*, 2019(3), pp.274-290.
② Jacqueline M. Kory Westlund, Hae Won Park, Randi Williams, et al., "Measuring Young Children's Long-Term Relationships with Social Robots", *Proceedings of the 17th ACM Conference on Interaction Design and Children*, 2018, 18, pp.207-218.
③ Roger Bemelmans, Gert Jan Gelderblom, Pieter P. Jonker, et al., "Socially Assistive Robots in Elderly Care: A Systematic Review into Effects and Effectiveness", *Journal of the American Medical Directors Association*, 2012(2), pp.114-120.

的过程。同时,社会本质上是由个人互动而联结起来的网络,个人是该网络中的纽结并通过不同的节点与整个社会产生联系。因此,算法及其所支持的服务和平台对个体的影响也会通过不同的网络向社会扩散,最终导致其不仅主导个体的信息获取、认知养成和行为方式,甚至在许多领域塑造群体的行为和决策实践①,展现出"社会性嵌入"的特征。另外,算法对个体的影响扩展到社会当中,无论是积极的还是消极的都易引致放大的效果。例如,少数人接触政治错误信息可能对整个社会影响不大。然而,其在社交媒体上传播此类错误信息可能会产生更实质性的社会后果。算法技术对经济发展、社会运转、国家政治活动表现出强大的作用力,这使得进一步去探索挖掘算法通过何种传导方式形成了"算法—个人—社会"新的社会结构形式也尤为必要。本文通过探讨提炼出以下三种传导机制。

首先,人工智能算法对个人的影响会通过已有的社会网络向外扩散。从社会学的角度来看,个人受不同的社会网络连接,人工智能算法对个人行为、观念的影响和塑造也极易通过其背后的社会网络向群体乃至社会扩散。有学者从社会传染理论的角度解释了算法对个人层面的影响可以有效地传导到社会,即个体层信息、观念、行为的相互传染有效地驱动其向集群层的社会扩散。② 例如,推特平台的社交机器人 EQBOT 本质上是自动化算法技术控制的社交账号,通过实时捕捉监控相关数据,向关注者发布最新地震信息的推文,与平台中的个体们形成互动。而又因关注 EQBOT 的不同个体往往来自不同的社交群组,拥有不同的社交网络,EQBOT 与其的几十万粉丝形成了覆盖多个社交群组的庞大网络

---

① Claudia Wagner, Markus Strohmaier, Alexandra Olteanu, et al., "Measuring Algorithmically Infused Societies", *Nature*, 2021(7866), pp.197-204.
② 郑晨予、范红:《从社会传染到社会扩散:社交机器人的社会扩散传播机制研究》,《新闻界》2020 年第 3 期。

拓扑结构,发布的信息也通过关注者在社会范围内实时高效地传播。信息更大范围的传播势必带来更深层的社会影响和社会干预,若虚假或不实的信息通过这一形式得以大规模地快速传播,将带来社会层更大程度的恐慌甚至干扰社会正常秩序。因此,个人社会网络作为一种传导机制,使得人工智能算法与单一主体的互动辐射到其背后的社会网络当中,尤其当前算法技术在社会生活层广泛涉入,不同人工智能算法与不同个体形成了错综交织的网络结构,也将提升其社会扩散的范围和效率。

其次,人工智能算法也会在与个人的互动中形成新的社会网络结构,进而影响群体观念和行为。人工智能算法在与人的互动中会依据不同数据信息形成的差异性反馈结果不断地学习,积累相似的数据特征、标记出具有相似行为的个体并对其聚类,从而衍生一些具有高度相似特征的群体画像。算法技术可以在系统中将其组成新的社会网络,依据该网络形成新的连接并触发社会范围的扩散。例如,人工智能算法通过学习并组建出消费偏好高度相似的消费者群体,可以更精准地对该群体开展个性化服务和推荐。与此同时,网络中的人类用户也具有更愿意与偏好相似的用户交流的特征,在一定程度上使得人工智能算法建构的新社交网络逐渐稳固,进而影响个人产生群体间不断趋同的消费行为。人工智能算法通过组建特定社会网络结构也不断涉及政治活动。在美国2016年总统大选和英国脱欧等政治投票活动中,推特平台凭借算法技术按需组建出更适合特定信息传播的群体结构。这使得现实生活中本来高度区隔的个体得以连接,促使该群体中的人们反复接触特定的推文和信息[1],有效地引发群体间趋同的投票态度和行为。从上述实例可以看出,人工智能算法通过个人已有的社交

---

[1] Hunt Allcott and Matthew Gentzkow,"Social Media and Fake News in the 2016 Election",*Journal of Economic Perspectives*,2017(2),pp.211-36.

网络和动态调整的新社交网络,将对个人的影响和塑造传导扩散到社会中。

最后,生产消费网络也演化成一种社会网络形态,强化了人工智能算法社会层的嵌入程度。从推荐算法在商业领域的运用来看,算法通过对个人数据的不断采集、与人高频互动开展个性化推荐和精准营销,一定程度上引导和操控了个体的思想意识、价值偏好甚至决策行为。从推荐算法的价值逻辑来看,资本逻辑才是其背后的根本逻辑。为服务于特定的利益群体和经济目标,社交平台通过反复推送特定的信息,刺激消费者作出购买一些特定的产品的行为。① 例如,网络购物平台通过精准的广告推送,刺激家长和学生了解并购买特定的教育产品,持续的购买意愿和积累性的消费行为必然会刺激生产端相应改变,使其替代品和互补品相应增多,进而形成一个新的生产消费网络。反之,通过类似的手段,生产端的变化也会刺激和影响消费端的相应变化,由此,生产消费网络成为人工智能算法嵌入整个经济活动的一种重要路径。

综上所述,人工智能算法通过连接个人及不同的社会网络结构实现了"社会性嵌入",宏观上则表现为传统社会向数字社会转变,其主要特征在于:(1)人工智能算法已然成为与社会紧密连接、影响巨大的主体和成员。在社会环境下不断产生的数据是人工智能算法赖以学习和进化的"土壤",选择性信息输送是人工智能算法影响个人行为与选择的主要手段,机器学习与个人行为双向形塑使这个非人类主体在一定程度上具备了人格化特征。(2)人工智能算法与个人高频互动,并将其影响通过多形态社会网络加以传输和强化,不但构建了社会连接的新形式,也在此过程中重组了

---

① Iyad Rahwan, Manuel Cebrian, Nick Obradovich, et al., "Machine Behaviour", *Nature*, 2019(7753), pp. 477-486.

社会网络和生产组织方式,并重塑了社会生活模式。(3)人工智能算法实现"社会性嵌入"后的影响随社会群体不同而具有差异化的强化机制,根据不同目的设计的人工智能算法也通过社会网络的交叠而产生多重影响,形成了无数以其为中心的星形网络,进而重构了传统社会的基本结构。最终,社会在人工智能算法的不确定性演化、个体效应强化机制的繁复交汇与局部社会网络的反复建构中,呈现更多的混沌特征并涌现新型的政治、经济和社会风险。

三、人工智能算法"社会性嵌入"的衍生风险

在人工智能算法的"社会性嵌入"过程中,个人和社会层面的现象都会受到算法系统的影响并又动态地反馈到算法系统当中,同时,人工智能算法的涌现性与自主性不断增强,不同的传导机制不但强化了算法的社会性嵌入强度,由此带来的社会问题也在个人、企业、组织等社会各层级蔓延开来。因此,人工智能算法的"社会性嵌入"使得数字社会不断滋生重重风险。这也意味着在把握算法运行发展规律与风险研判中,更要理解算法"社会性嵌入"过程中所涌现的风险。本节将从经济、社会、政治三个维度展开分析人工智能算法的社会动态属性嵌入在不同领域的潜在风险及其成因,并指出当前突出的治理难题。

(一)在经济领域中,导致企业垄断力量增强和垄断行为滥用

数字经济正蓬勃发展,数据作为一种重要的生产要素,通过"数据—信息—知识"的转化过程形成一种具有"价值"的产品,成为人工智能算法技术解构并重塑传统经济形态的重要支撑,算法的"社会性嵌入"也加速其在宏观、中观、微观不同维度上影响经济

形态变革①,企业借由算法技术有目的、有选择地向社会传输,强化了平台的垄断和资本的无序扩张,也相应地带来"大数据杀熟"、定价合谋等经济乃至社会风险。

从微观层面来看,算法广泛应用于社会的生产生活中,对个人的消费习惯和消费行为产生了诸多影响,并造成了价格歧视等乱象。在网络消费领域,推荐算法可以通过多种渠道搜集用户及市场信息,精准地推送适合的商品和定价区间,算法提供的个性化、便捷化的服务给消费者带来便利的同时,一定程度上刺激了多样化的消费需求。平台对于用户数据的掌握,以及通过社会网络的传输扩散强化了算法的"社会性嵌入",进而得以精准地把握不同消费群体。例如,购物平台可以通过数据叠加算法后对用户进行画像,分析消费者的行为偏好从而进行精准推送营销。这一过程潜移默化间影响了消费者的自主消费行为。同时,人工智能算法使得企业和用户在信息和数据等资源的掌握上产生极大的不对等②,企业通过技术更容易获取消费者的最大支付意愿信息,设置繁复的网络消费促销规则,从而实现了价格歧视和"大数据杀熟","用低价招徕新客,对老客薅羊毛"的现象屡见不鲜,严重损害了消费者的合法权益,打破了公平的交易环境,造成了不正当竞争的市场秩序。从维权角度来看,无论是取证还是举证,以及证据被执法机构采纳的可能性都存在巨大难度,这使得当消费者意识到权益被侵犯时也很难通过个体力量与之抗衡,成为算法技术欺凌的对象。在某些情况下,算法甚至可以在没有协商和监督的情况下,仅通过自主学习就能实现自发的价格合谋③,更为研发主体逃避相

---

① 陈书晴、任昊翔、陶思佳、洪涛、孙克、马涛:《数据要素与多元市场主体融合机制研究》,《信息通信技术与政策》2022年第1期。
② 孙晋:《数字平台的反垄断监管》,《中国社会科学》2021年第5期。
③ Emilio Calvano, Giacomo Calzolari, Vincenzo Denicolò, et al., "Artificial Intelligence, Algorithmic Pricing, and Collusion", American Economic Review, 2020(10), pp. 3267-3297.

关的主体责任带来可乘之机。

同时,算法技术成为平台利用数据变现、进行资本无序扩张甚至形成垄断地位的重要媒介。① 企业算法规则设计者具有特有目标和逐利属性,平台企业的经济目标决定部署什么,可以通过预先拟定的算法目标将信息分类、有选择地传输到用户层。另外,人工智能算法的自主性也使其通过搜集信息、不断自我演化,增强自我分类信息的能力,并运用流量和算法等杠杆增加各个市场上的份额,导致商业平台无限伸展与大肆扩张,不断巩固其垄断地位。当前,市场的新现象和问题无法归入传统反垄断法中的制度框架内予以监管。平台企业面对更大的利益空间很难做到自律、自治。算法技术固有的复杂性和不透明性,加大了治理主体对其及时发现和有效监管的难度,甚至造成了"政府俘获"的乱象。

从宏观层面来看,当算法嵌入社会当中,企业基于预设目标,在算法与个人间形成频繁互动,这一过程可以聚集具有相似消费习惯、消费观念的社会网络群体,甚至更能塑造出新的具有相似消费行为和消费观念的社会群体,加剧了数字社会里模块化的群体结构形成(见图2)。平台企业往往只推荐给人们能给其带来潜在商业利益的东西,而不是最适合、最恰当的东西。这种不当或过度激发、诱导某些客户群体的举措,导致很多极端消费和过度消费行为,并通过塑造的新型社会网络在该群体间不断发酵,导致消费模式固化乃至形成更为极端的消费群体和消费结构。同时,数据具有外部性。算法嵌入社会当中,当一个人分享自身数据时,也存在泄露他人信息的风险。如果数据具有社会价值,个人若间接地泄露他人隐私数据信息,将引致诸多更大范围的负面影响。

---

① 孙萍:《如何理解算法的物质属性——基于平台经济和数字劳动的物质性研究》,《科学与社会》2019年第3期。

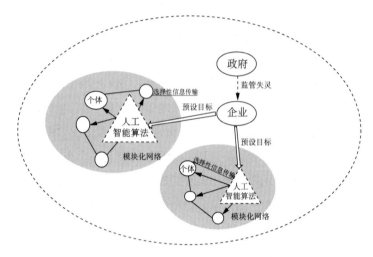

图 2　人工智能"社会性嵌入"的社会结构

（二）在社会领域中，导致个人价值形态极端化和社会意识形态分裂化

在社会领域中，算法"社会性嵌入"也显现出越来越强的人的认知和意识形态被支配的现象。人工智能算法不再只是一套特定的程序编码和计算模型，已然成为资源配置的一种新范式。[1] 从推荐算法的价值逻辑展开来看，资本逻辑才是其根本价值逻辑。由于企业的逐利属性和利益最大化原则，算法技术从一开始就不可避免地预设某种意识形态立场，片面的数据和算法设计者本身的价值原则共同致使算法形成的规则存在价值偏差[2]，而这无疑会对个人的价值观念产生潜移默化的影响。

当下流量至上、利润至上的原则也催生了平台有悖法律、有失道德、有违伦理的行为。数字平台对于数据、算法的具体原理和参

---

[1] 李静辉：《算法推荐意识形态属性的生成逻辑、风险及治理》，《理论导刊》2022 年期 2 期。
[2] 孙保学：《人工智能算法伦理及其风险》，《哲学动态》2019 年第 10 期。

数的高度拥有权也形成了企业—社会之间权利结构失衡,算法不再只是一套特定的程序编码和计算模型,已成为一种新兴的资源配置范式,企业凭借算法扮演着守门人的角色。[①] 他们在通过算法掌控内容流动的过程中,决定着人们想看什么、能看什么、看的多少以及看的先后顺序,从而不知不觉地影响和改变了人们的认知习惯与行为方式。

算法通过不断满足公众个性化、私密化需求来获取信任,进一步诱发公众对算法技术的崇拜,使人们习惯于被喂养,并不自觉地对算法投放的产品和信息沉迷上瘾,对外部世界的观点和看法在这一过程中也不断地被改变。在某些情况下,平台企业为了追求经济效益和流量,选择性地传输信息甚至传输虚假信息,造成了对消费者的思想和行为的干预甚至操控。尤其对于尚未形成清晰价值观的青少年群体来说,他们将面临价值形态扭曲的重大风险。

算法嵌入社会当中,可以根据个体特征的差异性,精准推送个性化服务,诱导个体持续关注契合其偏好的内容,异质化声音则被排斥在个体信息接收范围之外,并且只有持一致偏好的"好友"间才能充分认可与交流,形成一个个标签显著的社会网络群体结构。长期置于这一社会网络当中,人们将形成更加模块化、固化的价值形态,甚至认知的极化,更进一步强化了不同群体间的"信息茧房"和意识观念的冲突。此外,算法的专业性、复杂性、不透明性让持有者具备了独占性的解释权,这也是引发算法乱象的根源之一。一旦被算法锁定,大多数受众会因偏好和习惯的互动而失去获取算法内部结构和运行逻辑的意愿,信息、资源甚至专业知识存在不平等,甚至可能因专业知识不足而不具备获取算法知识的可能性。监管者无法分辨技术本身行为和设计者意图行为,传统的"行为—

[①] 杨东、臧俊恒:《数字平台的反垄断规制》,《武汉大学学报》(哲学社会科学版) 2021 年第 2 期。

责任"逻辑链条被切断,这也导致了面对算法引致的问题,监管者无法将相关责任完全置于算法设计者身上,更加剧了算法技术属性与社会属性互构并不断演化而衍生的社会风险,成为当前不可监督、难以追责的重要原因。

(三)在政治领域中,导致极端政治偏向和政治干预隐蔽化

借由社交平台,人工智能算法在舆论引导和观念塑造中往往能占据优势。算法技术赋权下的内容传播内蕴资本逻辑和工具理性,算法的"社会性嵌入"不但重构了信息传播过程,算法平台对内容变现能力的过度追求,也在一定程度上降低了主流意识形态的公正性,引导公众关注其所建构的政治、经济和文化景象,而且立足于操纵者的主导传播需求,遮蔽了主流意识形态的权威信仰。

技术厂商为谋求自身的利益最大化,存在恶意算法的可能性。借由算法使隐藏有某种政治目的的信息得以传输,试图操纵公共舆论,甚至干预政治生活。算法系统不断调整分发策略,进而不断肯定、强化偏好认知的过程,这不但干扰了公众的真实的政治性议题的表达以及整个政治选举结果,而且潜移默化地影响着人们的政治信息消费习惯与政治心理。同时,这一过程也扩大了平台企业对政府议程的干预和潜在影响,资源技术的不平等极易衍生权力不平等。平台企业借由算法技术优势对公民、组织及政府等产生的影响力和控制力,对个人权利、政治议程公平、社会稳定公平、公共价值均造成冲击,甚至催化极端的政治倾向等与政治高度关联的敏感性问题,不但影响政治选举议程的公正性,政府乃至国家形象也遭受危机。然而,责任主体的模糊衍生了问责难题,政府无法将相关责任完全置于算法设计者身上。单一政府主导的传统监管模式难以有效预测算法在政治活动运行中产生的结果、研判算法滥用而引致的社会风险。无力举证和规制风险的局面,直接显露

单一主体的治理困境,加大了政府作为单一主体的治理难度和防范难度。

算法的"社会性嵌入"凸显算法已成为人类社会中一个重要的组成部分。算法深度嵌入社会环境当中,在不同的社会网络结构的强化下形成的模块化的新型社会网络结构滋生了多重风险。本文主要总结为以下4个特征:(1)主体多元性。算法嵌入政治、经济、社会的不同领域,平台主体、政治主体和社会主体间的不同利益诉求,资本的逐利属性和政府的公共利益价值最大化原则的冲突,成为推动风险在社会系统中持续扩散的重要原因。(2)影响跨界性。算法研发与应用主体的多元化,让算法技术在不同的场景得以运用。商业领域的运用引致的价值歧视、"信息茧房"等风险隐患也在社会领域不断扩散,同时,算法技术在政治社会领域也刺激了企业以更隐蔽的形式干预政治议程。(3)问题复杂性。不同主体的利益冲突与技术、信息等资源不平等使得不同的矛盾产生加乘效果,并因迭代更新的动态性使得算法的风险规制更为复杂,造成了问题不易显现,抑或在孤证情况下问题的不易确定性,从而问题很难在初始阶段得到有效遏制。(4)风险难以预测性。技术的不透明提高了预判并治理风险的成本,也使得整改方法难以确定。

四、人工智能算法"社会性嵌入"衍生风险的多主体协同治理模式

人工智能算法带给治理结构和治理手段的深刻变革,成为促进社会治理体系和治理能力智能化目标实现的重要支柱。伴生而来的各种风险也在世界范围内形成广泛探讨,算法治理成为大势

所趋。如何更好地发挥算法的正外部性,有效地规制算法成为当代重要的治理议题。从本节对当前的算法风险及归因分析来看,多重算法风险生成机制主要由算法"社会性嵌入"后,多主体间利益冲突、资源权力失衡等共性特征而引发。因此,对待算法的治理,亟须发挥多元主体效能,由粗放型向精细型、由碎片分割向立体网络的治理模式转变。

协同治理已成为当今广泛提及和倡导的治理理念,正如习近平总书记在第三十四次中共中央政治局集体学习中指出,完善数字经济治理体系"要明确平台企业主体责任和义务,建设行业自律机制。要开展社会监督、媒体监督、公众监督,形成监督合力"。习近平总书记的讲话指明了构建数字治理体系的基本思路,强调了发挥多元主体作用的有效性和必要性。此外,从 21 世纪 20 年代后期以来,恐怖主义、环境污染、气候变化等"棘手问题"大量涌现,暴露出传统的单一行政部门或政府机构有效解决问题的局限性,需要多部门实施协同治理。已有的成功治理经验不断印证了协同治理作为一种新的公共治理范式的有效性,但对于如何构建一个能有效解决算法嵌入社会引致的多重风险的治理框架,厘清多主体的角色分工、主体结构的协同治理机制等具体问题,仍并未形成一个清晰、统一的治理共识。

本节将主要借鉴克里斯·安塞尔(Chris Ansell)[1]、孙国强[2]等学者对多案例分析后提炼出的协同治理框架[3],基于上述分析的多重社会风险以及相应的算法属性中凸显的多元主体间的冲突,构建算法的多元协同治理体系框架,即"主体多元—关系建立—主

---

[1] Chris Ansell and Alison Gash, "Collaborative Governance in Theory and Practice", *Journal of Public Administration Research and Theory*, 2008(4), pp.543-571.
[2] 孙国强:《关系、互动与协同:网络组织的治理逻辑》,《中国工业经济》2003 年第 11 期。
[3] 李婷婷:《协作治理:国内研究和域外进展综论》,《社会主义研究》2018 年第 3 期。

体互动—协同实现"的治理模式(见图3),分析在人工智能算法治理过程中,政府、市场与社会等多元治理主体的角色、职能、关系结构及其在系统中的作用机理,进而探寻一种"资源互补、信任互增、责任共担、治理有效"的多元主体参与的协同治理模式。

主体多元	关系建立	主体互动	协同实现
• 政府主体 • 市场主体 • 社会主体	• 价值基础 • 信任沟通 • 激励限制	• 领导关系 • 功能整合 • 治理工具	• 理念层面 • 规范层面 • 应用层面

图3　人工智能算法"社会性嵌入"风险的协同治理体系框架

(一) 主体多元

无论是薛澜、赵静的"敏捷式治理"所倡导的让更多的利益相关者参与监管流程、提高参与广泛度①,还是许可的"模块化治理"所提及的优化政府、激活社会、增进市场是我国算法治理成功的关键所在②,都凸显了不同主体间协同的理念,强调了多元主体参与算法治理过程的重要性和有效性。基于此,如何更好地发挥多元主体合力,妥善解决当前算法"社会性嵌入"暴露出的政府单一主体治理效果不显著的问题,厘清多元主体的职能分工和责任边界是需要进一步探讨的议题,也是本节构建的理论框架着重探讨的问题之一。

政治主体主要由各级政府机关部门构成,承担规制、监管和服务等职能。政府既要发挥主导作用,也有责任和义务积极引导其他主体参与治理进程当中。平台企业作为人工智能算法技术的研

---

① 薛澜、赵静:《走向敏捷治理:新兴产业发展与监管模式探究》,《中国行政管理》2019年第8期。
② 许可:《驯服算法:算法治理的历史展开与当代体系》,《华东政法大学学报》2022年第1期。

发和控制主体,具备该技术的垄断优势,政府更应发挥其强制力、约束力,在法律体系构建、政策制度出台和实施方面采取积极主动的态势,利用政治手段加强对技术主体的严格监管。同时,数字时代的政府,其角色定位正逐步从信息的"垄断者"向信息的"提供者"、从多方治理的"决策者"向多方治理的"引导者"转变,更应均衡经济和社会各方效益,协同不同利益主体共同规制算法带来的风险,营造与其他主体平等、协商、共治的关系。

市场主体主要由平台企业、行业组织构成,应积极参与并协助政府完成相关目标。作为算法的主要开发者和提供者,协同治理也对平台企业提出了更高要求,企业不能只从自身利益出发,而要肩负起社会高质量发展的责任。一方面,企业须恪守法律法规,并对内部进行有效管理,强调和践行企业社会责任及算法伦理规范以规避算法运用引致的意识形态风险,自我规制防范算法共谋及垄断问题从而促进良性市场竞争;另一方面,企业须积极探索、创新,突破算法技术本身缺陷带来的"黑箱"问题;此外,企业须与政府积极协作,参与政策制定过程,在保护自身商业利益的前提下提供相关信息和技术服务。

社会主体主要由公众、社会组织[非政府组织 NGO(Non-Governmental Organizations)]和相关科研技术人员构成,承担自我建设、监督、对策建议等职能。公众作为算法协同治理过程中的关键主体之一,应积极主动地参与算法监督与政府决策和执行的建言献策过程中。对于人工智能算法嵌入社会带来的价格歧视、过度消费个人数据、意识形态固化等涉及个人、公众利益的危害,公众应及时监督、反馈和诉讼,促进算法应用与运行的规范性、合理性、需求导向性。① 社会组织应承担完善组织运作流程、创建信息

---

① 郭鹏、林祥枝、黄艺、涂思明、白晓明、杨雅雯、叶林:《共享单车:互联网技术与公共服务中的协同治理》,《公共管理学报》2017年第3期。

共享平台和健全反馈机制等职能。相关科研技术人员应充分发挥知识与技术优势,不断创新和优化技术并为完善技术伦理提供合理建议,从而加强科学与政策的联系。

(二) 关系建立

强调多元主体在人工智能时代的治理角色在学界已达成共识,面对人工智能算法开发主体、应用主体和监管主体间激烈的目标冲突,如何建立有效且和谐的多元主体治理关系,平衡不同主体间的诉求和利益冲突,形成稳定的多元主体结构是协同治理的必要前提。本节基于上述对算法"社会性嵌入"特征和已有协同案例提炼出的关键变量,认为达成算法治理的主体关系应重点关注以下三个重要因素。

(1) 价值基础。正如公共价值失灵理论所指,协同监管不能仅关注政府、企业以及社会组织哪方主体更能发挥治理作用,而要突破主体边界,以共同的理念和承诺进行智慧监管。[①] 因此,在算法协同治理过程中,共同的价值基础既是多元主体关系建立的必要前提,也是降低伦理道德风险的必要环节。首先,当代治理强调多元治理主体的有效合作和紧密互动,倡导多方共同努力以达到共治、共享的治理远景。也是深刻表达了以人民为出发点,以创造人民福祉为目的的愿景,这意味着需要治理主体始终秉持以人为本的原则,积极维护人民的主体性地位。其次,当前算法技术高速发展带来的隐患也使得技术发展的目标更要从注重效率向注重公平转变,从而维持算法技术的健康发展。

(2) 信任沟通。协同治理的核心理念是多主体共同治理一个问题。然而,在现实情况下,主体间具有不一致的利益目标,治理

---

① 蓝志勇、吴件:《电商时代的协同监管理论之探》,《中国行政管理》2021 年第 6 期。

结果对自身的影响也不尽相同。要使得具有不同主张立场的治理主体之间达成一致愿景,信任及沟通则成为关键因素。① 尤其是,人工智能算法涵盖的主体关系复杂,协同治理的实现则更依赖各治理主体间的相互信任以及及时协商。当前,算法嵌入的新社会规则体系尚未建立,经济、社会等多重风险不断滋生,这在一定程度上造成了社会信任的极度缺失。算法技术的监管者和被监管者在信任基础上的深入交流可以让监管者更好地了解技术和市场发展走向,正确评估相关风险并制定合理的规制措施。但如果企业在这个过程中滥用信任,通过这种交流误导监管者为自己谋取特殊利益,会加剧各类主体之间的不信任感,也更不益于双方的互利共赢。因此,通过各项举措实现多主体间的诚信建设是实现算法问题协同治理的重要前提。

(3) 激励限制。由于算法技术壁垒高,与其他利益相关者相比,技术开发主体具备更高的能力或资源,资本的逐利属性与社会的公共利益价值最大化原则很难达成一致,使得协同治理过程容易被强大的参与者操纵②,也会削弱部分群体参与的积极性和期望,违背协同治理的初衷。因此,根据协同治理的权变理论,当利益相关者之间存在严重的权力及资源失衡,以至于重要的利益相关者无法以有意义的方式参与,则有效协同可以通过相应的赋权和限制来增强弱势或弱势利益相关者的参与地位。③此时,不仅需要适当的激励措施和适度的限制去调和,让社会监督主体广泛参与,还应对技术开发主体进行合理的限制,例如政府应积极引导企业共享部分不涉及威胁企业利益的开源算法,使消费主体通过提

---

① Chris Ansell and Alison Gash, "Collaborative Governance in Theory and Practice", *Journal of Public Administration Research and Theory*, 2008(4), pp.543-571.

② Stephen L. Yaffee and Julia M. Wondolleck, "Collaborative Ecosystem Planning Processes in the United States: Evolution and Challenges", *Environments: A Journal of Interdisciplinary Studies*, 2010(2), pp.59-72.

供开源的代码有机会更深入地了解日常使用的算法,使具有技术能力的人为优化算法建言献策,从而激励更多的社会主体参与研发、监督算法合理运行的过程当中。

(三)主体互动

一旦建立了合理稳固的多元主体关系网络,下一步亟待探讨的问题便是在协同过程中如何实现有效的互动。本节将重点探讨通过多主体协同机制,调度不同群体参与算法的监管和治理的全过程,发挥最大效度的治理合力以提升治理效能。

(1)领导关系。稳定的关系网络是协同主体关系建立并良好互动的必要前提。领导力对于将利益相关者聚集并使他们以协同精神相互参与具有重要作用。① 首先,政府作为协同治理的重要领导角色,应积极发挥在规范算法技术、引领多主体共同参与治理过程的主导作用。其次,由于技术掌握的限制,政府很多时候不再直接引导,而是做好监督者的角色,监督、协调、引导各方。平台企业尤其是具有技术和规模优势的超大平台企业,对算法技术本身的了解和掌握更加充分,可以弥补监管者在技术层面的不足,成为多元主体互动的又一重要领导力量。平台企业应发挥技术优势进行更好的自我约束、承担同行监督职能,带动行业的规范发展。最后,通过社会的监督防范政府与企业同谋的风险。

(2)功能整合。功能整合是指对各个治理主体的功能进行协调、配置、权衡、选择的过程,以确保最大限度地发挥各个主体的自身功能和优势。② 算法的协同治理过程涵盖多个主体,政府主体应侧重发挥其公共性、权威性、主导性优势,在法律和战略层面发

---

① Mark T. Imperial, "Using Collaboration as a Governance Strategy: Lessons from Six Watershed Management Programs", *Administration & Society*, 2005(3), pp. 281-320.
② 杜庆昊:《中国数字经济协同治理理论框架和实现路径》,《理论视野》2020年第1期。

挥重要作用。企业因其技术能力强、效率高,应通过自身技术优势积极为建立算法技术行业规范出谋献策,并妥善化解技术层面引致的各类难题。公民和社会组织等关键的社会力量更易接触并发现社会中涌现的算法问题,进而在社会层面发挥关键作用。总的来说,应厘清多方主体的职责和自身优势从而进行合理分工,最大限度地发挥协同合力,将算法协同治理的优势最大化。

(3)治理工具。有效的制度和手段可以为主体间的关系互动提供扎实的保障,也将加强与多主体的良性互动,扩大多主体的参与广度及深度,营造协同应对算法风险的局面。首先,制度层面最关注的议题便是算法技术及其风险的责任界定及确权。当前已实施算法备案制度,政府部门可以通过立此存照、存档备查,充分了解在算法服务过程中潜在的系统危害,以更好地实现源头治理以及事后问责。其次,除了传统的"硬性"法律法规,监管者还可考虑多种非正式形式的"软性"方法[①],利用多重手段工具保障和有效监督算法运行的合规合理。

(四)协同实现

算法"社会性嵌入"展现了算法生态系统中技术自身的复杂性及其衍生的社会关系复杂性,需要发挥多元主体效能形成新形态的治理机制。基于此,本节尝试从理念、规范、应用三个层面对如何实现多元主体协同治理提出相应的治理策略与建议。

(1)理念层面。坚持平衡发展和监管,确立以人为本、包容审慎、利益平衡的价值原则。平台在算法的设计和开发过程中,应始终贯彻以人为本、对社会负责的顶层设计理念,树立尊重人类尊严、维护人类自主性、强化企业社会责任、促进社会公平的价值理

---

① Robert Gorwa, "What is Platform Governance?", *Information, Communication & Society*, 2019(6), pp.854-871.

念,极大地激发算法造福人类社会的正面效应。同时,政府应坚持包容审慎的监管原则,充分释放算法技术带来的新业态活力,根据算法在不同领域的"社会性嵌入"风险层级建立相适应的监管理念和规则,做到在严控风险的前提下为新技术发展留足空间。此外,坚持利益平衡原则。利益平衡既包括算法内部所涉主体之间的利益平衡,也包括算法使用者与社会公众之间的利益平衡。在算法的治理过程中,平衡企业与社会公众之间的利益,在尊重企业逐利天性的基础上,保证算法在正确的轨道上运行,切实实现普惠、平衡与共赢的发展格局。要明确协同原则,既鼓励创新,又审慎包容;既强调自律,又坚持底线。

(2)规范层面。形成内部与外部规范合力,打造政府监管、行业自律、企业履责、社会监督的多元共治体系。发挥平台主体与政府主体的引领作用,形成平台内部与政府外部的协同规范机制。平台作为算法系统的广泛使用者和拥有者,应制定有效的内部规范标准,更加关注开发"道德机器"和"迭代改进"的代码来减少负面影响,帮助企业建立和完善算法安全责任制度和科技伦理审查制度,强调企业对于算法输出结果的主体责任;并积极发挥有效激励和沟通的作用,促进平台内部的有效监督和规范。在外部规范方面,政府要发挥在政策引导、规则制定、行业监管方面的主导作用,从外部规范的角度为算法制定伦理标准,并制定算法伦理的审查制度。在算法研发标准和透明度等方面制定相匹配的算法规范与问责机制,从而保障个体与企业多方权利,弥补现有规范制度的缺失和空白,形成有效的外部规范。政府部门要关注地位、资源较弱的利益相关者,保持中立的态度和有力的规范作用,与市场、社会形成良性互动。协同治理还应强调社会团体和公众的主体参与地位,积极引导和规范社会团体和公众合理有效的监督,最终形成多元共治的局面。

（3）应用层面。强调多元治理主体的角色分工，有效监督算法在实际场景的应用。在应对不同的人工智能算法风险时，要合理制定主体间的角色分工和互动模式，发挥多元主体的协同治理优势，提升人工智能算法的治理效能。人工智能算法的"社会性嵌入"展现其社会属性，因此，不能将算法仅视为技术施以治理，而应根据不同场景，匹配适当的政策工具，在不同的应用场景下进行协同治理。政府和组织应积极提高对算法的理解，制定适用于多场景的公共政策，利用行政和法律手段加强市场管理，创新迭代治理范式，用新形态的治理手段应对新形态算法社会的衍生问题。市场的多方主体应积极参与算法的治理当中，积极配合政府落实各项举措，在多场景下形成有效的政企合作，引导和规范人工智能算法健康发展。公民和社会团体应加强社会主体意识，积极反映诉求并提供建议；参与算法决策背后的机制设计和决策过程，促进算法原则从偏好走向平等；有效监督算法在实际场景的规范应用，以促进人工智能算法向更透明、更公平的方向发展。

五、结论与展望

总之，数字时代下人工智能算法已然成为与社会紧密连接、影响巨大的主体和成员。其深度嵌入社会的同时也不可避免地带来全新的、复杂的经济、政治、社会伦理等诸多问题，并推动各类风险持续产生、放大和扩散。这使得人工智能乃至新一代信息技术的健康发展脚步滞缓，也凸显治理与规范的必要性。本文通过探讨人工智能算法的社会属性，创新性地提出了人工智能算法的"社会性嵌入"这一特征及其演化过程。对于人工智能算法相关衍生风险的生成路径，本文提供了一个新的剖析视角和分析机制，研究发现：

（1）人工智能算法通过连接个人及不同的社会网络结构实现了"社会性嵌入"。在微观层面表现为人工智能算法与个人行为双向形塑并使人工智能算法具备了人格化特征；在网络层面表现为人工智能算法与个人的互动过程推动其通过多形态社会网络向特定群体传输和强化；在宏观层面则表现为无数以人工智能算法为中心的星形网络重构了传统社会的基本结构，实现了传统社会向数字社会的转型。

（2）人工智能算法的"社会性嵌入"导致个人价值形态极端化和社会意识形态分裂化，企业垄断力量增强、垄断行为滥用，极端政治偏向、政治干预隐蔽化等新型风险不断涌现。主体间利益冲突、资源权力失衡等共性特征致使单一治理主体面对多重风险不可防范、无力举证监督、难以追责，甚至"政府俘获"的治理困境。

基于此，不仅需要发挥多元主体的效能和监督合力，还需要厘清多主体的角色分工与关系结构。本文从"主体多元—关系建立—主体互动—协同实现"的视角构建多主体协同治理的框架，归纳多元主体的职能分工与关系网络及其在系统中的作用机理，进而探索多主体有效互动的动态机制与治理路径，为各级政府有效规范和监管人工智能算法发展全过程、解决跨域复杂化的衍生风险、打造数字社会共建共治共享的协同治理新模式提供更具合理性和可操作性的治理思路与政策参考。此外，对于人工智能算法的"社会性嵌入"分析仍需在未来进一步探索和拓展。首先，人工智能算法技术嵌入社会多层级网络当中，其与多主体间的关系结构与互动机制值得进一步探索，以更好地理解人工智能算法衍生风险的生成机制。其次，人工智能算法"社会性嵌入"存在多重形态的网络结构，其嵌入具体场景的细致化理论框架构建及经验研究同样是亟待探索的新方向。

〔本文是工业和信息化部指导性课题"工业和信息化领域科技伦理治理机制研究"(项目编号:GXZK2022-12);工业和信息化部重大课题"新发展理念助推我国数字经济高质量发展的路径探析及对策建议"(项目编号:GXZY2106)的阶段性研究成果。〕

研究论文

企业投资逻辑对社会治理的重塑
——对影响力投资的理论分析

张乾友*　赵钰琳**

[内容摘要]　在过去几十年里,随着金融资本的崛起,当代社会逐渐获得了作为投资型社会的存在形态,当代社会的治理模式也接受了投资逻辑的重塑。投资本是一种企业行为,其向社会领域的扩散源于企业本身从生产联合向投资组合的转型。这种转型将所有企业行为都改造成投资行为,也要求企业基于投资逻辑来重塑它与社会的关系,结果就是将传统慈善捐赠变成了影响力投资。影响力投资将获取可测量、可计算的回报作为企业投资社会福利项目的目标,对社会治理的公共利益追求造成了威胁。反过来,当代社会运动也通过对影响力指标的制定施压来督促企业承担社会责任。由此,企业与社会围绕影响力指标所展开的斗争就构成了当代社会治理演进的重要线索。

[关键词]　影响力投资；社会治理；企业与社会关系

1980 年,世界的实体经济规模为 11 万亿美元,金融资本总额为 12 万亿美元;1990 年,世界的实体经济规模增长到 23.3 万亿美元,金融资本总额增长到 56 万亿美元;2016 年,世界的实体经济规模增长到 73 万亿美元,金融资本总额则增长到惊人的 270 万亿

---

*　张乾友,南京大学政府管理学院教授、博士生导师。
**　赵钰琳,南京大学政府管理学院硕士研究生,现任职于安徽省铜陵市人力资源与社会保障局。

美元。① 这种发展清晰地显示，自 20 世纪 80 年代以来，在世界范围内，金融资本已经获得了凌驾于生产资本之上的地位，相应地，投资也就取代生产成为当今世界中最为重要的经济活动。同时，随着人力资本投资的理念日渐深入人心，人的整个社会化过程都可以被重新解释为一个投资的过程，这使得当代社会逐渐获得了作为"投资型社会"的存在形态。② 今天，从国家到组织再到个体，都会做出投资行为，都会作为投资者而参与金融市场的运作。当投资已成为国家、组织与个体的一种日常经验时，投资逻辑就逐渐从金融市场扩散到其他领域。甚至，随着"影响力投资"（Impact Investment）的出现，投资已被许多人视为当代各种社会问题的解决途径，在传统公共机制日益式微的情况下，似乎只有借助企业的影响力投资，人们才能找到各种棘手问题的解决方案。从现实来看，企业的影响力投资已经拓展到不同的国家和地区，涉及能源、教育、医疗、食品、住房、农业等关乎国计民生的重要领域，有效地缓解了社会治理面临的资金不足、效率低下等问题，俨然成为除了政府提供的公共资金以外，当代社会治理活动最庞大、最稳定的资金来源，企业作为社会治理主体的重要性也在影响力投资规模扩大的过程中不断凸显。但同时，影响力投资的迅猛发展也深刻地重塑了企业与社会的关系，并由此塑造着当代各国的社会治理格局，在推动社会治理主体进一步多元化的同时，又试图让所有主体都在投资逻辑下开展治理行动。本质上，这是企业逻辑对社会领域的入侵，因之，它也遭遇了社会的反抗。这种围绕影响力投资展开的斗争构成了当代企业—社会关系的基本面貌，也成为当代社会治理演进的一条重要线索，因而值得进行深入的理论分析。

---

① ［德］汉斯-尤根·雅各布斯：《谁拥有世界：全球新资本主义的权力结构》，吕巧平译，中信出版社 2020 年版，第 584 页。
② 张乾友：《投资型社会的生成与治理转型》，《江苏行政学院学报》2019 年第 5 期。

一、企业从生产联合向投资组合的转型

　　传统上,经济的首要功能是生产,通过生产人们需要的各种产品,它使社会的存续与发展成为可能。在现代社会,市场经济通过引入便捷的交换体系极大地促进了生产,进而成为一种备受推崇的社会制度。其中,作为最重要的经济主体,企业被视为一个生产联合,无论是员工的生产行为、管理者的管理行为,还是产权人的注资行为,都被视为生产要素,共同服务于促进生产的目标。而要能够促进生产,一个重要的前提就是要保证生产成果的分配能够充分激励员工、管理者以及产权人针对特定的生产活动进行专门化投入。所谓专门化投入,是指用于专门生产性目的的投入。比如,对一家汽车生产商来说,员工的专门化投入就是持续地学习生产汽车所需的技能,管理者的专门化投入就是不断提高整合汽车生产所需各种生产要素的能力,产权人的专门化投入就是不断为汽车生产所需的人力与物质资源提供资金支持。这种投入是专门化的,因为一旦做出投入,就很难撤回。对员工来说,如果他花了10年时间成为一名熟练的汽车生产工人,就将很难转向生产服装;对管理者来说,他在整个汽车行业中多年积累下的经验与人脉到了另一个行业可能就会变得毫无价值;对产权人与出资人来说,当他们的钱投到生产所需的人力与物资开支上,只有当实际产出在市场上成功出售时才能获得回报。可见,对所有各方而言,专门化都意味着风险,当他们意识到投资就可能被"套牢",将不愿做出专门化投入,进而阻碍生产。因此,若要鼓励三方积极投入,由此促进生产,企业乃至整个社会就必须为各方提供稳定的回报预期。

　　在逻辑上,如果能够明确各方的专门化投入在组织产出中的贡献,基于贡献给予他们成比例的回报就是一种对三方都能产生

正向激励效果的分配方案。问题在于,三方的联合生产并不是各种生产要素的机械加总,而存在某种"化学反应"。其中,每种生产要素的单独贡献无法得到准确测量,这就意味着不可能通过客观地将具体的投入与产出相对应来进行成果分配,而必须诉诸各方之间主观的讨价还价。如果三方在生产行为发生之前已经达成平等分享生产成果的协议,他们很可能在生产过程中逃避责任;如果三方在成果分享阶段才开始讨论如何分配利润,就可能陷入无休止的"寻租"与讨价还价之中。[1] 在很大程度上,企业生产成果的分配由联合生产各方的议价能力决定,而议价能力则取决于某种资源在市场中的稀缺性与流动性,一方掌握的生产要素在市场中越稀缺、流动性越高,他们在企业成果分配的议价中就越占据优势,就在事实上掌握了凌驾于其他生产主体的权力。而当联合生产中的一方获得了明显高于其他各方的权力,就会大大降低其他各方进行专门化投入的积极性,最终可能阻碍企业生产的发展。因此,要想促进企业的生产目标,就必须维护三方之间的力量均衡。

在 20 世纪前半期,人们经常把经济领域中的冲突形式称为劳资冲突,表明当时的议价行为主要发生在员工与产权人之间。对从事标准化生产的企业而言,员工个体具有低稀缺性与高流动性,二者的结合使员工呈现较强的可替代性,因而无法拥有足够的议价能力,只有通过工会等组织结成一个集体才能有效地参与产权人的议价之中。另外,对个体企业来说,资金具有高稀缺性与低流动性。其中,后者迫使产权人必须与员工谈判,前者则赋予了他们在谈判中的优势地位。对组织生产而言,管理行为当然发挥了重要作用,但当发生了劳资冲突时,管理者则无法在双方的利益分

---

[1] Margaret M. Blair and Lynn A. Stout, "A Team Production Theory of Corporate Law", *Virginia Law Review*, 1999, 85(2), pp. 418–422.

配中扮演积极角色。在这里,管理决策是以促进生产为目的的组织资源配置决策,而不是组织剩余的分配决策。当劳资冲突无法达成一致时,介入的外部力量是国家,国家为劳资双方的利益分配提供了基础性的框架,使得企业能够稳定地从事生产,然后,管理者才能证明其管理行为的生产价值,才能基于此与产权人进行议价。第二次世界大战之后,这种格局在西方被普遍确立下来,为了避免严重的劳资冲突和促进生产,政府承担起了调节企业内部分配斗争的职能。比如,1951年,德国通过立法,规定在特定行业中,监事会的一半代表由员工直接选举产生,随后,其他一些欧洲国家也尝试将员工参与企业决策的治理模式以公司法的形式确定下来;法国和日本则在第二次世界大战后实行了以国家为中心的企业治理模式,通过政府直接干涉企业生产经营行为,来保证私营企业服务于公共利益。① 由此,生产联合中各方的力量与利益都获得了某种平衡,从而保障企业能够充分兑现其生产潜力。

不过,作为生产联合的企业很大程度上只是一种理想形态,而并非严格意义上的经济现实。它的存在需要企业具有经济自主性,即产权人是唯一的资金来源,且这些资金都属于生产性投资,是直接转化为生产要素并通过产出获取回报的。随着金融市场的发展,越来越多的企业已经失去了这种经济自主性,并因之越来越不符合生产联合的特征了。企业最初向金融市场开放并募集资金是为了扩大生产规模,然而,金融资本向企业的不断涌入改变了企业的产权结构。在企业的资产构成中,最初的产权人在企业资产构成中的比例被不断压缩,相对的则是以获取短期投资回报而非产出回报为目的的股东的金融资本在企业资产构成中的比例快速上升,一个独立于管理者、员工和产权人的股东利益集团形成。产

---

① Henry Hansmann and Reinier Kraakman,"The End Of History For Corporate Law", *Yale School of Management Working Papers*, 2001, 89(2), p.446.

权人专门化投入的高稀缺性优势在这一过程中被不断削弱,企业权力从企业内部向金融市场转移,股东代替了企业原本的产权人,成为影响企业决策和行为的新力量。①

两类群体的区别在于,产权人对于企业的专门化投入流动性差,他们一旦将资本投入企业,就只有在出售企业的产品之后才能获取利润。因此,生产的发展才属于产权人的利益,而生产的发展又离不开他们与员工及管理者的合作,于是,只要企业将生产作为首要目标,三方之间就会倾向于在客观上形成某种平衡;相反,股东对企业的投资则不是一种专门化投入,根据金融市场的制度设计,当股东对企业发展缺乏信心时,随时可以撤出资金转而投向他们认为可能获得更高回报的其他企业,也就是说,金融资本具有很强的流动性且企业无法对股东的投资行为进行有效约束。因此,企业要想吸引或者留住股东,其决策与行为就必须服务于股东利益,这也意味着股东力量成为凌驾于员工与管理者之上的权力。在金融资本的冲击下,产权人专门化投入的低流动性劣势被不断放大,它因为将产权人的资产与企业命运绑定而导致了高昂的机会成本。反观金融资本,其高流动性则为股东在短时间内获得较高的投资回报创造了条件,使股东可以通过威胁撤资来干预企业决策。随着生产过剩导致生产性资本的回报降低,产权人也逐渐将资本投入金融市场,其资本不再直接作为生产要素,而变成投机性资本,其持有者也从追求产出的产权人变成追求投资回报的股东。由此,企业的独立性被彻底破坏,金融市场的规则与偏好逐渐渗透至企业日常经营决策的方方面面,深刻影响着企业中的管理者决策与员工行为。

20 世纪 70 年代以后,金融市场对企业的控制不断加强,股东

---

① Henry Hansmann and Reinier Kraakman,"The End Of History For Corporate Law",*Yale School of Management Working Papers*,2001,89(2),p.454.

提供的金融资本在许多大型企业的产权结构中开始占据主导地位,在这样的背景下,"股东优先论"兴起。在"股东优先论"看来,股东利益高于管理者与员工的利益,因此,管理者的决策和员工的生产行为都要以最大化股东的投资回报为目的。据此,整个企业的决策和行为就都变成了投资决策和投资行为,生产回报则仅仅成了投资回报的一个构成要素。一个企业的生产回报可以作为其股价的利好而具有价值,却不再具有独立的价值,也不再具有作为企业目标的地位。总的来说,金融市场使得企业从产权人、管理者与员工的生产联合变为股东的投资组合,为了适应企业的这一角色转变,管理者和员工也不断调整着自己的行为。

首先,在"股东优先论"下,管理者对股东负责,而股东也要寻找一个有效的方式来监控和衡量代理人的工作绩效,以达到降低代理成本的目的。其中,衡量管理者的决策对企业股票和部分债券的市场价格的影响,相比于衡量员工的安全感、管理者自我价值的实现以及顾客的满意程度更加简单。[1] 于是,管理者的管理能力不再表现为生产效率的提高,而是表现为企业股价的上涨。因此,管理者为了促进股东利益、提升股价,在作出管理决策时往往会迎合金融市场的一些特殊偏好,比如,人员冗余被视为经营不善的标志,是股价提升的障碍,管理决策就把裁员作为拉升股价的常规手段;股价很大程度上取决于市场信心,管理决策经常将组织剩余资金用于回购本企业的股票,以营造市场对其充满信心的假象。无论是裁员还是用组织剩余资金回购本企业的股票,这些管理决策都将企业的员工与资本视为投资要素而非生产要素,管理者的工作则从通过管理行为提高生产效率,转变为回应股东提出的投资回报要求。

其次,在"股东优先论"的影响下,生产联合下的三方平衡被打

---

[1] Lynn A. Stout,"Bad and Not-So-Bad Arguments For Shareholder Primacy", *SSRN Electronic Journal*, 2002, 75(5), p.1200.

破,员工在失去生产要素地位的同时,也失去了与股东以及管理者议价的权力。从此,员工仅仅被视为一种投资要素,这意味着其工作机会和收入都由股东偏好所决定,与国家保障下的三方平衡相比,不确定性明显增强。为了应对收入保障被不断削弱的状况,第二次世界大战以后,越来越多的美国工人将个人储蓄投资于企业股票,以作为养老基金①,即员工开始通过股票与企业建立起投资性的联系,试图以股东的身份重新参与企业决策。随着员工向股东的身份转变,员工对企业的诉求从提高工资变为提高投资回报,经济领域中的劳资冲突也在员工身份转换的过程中逐渐消解,原因在于作为股东,员工这时就能理解并倾向于支持企业削减员工福利的措施了。进而,国家力量由于调节劳资冲突这一职能的不断淡化而不再干涉企业剩余资本的分配,金融市场则得以在国家力量退出的情况下掌握了对企业决策和行为的控制权,使得企业作为投资组合而完全臣服于它。

二、影响力投资的兴起及指标化

企业从生产联合变为投资组合,意味着产出不再是企业追求的目标,产权人、管理者和员工之间的权力平衡也就失去了意义。在金融市场对企业经济自主性的不断冲击下,以上三者为了保证私人的财产安全,都通过投资于企业完成了向股东的身份转化,对企业的诉求也从最大化生产剩余变为最大化投资回报。企业要想获得投资者的青睐与资本的支持,就必须使企业的决策和行为迎合投资者与资本的偏好。只要无法带来投资回报,任何对企业或

---

① Henry Hansmann and Reinier Kraakman, "The End Of History For Corporate Law", *Yale School of Management Working Papers*, 2001, 89(2), p.455.

社会发展有着积极影响的行为都会被投资者视为无价值。相反，即使某个企业决策或行为可能对企业或社会发展带来不良影响，但只要它能够带来投资回报，就会受到投资者和资本的鼓吹。史密斯(Smith)在描述"股东优先论"下的企业决策和行为时表示，"最大化股东收益通常要以牺牲非股东群体的利益为代价"，并举了这样一个例子——当一家企业发现其旗下某个工厂的生产活动无法带来投资回报时，为了降低股东的损失，该企业就会作出关闭工厂的决策，即使关闭工厂可能带来巨大的社会成本，意味着生产规模的缩小、大量劳动者的失业、当地政府税赋的减少与其生产链紧密联系的上下游企业的专门化投入的失败等①，但这仍然是最符合投资者利益的决策。也就是说，为投资者带来投资回报几乎成为企业价值的唯一体现，金融市场掌握了塑造企业行为的权力，使得资本和投资者的地位空前崛起。同时，资本和投资者对企业行为的控制虽然属于追求最大化投资回报的市场行为，由此带来的社会影响却不局限于市场。在很多时候，资本和投资者投资行为的影响力实际上扩张到了社会领域。

近几十年来，人口老龄化、贫富差距扩大、资源短缺、环境污染等社会治理问题日益严峻，要解决这些问题，就需要大量的资金投入。然而，据二十国集团(G20)设立的全球基础设施中心(Global Infrastructure Hub,简称 GIH)估计，到 2030 年，世界范围内基础设施投资市场将存在 10 万亿至 20 万亿美元的投资缺口，每年在基础设施领域内的投资需求约为 2 万亿美元，其中，半数资金需求无法得到满足，巨大的资金缺口严重威胁了社会问题的解决与全球可持续发展。② 为了填补资金缺口、缓解政府的财政压力，西方发

---

① D. Gordon Smith, "The Shareholder Primacy Norm", *The Journal of Corporation Law*, 1998, 23(2), p.282.
② 曹堂哲、陈语:《社会影响力投资:一种公共治理的新工具》,《中国行政管理》2018 年第 2 期。

达国家率先发起了一场以市场化为导向的公共部门的改革,随后,这场改革因为在回应前述挑战上效果显著而席卷全球。在这场改革中,政府开放了公共生产,大量私人资本涌入公共产品的生产与提供环节,解决了治理资金短缺的燃眉之急。同时,以企业为代表的私人组织也进入公共领域,介入社会问题的解决,由于企业在尝试解决社会问题时无须受到政府所受到的诸多限制,经常就会表现得比政府更有效率,从而使得社会问题的解决越来越依赖企业。然而,企业参与社会治理不是采取政府的公共产品供给方式,而是采取它们擅长的投资方式,这种企业资本直接干涉社会领域的投资方式就是影响力投资,影响力投资正是在以市场化为导向的公共部门改革使得政府、市场和社会之间的边界日益模糊,投资者和资本的地位空前崛起并由市场领域向社会领域扩张的背景下兴起的。

影响力投资最先被界定为一种全新的投资方式。在一篇名为《影响力投资:一种新兴的资产类别》的研究报告中,将影响力投资定义为旨在创造除财务回报以外的积极(社会)影响的投资方式[1],相较于企业的传统投资,它是一种兼顾经济收益与社会收益的投资方式。无论是20世纪70年代为无法获得常规银行贷款的创业者提供微额贷款的格莱珉银行项目,还是2013年美国融资公司、美林银行与纽约州合作发行的全球影响力债券,都是影响力投资在国外的重要实践。我国的影响力投资虽然起步晚,"但是其潜在的市场是巨大的。扶贫、养老、民生保障等领域正是社会发展过程中的聚焦点,同时也是影响力投资的重点投资目标,有极大的发展潜力"[2]。影响力投资区别于传统市场投资之处是,虽然作为投

---

[1] Nick O'Donohoe, Christina Leijonhufvud and Yasemin Saltuk, "Impact Investments: An Emerging Asset Class", *Global Research*, 2010, pp.13-15.

[2] 安国俊、訾文硕、贾馥玮:《影响力投资发展现状、趋势及建议》,《金融理论与实践》2020年第9期。

资者的企业关注的仍然是最终的经济回报,但这类投资发生在社会领域,也会带来一些积极的社会效益,并因此既增强企业在社会治理领域的实际作用,也增强其一般投资行为的社会合法性,甚至直接培育出一个能让企业获得可持续投资回报的全新金融市场。同时,相比于传统的投资领域,影响力投资面对的政府监管环境也要友好得多。

由于影响力投资能够带来可持续性回报的良好前景,专业的企业投资顾问很快认识到它的重要性。一旦明确了要进行影响力投资之后,企业投资顾问的任务就变成说服企业管理者,而管理者对股东负责,因此,企业投资顾问实际上要想办法获得股东的支持。而说服股东最有力的方式,就是让他们清楚地看到,影响力投资能够带来不菲的投资回报。问题在于,对股东来说,影响力投资的社会效益是没有价值的,要让它们有价值,就必须把它们对标货币、精确量化,以最直观的数据和金融指标,将抽象的社会效益以影响力的形式转化为具体的投资回报。因此,对于企业来说,实现影响力投资最关键的步骤,就是对其投资创造的社会价值进行量化。而以指标为核心的价值评估体系,就是量化社会价值的主要工具。

以香港光华控股有限公司捐资设立的北京光华慈善基金会(Bright China Foundation,简称 BCF)在 GSRD 江苏教育创业项目中运用 SROI 进行预测性评估分析为例,SROI 指标的计算方法是项目总现值/项目总投入值,是一种将项目的社会效益货币化后将它与投入的资源比较,进而判断该项目社会价值的评估方法。首先,BCF 根据 SROI 方法中描述的社会效益链——投入、活动、产出、结果以及社会效益五个模块对整个项目进行管理,其中,在对社会效益进行评估时,BCF 将参与创业培训或竞赛的老师和学生、项目合作伙伴、志愿培训师以及 BCF 机构本身确定为利益相关者,即确定该项目的影响力范围,并对不同利益相关者进行深入访谈调研,以完成社会效益相关信息数据的收集。其次,BCF 将调研结果绘制成影响力图,并从不同利益相关人出发构建成果指标,例如,从参与创业培训和竞赛的学生出发,将成果指标设定为创业知识和商业知识的提升(课程结束后能否与小组成员合作完成一份商业计划书),以及综合素质的提高(课堂发言次数增加,能在全班面前完成商业计划书的展示);从校级合作伙伴出发,成果指标有媒体曝光率、招生率提高,获得更多学习交流机会以及资金支持(例如企业捐助的创业基金),外校过来学习经验等。再次,BCF以指标为基础,对项目成果进行定价,将社会效益量化,例如,学生或老师商业知识、创业知识的提升被定价为在职校上其他一门基础课的价格,该项目对学校知名度提升被定价为电视台的广告费等,进而在成果货币化的基础上计算出该项目的影响力价格。最后,计算出GSRD江苏教育创业项目的SROI值为3.22,即BCF每投入1元人民币就能获得3.22元人民币的回报。由此,该项目被证明为一个成功的社会项目,而且BCF还能够根据SROI预测评估时暴露的缺陷对项目进行改进,如为学生提供小额创业实践基金等。①

  从以上案例来看,影响力投资与企业传统的慈善捐赠有着明显区别。传统的慈善捐赠大多出于企业产权人的个人宗教信仰或对社会价值的追求,其目的是改善社会福利,活动形式以捐款捐物并开展相应的物资分配为主。这些慈善捐赠的特点是关注投入,对项目目标、活动开展以及具体的社会影响等则关注较少。相反,影响力投资是作为投资组合的企业经过深思熟虑之后的投资行为,而企业的任何投资决策都要体现股东利益、接受股东问责。因

---

① 北京光华慈善基金会:《GSRD江苏创业教育项目SROI评估报告》(2015年2月10日),億方公益基金会网,http://www.yifangfoundation.org/share/%E7%A4%BE%E4%BC%9A%E6%8A%95%E8%B5%84%E5%9B%9E%E6%8A%A5%E8%AF%84%E4%BC%B0(SROI)%E8%B0%83%E7%A0%94%E6%8A%A5%E5%91%8A%E5%AE%8C%E6%95%B4%E7%89%88.pdf,最后浏览日期:2020年8月16日。

此，企业的影响力投资要向资本市场中的投资者证明投资决策的合法性，就必须与其他投资方式一样建立完善的投资方案，其中包括明确的投资目标、活动安排以及由此带来的项目产出及社会后果。于是，在影响力投资中，慈善支出变为投资本金，除了它所带来的福利效应，企业还要关注投资的风险与收益，只有能够带来良好经济收益与社会收益的投资决策才能帮助企业巩固其在资本市场中的地位。在这一情况下，企业参与社会治理的实践逐渐从以公共利益为导向转变为以资本和投资者利益为导向。企业为了更好地向投资者展示影响力投资所带来的回报，越来越倾向在投资决策、过程以及评估中使用各种社会影响力指标，其投资活动也日益呈现指标化的特征。

需要指出的是，今天，影响力投资也被视为20世纪60年代以来兴起的企业社会责任运动的一部分，或者说，以投资的方式产生社会效益被视为企业承担社会责任的一种新方式，而从上文的分析来看，这一观点并不准确。企业要承担社会责任有许多不同的方式，而且，从社会的角度来看，不让企业赚钱的方式可能是更好的方式。影响力投资则是明确以经济回报为前提的，它的流行已经成功地让许多人接受了企业只有在能够带来投资回报的条件下才应承担社会责任的观点，这就对企业社会责任运动的传统主张构成了某种挑战，因此，很难说影响力投资是企业社会责任运动的直接结果，虽然它的确引发了企业社会责任运动的转型。从本文的角度来看，影响力投资更主要的还是作为投资组合的企业将其投资逻辑扩展到社会领域的产物，它与企业社会责任运动的微妙联系则是今天市场与社会间复杂关系的一种反映。

在过去的十年里，影响力投资的规模在全球范围内快速扩张。同时，资本市场的投资者们为了扫清影响力投资行业的发展障碍，建立评估者、投资者与投资对象之间的共同话语，纷纷参与开发衡量社会影响力的工具——各种社会影响力指数，并逐渐构建起影响力报告和投资标准（Impact Reporting and Investment Standards，简称 IRIS）以及全球影响力投资评级系统（Global Impact Investment Rating System，简称 GIIRS）等越来越多影响力衡量工具和行业数据平台。① 随着社会影响力指标和评级系统的不断完善，企业影响力投资的指标化特征就越明显，一些权威的影响力指标不仅成为投资者比较不同社会影响力投资项目的工具，也成为企业作出投资决策以及向股东证明其决策合法性的证据基础。企业的影响力投资从目标设立、活动实施，再到活动过程中的目标管理以及最后的评估阶段，都受到指标的规范，而对指标的关注也成为资本市场对企业进行估值的重要工具。

以社会价值投资联盟（China Alliance of Social Value Investment，简称 CASVI）开发的两种 A 股上市公司社会价值评估模型为例。第一种模型是筛选子模型，是社会价值评估的负面清单，按照产业问题、财务问题、环境与事故、违规违章、特殊处理 5 个方面、17 个指标，对评估对象进行"是与非"的判断。如评估对象符合任何一个指标，即被判定为资质不符，无法进入下一步量化评分环节。第二种模型是评分子模型，包括目标、方式和效益 3 个一级指标、9 个二级指标、27 个三级指标和 55 个四级指标，其中，有 28% 的指标的价值取向为"义利并举"，如可持续发展的战略目标、产品/服务契合社会价值的创新、综合能耗管理等，有 31% 的指标的价值取向以"义"为主，如财务及非财务信息的披露、公平雇佣政策及绿色采购政策等，涉及社会福祉和环境保护的指标占比高达 62%。② 通过这两种价值评估模型，社会价值投资联盟每年

---

① Nick O'Donohoe, Christina Leijonhufvud and Yasemin Saltuk, "Impact Investments: An Emerging Asset Class", *Global Research*, 2010, pp. 15-16.
② CV:《义利 99 | 打开评估模型的"黑盒子"》(2018 年 7 月 21 日)，世界价值投资联盟网，https://www.casvi.org/h-nd-188.html#skeyword=%E7%AD%9B%E9%80%89%E5%AD%90%E6%A8%A1%E5%9E%8B&_np=0_35，最后浏览日期：2020 年 8 月 17 日。

发布《A股上市公司社会价值评估报告》,并公布"义利99"排行榜,对资本市场的投资倾向产生重要影响。

用指标来辅助投资能够有效地提高企业投资决策的效率与质量,这是市场中的最佳实践。然而,当企业将这一经验应用于影响力投资时,也同时将优胜劣汰的市场法则引入社会领域。在这一背景下,能够改善影响力指标的社会投资项目更容易吸引大批资本,与之相关的地区与行业也由于充足的私人投资而蓬勃发展;相反,符合公共利益却无法明显改善影响力指标的社会投资项目对于投资者来说是无价值的,因此难以获得私人投资而发展滞缓;最终,不同地区、不同行业、不同领域的发展差距日益扩大,资本市场通过体现其利益偏好的指标不断影响着企业在社会领域中的投资行为,使得社会领域的治理也日益受到投资逻辑的影响。

三、围绕影响力投资展开的社会治理建构

传统上,社会领域和经济领域的一大区别是经济领域中的投入与回报都可测量、可计算,在社会领域中则不然。社会领域中的投入(如女性的大量无酬劳动),一直都被认为是不可测量、不可计算的,其所带来的回报也是。因此,传统上政府与社会的关系、政府的社会治理活动都与企业与社会的关系、企业经营非常不同。政府的社会治理行为是在履行治理责任,遵循的是政治逻辑,而不同于企业的经济逻辑或投资逻辑。当然,在影响力投资产生之前,企业也通过慈善活动参与社会治理之中,但作为慈善主体,它追求的是社会回报,维护的是社会成员的利益。在这里,善行不是一种基于测量和计算的行为,在做出善行时,企业实际上接受了慈善组织的行为逻辑,而暂时放弃了它作为经济主体的行为逻辑,传统上的企业社会责任也是不可测量和计算的。然而,随着影响力投资

的兴起，企业越来越多地转向以它在经济领域中所擅长的投资方式来参与社会治理，并由此在它与社会之间形成一种新的治理关系。当社会中的慈善组织越来越依赖企业的投资时，企业就得以通过投资重塑社会，社会治理也开始被纳入经济逻辑或投资逻辑，要求把所有治理活动都变得可测量、可计算，而测量与计算也就成为企业承担社会责任的基本方式。

在影响力投资的概念中，影响力并不是投资的对象，而是投资的回报，且这一标准化的回报指标可以重塑企业的投资对象。企业的投资对象是具体的社会福利项目，当它们不从属于投资逻辑时，项目方关注的将是如何利用这笔钱来增加其受益者的福利。在这里，由于受益者的具体情况千差万别，什么是他们的福利、如何促进这些福利都没有统一答案，需要项目执行者来具体判断，而且，要更好地促进受益者的福利，社会就应当尊重他们的专业判断。在投资逻辑下，影响力则是一种标准化的回报测度，当所有社会福利项目都必须接受影响力这一指标的评判时，项目执行者关于受益者福利的专业判断就让位给指标制定者关于绩效测量与计算的专业判断，受益者福利作为社会福利项目目标的地位也就被社会福利项目在影响力指标中的得分取代了。由此，只有当受益者福利的增加有利于提高项目的影响力得分时，它才是有价值的；如果受益者福利的增加无助于提高项目得分，它就是无价值的，而该项目就成了一种失败的投资。

影响力指标从本质上来说是一种人为构建的计算技术，当我们试图运用计算技术来测量企业社会责任的回报时，实际上就是试图用经济价值替代其他社会价值，而这种"以经济性符号来兑换对象化世界的一切存在"①的做法正是价值通约主义的体现。然而，社会价值分为可通约价值和不可通约价值，影响力指标衡量的

---

① 冯丽洁：《论价值通约主义与当代人的发展》，《学术交流》2014年第8期。

只是社会价值中能够通约的部分,而无法衡量那些无法通约的部分。以华兴资本集团对中国企业影响力投资的评估标准为例,其标准中包括募集资金总量和增量、投资项目数量和市场估值、在管项目内部收益率以及退出项目数量和总金额①,基本都是将能够直接测量的投资项目数量,或者能以货币价值体现的投资金额和能够计算的内部收益率作为影响力的评估指标,而社会影响中不可测量、不可计算之物则无法在指标中得到体现。另外,作为一种人为构建的计算技术,在指标的制定过程中,指标制定者需要决定将哪些因素纳入计算、要赋予这些因素多少权重,因此,指标在制定之时就隐含了指标制定者的理论依据、价值判断和意识形态,正如指标制定者在构建腐败指数、人权指数和法治指数等重要的治理指标的时候就融合了他们对"更好的社会"的定义一样。② 而决策者在选择使用某种指标作为决策依据之时,实际上就接受了指标制定者的观念,承认了哪些因素是决策时需要参考的,以及这些因素分别能从多大程度上影响决策。作为一种管理工具,影响力指标的魔力在于,它能够清晰地识别出什么是影响力投资领域的"最佳实践",从而使不同项目从各自立场出发的价值纷争变得毫无意义。这种清晰性构成了一种巨大的压力,迫使所有项目都不得不接受它所蕴含的价值偏好,被迫去追求被指标采纳的那一部分可计算的社会价值,而否认被指标忽略的不可计算的社会价值,同时接受指标制定者通过权重分配而对不同社会价值作出的武断排序。就此而言,影响力投资可以被视为资本建构社会治理的一种方式,通过为社会福利项目提供投资、"帮助"它们去完成自己的使命,资本成功地让当代社会的治理接受了投资的逻辑。

---

① 华兴资本集团:《华兴资本 2019 年度影响力投资榜单》(2020 年 1 月),影响力投资官网,turbo. huaxing. com/index/index4? nid = 61,最后浏览日期:2020 年 8 月 21 日。
② Kevin E. Davis, Benedict Kingsbury and Sally Engle Merry, "Indicators as a Technology of Global Governance", *Law & Society Review*, 2012, 46(1), p. 77.

不过,资本对社会治理领域的介入也不是一帆风顺的。正如雇佣童工等不负责任的行为激发了以抵制某企业产品、揭露企业丑闻、针对企业行为的合法性提起集体诉讼或者宣传更有利于社会或环境的替代性生产技术为代表的企业社会责任运动一样,当资本通过在社会治理领域中植入投资逻辑而对许多社会价值造成破坏时,这些被破坏价值的倡导者也诉诸投资逻辑来对资本进行反制,由此将企业社会责任运动推向一个新的阶段。在投资逻辑、指标治理如此深入人心的情况下,要约束企业,最有效的方式恰恰是利用资本市场对企业进行信用评级和估值的工具,通过改造工具来改变社会与企业之间的关系,于是,当代企业社会责任运动也发生了金融化转向。以 2016—2017 年美国土著苏族人抵制达科塔州输油管道项目为例,该项目不仅对土著人赖以生存的居住环境造成破坏,管道紧挨墓地的布局也被视为对土著人的侮辱,然而,无论是示威游行还是法律行动,都没能真正阻止该项目的开展。于是,反对人群开始将运动目标转移到该项目成败的关键——融资上,发起了声势浩大的撤资运动,积极游说私人和机构投资者从为输油管道建设提供资金的银行及企业中撤出投资,失去资本市场的支持成为该项目终止的主要原因。该运动的领导者之一菲尔德(Jackie Fielder)在解释这场运动时说:"我们有经济实力向企业表明,当他们资助一个环境种族主义项目时……他们的底线(资本)将受到损害。"①

在现代历史上,传统社会运动主要以工人运动的形式出现,工人运动的目的不是要求产权人放弃对生产剩余的索取,而是利用工人作为重要生产要素的地位,以罢工或破坏机器等破坏生产的行为作为威胁,迫使产权人重新评估不接受谈判条款可能带来的

---

① Michel Feher, *Rated Agency: Investee Politics in a Speculative Age*, Cambridge: MIT Press, 2019, pp. 74-75.

利润损失。今天,技术进步、全球化等因素导致工人地位下降,传统社会运动难以为继,金融市场的崛起则为社会运动借助金融市场来达成目的提供了契机。在这里,金融化的社会运动不寻求剥夺投资者对投资收益的追求,而是以测量和计算的方式,督促金融市场制定新的投资规则,建立起亲社会的衡量企业投资影响力的指标体系,通过金融市场来督促企业承担社会责任。在这个过程中,各种社会影响力指标被改造为评判企业社会责任的主要标准,企业承担社会责任能够直接反映到影响力指标上,而影响力指标又成为资本市场对企业的估值工具,投资者能够以影响力指标为判断基础决定是否购买该企业的股票,使得企业承担社会责任的情况成为影响其股价的重要因素。一方面,这种变化使社会获得了一种干涉企业投资活动、约束企业承担社会责任的新方式——干涉影响力指标的制定,因为各种社会影响力指标在一定程度上能够反映社会成员的诉求与利益偏好,并试图在社会成员的利益偏好与资本市场和投资者的利益偏好之间寻找新的平衡;另一方面,金融化的企业社会责任运动进一步促使社会领域接受金融市场中的投资逻辑和指标治理的方式,利用投资解决一切社会问题成为社会领域治理的主流。许多政府部门也受到企业投资思维的影响,在筹集公共资金时,越来越多地使用发行债券而不是提高税收的方式,在分配公共资源、制定公共政策时更多地回应债券持有者的需求,而不是公民的需求。①

总的来说,当代企业与社会的关系表现为:企业通过影响力投资参与对社会的建构,进而通过建构社会来建构国家;社会也通过影响力投资来建构企业的社会合法性,引导企业承担社会责任。这种围绕影响力投资展开的斗争构成了当代企业—社会关系的基

---

① 张乾友:《债权人的统治还是财产所有的民主?债务国家的治理前景》,《天津社会科学》2020年第5期。

本面貌,也构成了当代社会治理演进的一条重要线索。这表明,影响力投资绝不只是企业的一种投资模式,也不是企业创新性地承担社会责任的一种方式,而是企业与社会从投资逻辑出发展开的双重社会治理建构。作为一种社会治理建构,它已经吸引了各国政府的关注,如八国集团(G8)就在关于影响力投资的工作报告中,对于政府规范影响力投资行业的发展作出如下建议:首先,各国政府应该在国家一级建立起影响力投资的评估标准,而全球影响力投资网络(GIIN)制定的影响力指标在不同地区落实时需要服从各国政府的具体规则;其次,为了确保影响力投资在每个国家和地区都被分配到能发挥最大价值的领域和地方,需要政府制定政策加以引导;最后,构建激励企业承担社会责任、追求公共价值的法律和监管框架。① 这表明,影响力投资正从以企业和社会两方为主体的社会治理建构变成以企业、社会及政府三方为主体的社会治理建构,这意味着它将在当前各国的社会治理实践中扮演更加重要的角色,成为投资型社会中社会治理演进的一个关键驱动因素,也必将吸引更多的学术关注。

[本文系教育部哲学社会科学研究后期资助项目"公共行政的社会理论研究"(项目编号:21JHQ070)与南京大学文科青年跨学科团队专项"国家治理与国际治理的工具体系和话语体系研究"(项目编号:011714370122)的阶段性成果。]

---

① Social Impact Investment Taskforce, "Impact Investment: The Invisible Heart of Markets" (September 15, 2014), Deloitte, https://www2.deloitte.com/content/dam/Deloitte/fr/Documents/sustainability-services/gx-ps-impact-investment-report.pdf, retrieved August 24, 2020.

省际环境污染联防联控治理：实践、困境与突破
——以京津冀大气污染治理为例

肖建华*　毕艳晴**　张玛丽***

[**内容摘要**]　省际环境污染联防联控治理是我国跨行政区环境合作治理的难点。京津冀是我国较早开展大气污染联防联控治理实践并已取得成效的区域,但联防联控治理的效果不明显,目前主要存在如下困境:理念层面上,京津冀地方政府间的合作共治意愿不足;结构层面上,联防联控治理主体网络结构不完善;机制层面上,联防联控治理缺乏核心的利益协同机制;技术层面上,科学化定量体系因缺乏技术支持而难以实质性推进;制度层面上,区域污染联防联控治理法律体系不完善。为突破京津冀大气污染联防联控治理困境,推动省际环境污染联防联控治理,应培育京津冀省际大气污染联防联控治理的合作意愿,完善京津冀省际大气污染联防联控治理主体网络结构体系,构建京津冀省际大气污染联防联控治理利益协同机制,强化京津冀省际大气污染联防联控治理的技术支持,完善京津冀省际大气污染联防联控治理的法律体系。

[**关键词**]　省际环境污染;联防联控治理;困境;京津冀

---

*　肖建华,湖南师范大学公共管理学院教授、硕士研究生导师。
**　毕艳晴,湖南师范大学公共管理学院硕士研究生。
***　张玛丽,湖南师范大学公共管理学院硕士研究生。

多年以来,跨行政区环境污染得不到有效的治理,已经成为中国环境治理上一个反复发作的顽症。① 行政区域交接处或邻接处环境污染严重、环境污染纠纷层出不穷,污染转移或转嫁行为多发。跨行政区环境污染最为典型的就是区域大气污染、流域水污染。面对以雾霾污染为主的重污染天气,传统的以行政区划为界限的属地管理模式已经陷入困境。为此,大气污染的区域协同治理和联防联控作为一种新的大气环境管理机制被国家提上日程。《中华人民共和国环境保护法》(2014)和《中华人民共和国大气污染防治法》(2015)在法律层面首次确立了区域大气污染联防联控机制。跨行政区环境污染联防联控治理既包括省际的联防联控,也包括市际和县际的联防联控。市际、县际的污染治理受省级行政管辖的约束,联防联控容易开展。② 而省际的联防联控十分复杂,难以开展,这是我国跨行政区环境污染联防联控治理的难点。区域大气污染联防联控机制为治理区域性大气污染提供了一个较为有效的方式,京津冀地区是我国大气污染跨区域传输非常严重的区域,也是较早开展大气污染跨域协同治理实践的区域。近十年来,京津冀省际大气污染联防联控治理已取得一定的成效,但联防联控治理的效果不明显。反思京津冀省际大气污染联防联控治理,目前主要存在理念、结构、机制、技术和制度层面的困境。本文立足于省际环境污染联防联控治理的基本框架,对京津冀省际大气污染联防联控治理的困境进行系统反思,以期寻求省际环境污染联防联控治理的解决之道。

---

① 郎友兴:《走向共赢的格局:中国环境治理与地方政府跨区域合作》,《中共宁波市委党校学报》2007年第2期。
② 康京涛:《论区域大气污染联防联控的法律机制》,《宁夏社会科学》2016年第2期。

一、省际环境污染联防联控治理的内涵和分析框架

联防联控是公共治理的有效手段,被广泛运用于安全生产和环境保护等领域。省际环境污染联防联控治理是指跨省级行政区域内相关利益主体在共同价值理念的指导下,通过打破行政区域的限制以有效整合整个区域的资源与优势,结成有效的协作关系,使区域内环境污染得到有效的联合预防与控制。省际环境污染联防联控治理由价值理念、主体结构、运行机制、技术支持、制度保障五大要素构成。

中央政府、区域内省级政府、企业、社会组织及公民个人是省际环境污染联防联控治理的重要主体。价值理念是各类主体参与跨省级行政区环境污染联防联控治理行为的动因。主体间的网络状结构提供了联防联控治理行动得以开展的组织基础与可能。主体间的利益协调和资源整合构成了联防联控治理的运行机制,其中的利益协调是通过资源或经济的再分配来重构或平衡主体间的利益,以调动多元主体共同参与联防联控治理的动力;资源整合是从客体层面针对协作结构中各类资源优势进行重新调配整合,实现最大化效益的发挥,体现了联防联控治理得以实现的能力性可能。技术支持为跨省级行政区环境污染联防联控定量化科学治理提供了技术可能。制度保障是多元主体联防联控治理行为活动运行秩序的保证。进而,根据联防联控治理的构成要素,可构建省际环境污染联防联控治理的分析框架。

二、京津冀省际大气污染联防联控治理的成效

为了能够更直观地了解京津冀地区的治理成效,本文依据

2008—2021年三省市环境状况公报以及三地政务网的大气污染数据,通过图表展现京津冀地区取得的治理成效(其中,$PM_{2.5}$ 2013年才开始监测,因而其数据相比其他污染物的数据更少)。

北京市空气中主要污染物数据变化(见图1)。北京市 SO_2 年平均浓度从2008年的36 $\mu g/m^3$ 下降到2021年的3 $\mu g/m^3$,呈现持续下降的趋势。2015年北京市 SO_2 的浓度低于一级限值(20 $\mu g/m^3$),首次达标。$PM_{2.5}$ 年均浓度从2013年的89.5 $\mu g/m^3$ 下降到2021年的33 $\mu g/m^3$,呈现逐年下降的趋势。PM_{10} 年均浓度在2008—2017年均高于国家二级标准(70 $\mu g/m^3$),2018年首次达标。O_3 年均浓度均高于国家二级限值(160 $\mu g/m^3$),除了2014年、2015年有所跃升,最近6年呈下降趋势。

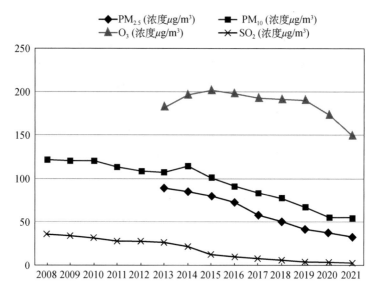

图1 北京市2008—2021年空气中主要污染物年均浓度值变化趋势图
资料来源:2008—2021年北京市环境状况公报以及政务网的大气污染数据。

天津市空气中主要污染物数据变化(见图2)。天津市 SO_2 年平均浓度由2008年的61 $\mu g/m^3$ 降至2021年的8 $\mu g/m^3$,除2013年有过回升之外,总体年均浓度呈现下降趋势。2017 年天津市 SO_2 的浓度低于一级限值(20 $\mu g/m^3$),首次达标。$PM_{2.5}$ 年均浓度从 2013 年的 96 $\mu g/m^3$ 下降到 2021 年的 39 $\mu g/m^3$,稳步下降。PM_{10} 年均浓度均高于国家二级标准(70 $\mu g/m^3$),波动起伏比较大,2013 年甚至达到 150 $\mu g/m^3$,不过 2013 年之后呈持续下降趋势。O_3 年均浓度 2013—2016 年未高于国家二级限值(160 $\mu g/m^3$),2017 年以来均高于国家二级限值(160 $\mu g/m^3$),2017—2019 年从 192 $\mu g/m^3$ 上升到 200 $\mu g/m^3$,2020 年下降到 190 $\mu g/m^3$,2021 年下降到国家二级限值 (160 $\mu g/m^3$)。

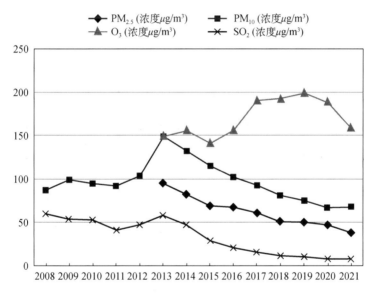

图 2 天津市 2008—2021 年空气中主要污染物年均浓度值变化趋势图
资料来源:2008—2021 年天津市环境状况公报以及政务网的大气污染数据。

河北省空气中主要污染物数据变化(见图 3)。河北省 SO_2 年均浓度从 2008 年的 56 $\mu g/m^3$ 下降到 2021 年的 10 $\mu g/m^3$,同天津市的趋势相同,都在 2013 年有过回落,但总体年均浓度呈下降趋势。2018 年河北省 SO_2 的浓度低于一级限值(20 $\mu g/m^3$),首次达标。$PM_{2.5}$ 年均浓度从 2013 年的 108 μg/m³ 下降到 2021 年的 38.8 μg/m³。PM_{10} 年均浓度均高于国家二级标准（70 μg/m³），波动起伏比较大，2013 年甚至达到 190 μg/m³，不过 2013 之后呈持续下降趋势。O_3 年均浓度只有 2014 年达到国家二级限值（160 μg/m³），2015 年以来逐渐下降，2021 年达 162 μg/m³，高于国家二级限值（160 μg/m³）。

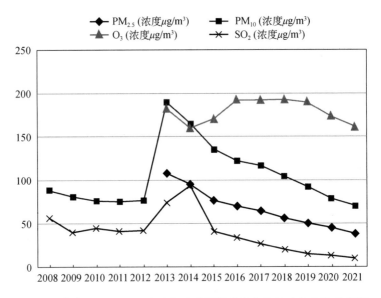

图 3　河北省 2008—2021 年空气中主要污染物年均浓度值变化趋势图
资料来源：2008—2021 年河北省环境状况公报以及政务网的大气污染数据。

由于人口大量聚居、重工业发达，京津冀一度成为我国大气污染的"重灾区"。2013 年在京津冀地区各项污染物调查中，所有城市均未达标，京津冀 $PM_{2.5}$ 年均浓度为 106 μg/m³，超出国家标准 1.8 倍以上；PM_{10} 年均浓度为 181 μg/m³，超出国家标准 0.9 倍以上，所有城市的 $PM_{2.5}$ 和 PM_{10} 均超标。2008—2021 年的图表数据显示，除 O_3 浓度外，京津冀地区各项污染物数据总体呈下降趋势。近十年以来，京津冀地区不断深化联防联控协作机制，相继创造出

2014年的"APEC蓝"、2015年的"阅兵蓝"、2016年的"两会蓝"以及2017年的"全运蓝"等。2017年,北京市、天津市、河北省三地的$PM_{2.5}$平均浓度较2013年分别下降了35.6%、35.4%、39.8%,超额完成国务院2013年发布的《大气污染防治行动计划》十条措施(简称《大气十条》)所规定的治污任务。有学者认为,京津冀地区大气污染区域联防联控体系成效显著,有效地改善了京津冀地区的空气质量。[1] 也有学者认为,京津冀生态环境协同保护的效果不明显。[2] 京津冀大气污染区域联防联控成效虽有所改善,但幅度不大,出现大气质量的改善与反弹,只是在某些特殊时段大气质量状况明显好转。[3] 京津冀区域的生态环境治理是一项艰巨、持久、复杂的系统工程,近十年以来,京津冀大气污染区域联防联控已取得成效,这是毋庸置疑的,然而,京津冀生态环境治理调查数据显示,该区域的生态环境形势仍然复杂严峻。[4]

三、京津冀省际大气污染联防联控治理机制的创新

针对京津冀地区大气污染问题,在2008年北京奥运会期间,京津冀地区首次成功试点空气污染的协同治理。2010年,为了改善区域空气质量,促进国家大气污染联合防治,国务院出台了专项指导文件,将京津冀地区列为国家大气污染联防联控实践的重点区域。2013年启动京津冀及周边地区大气污染防治协作机制,2014年

---

[1] 牛桂敏、屠凤娜:《京津冀大气污染联防联控的经验与思考》,《求知》2019年第1期。
[2] 李惠茹、杨丽慧:《京津冀生态环境协同保护:进展、效果与对策》,《河北大学学报》(哲学社会科学版)2016年第1期。
[3] 魏娜、孟庆国:《大气污染跨域协同治理的机制考察与制度逻辑——基于京津冀的协同实践》,《中国软科学》2018年第10期。
[4] 孟庆瑜、梁枫:《京津冀生态环境协同治理的现实反思与制度完善》,《河北法学》2018年第2期。

不断得到推进,目前初步形成大气污染联防联控机制(见表1)。

表1 京津冀大气污染联防联控治理进展

年份	进程
2008年	北京奥运会期间,京津冀地区首次成功试点空气污染的协同治理
2010年	国务院办公厅颁发《关于推进大气污染联防联控工作改善区域空气质量的指导意见》,借鉴北京奥运会经验,以确保上海世博会和广州亚运会的空气质量良好
2012年	环保部、国家发展和改革委员会、财政部印发并获国务院批复了《重点区域大气污染防治"十二五"规划》,建立统一协调的区域联防联控工作机制
2013年	国务院印发《大气污染防治行动计划》,环保部、国家发展和改革委员会等6部门联合印发《京津冀及周边地区落实大气污染防治行动计划实施细则》,正式启动京津冀及周边地区大气污染防治协作机制
2014年	国务院批准成立京津冀及周边地区大气污染防治协作小组,每年召开联席会议,部署本年度大气污染防治的重点内容
2015年	京津冀及周边地区大气污染防治协作小组编制京津冀及周边地区大气污染防治中期和长期规划;国家发展和改革委员会发布《京津冀协同发展生态环境保护规划》;京津冀三地环保部门正式签署《京津冀区域环境保护率先突破合作框架协议》;首次京津冀协同立法工作会议通过了《关于加强京津冀人大协同立法的若干意见》;国家发展和改革委员会等5部委联合出台了《关于支持张承地区生态保护和修复的指导意见》
2016年	京津冀地区信息共享平台正式运行,主要监测京津冀及周边地区的大气污染状况;最高人民法院适时出台《关于为京津冀协同发展提供司法服务和保障的意见》,明确提出建立京津冀三地法院联席会议机制;京津冀法院签署《京津冀环境资源审判协作框架协议》
2017年	京津冀及周边三省签署大气污染防治计划;京津冀及周边地区大气污染防治协作小组第十次会议通过了《京津冀及周边地区2017—2018年秋冬季大气污染综合治理攻坚行动方案》;京津冀三地高院签署了《京津冀人大立法项目协同办法》
2018年	国务院将京津冀及周边地区大气污染防治协作小组调整为京津冀及周边地区大气污染防治领导小组

尽管目前京津冀生态环境形势仍然复杂严峻,但从近十年来京津冀大气污染联防联控治理的实践图景来看,京津冀省际大气污染联防联控治理已取得一定的成效,其成效的取得在于推行了下述成功的实践探索。

第一,中央政府推动京津冀政府逐步树立联防联控治理价值理念。价值理念是行动的先导。京津冀区域大气污染联防联控治理,表面上联的是"行动",深层上联的是"价值理念"。联防联控治理价值理念不仅是联防联控行动的基础,更是联防联控成效得以实现的保证。跨域大气污染的公共性、外部性、空间外延性,使得这种"复合型"污染已超越了局部地区单独治理的能力范围,但京津冀地方政府作为理性经济人会追求自身利益,当跨域大气污染治理的整体利益与地方利益存在差异时,将导致整体利益中的非理性结果,出现生态治理中的"囚徒困境"。[①] 长期固化的"一亩三分地"思维定式使得北京的"援助"思维多于"共赢"思维,河北的"外援"思维重于"自主"思维,北京和天津之间的"竞争"思维大于"合作"思维。政府之间的条块关系、京津冀三地发展方向的差异以及三地协同体制的缺失,使三地在大气污染治理整体行动上"各自为政",合作意愿低。京津冀区域大气污染联防联控治理不仅仅是京津冀三地之间的关系,而是包括中央层面在内的中央、北京、天津、河北之间的四方之间的关系。为解决京津冀区域大气污染治理"各自为政"的困局,减少"府际不合作",中央政府通过引入治理理念、打造共建共治共享的社会治理格局来突破科层制行政思维与竞争性逐利心理,转变传统的以GDP为区域发展衡量指标的考核理念,出台联防联控治理的系列政策法规,如修订《中华人民共和国环境保护法》《中华人民共和国大气污染防治法》,明确提出

---

① 王喆、周凌一:《京津冀生态环境协同治理研究——基于体制机制视角探讨》,《经济与管理研究》2015年第7期。

应对区域大气污染必须建立区域污染防治联动机制；制定《大气污染防治行动计划》《京津冀及周边地区落实大气污染防治行动计划实施细则》《大气污染防治行动计划实施情况考核办法》《京津冀协同发展生态环境保护规划》等，打破各自为政的生态行政观念，不断推进各地方政府逐步树立联防联控治理的价值理念。

第二，政府在京津冀区域大气污染联防联控治理中发挥主导作用。京津冀区域大气污染联防联控治理的主体结构呈现的是一种多元主体间合作、互动的状态，这些主体包含政府、企业、环保非政府组织和公民。虽然政府的许多政策已经导致不可持续的结果，但不能否认的是，政府也有助于促进可持续发展的能力……更为积极的是，政府可能会鼓励各机构和个人行为的改变，并鼓励解决当地环境问题的政策改变。① 从京津冀大气污染联防联控治理理念的形成、治理机构的建立到具体运行机制的构建，再到相关协同政策、重点工作方案和法规的出台和实施，中央层面的压力式推动始终占据着主导地位。② 京津冀区域大气污染联防联控治理机制构建的每一步都离不开中央层面的部署和指导。为回应中央层面的压力，京津冀三地政府被动进行大气污染联防联控治理。可见，在京津冀区域大气污染联防联控治理的主体结构中，政府处于主导地位，以主体网络结构的保障者、多中心互动行为的主要组织者以及协作参与者的多重身份姿态出现，推动共建所有治理主体的共同愿景，设计新的制度安排，并提供各种制度供给。

第三，逐步创新完善京津冀区域大气污染联防联控治理运行机制。京津冀三地政府在大气污染联防联控治理过程中创新完善了一

---

① Tomas M. Koontz, "Collaboration for Sustainability? A Framework for Analyzing Government Impacts in Collaborative-Environmental Management", *Journal of Sustainability: Science, Practice & Policy*, 2001(1), p.15.

② 孟庆国、魏娜：《结构限制、利益约束与政府间横向协同——京津冀跨界大气污染府际横向协同的个案追踪》，《河北学刊》2018年第6期。

系列具体运行机制,推进三地在大气污染治理上的"协同行动"。①

其一,联席会议机制。早在2010年,国务院就批准成立了环境保护部际联席会议。2014年,国务院批准成立全国大气污染防治部际协调小组,同时针对大气污染严重区域成立京津冀及周边地区大气污染防治协作小组和长三角区域大气污染防治协作小组。协调(协作)小组组长由中共中央政治局常委或中共中央政治局委员兼任。与环境保护部际联席会议相比,协调(协作)小组除高规格领导机制外,另设有常设性执行机构,制定、执行区域性大气污染治理政策。2015年修订的《中华人民共和国大气污染防治法》以法律的形式授权协调(协作)小组联席会议的职权。京津冀及周边地区大气污染防治协作小组主要通过不定期的小组会议或专题会议开展工作。区域大气污染防治联席会议使得地方各级政府通过联席会议进行区域大气污染的合作治理已经成为一种法定选项。

其二,区域信息共享机制。在区域大气污染联防联控实践中,区域大气污染信息的区域间、组织间以及部门间的共建与共享对于促进区域大气污染联防联控治理中的有效协作具有重大意义,这种信息共享可促成整个社会对大气污染联防联控治理中的协作行为进行有效监督、加深协作主体的相互了解和信任,为推动联防联控的实现打下坚实基础。为了实现京津冀三地在相关大气污染或治理方面的信息共享,2016年,京津冀地区信息共享平台建成并正式运行,从而推动京津冀三地在大气污染防治、政策法规等方面的信息共享与协同。

其三,空气质量监测预警会商机制。2014年,北京市牵头建设了覆盖京津冀区域的大气质量预报预警会商平台。从2016年起,天津、北京、河北三地的环境保护局(厅)加强了大气环境监测

---

① 赵新峰、王浦劬:《京津冀协同发展背景下雄安新区治理理念的变革与重塑》,《行政论坛》2018年第2期。

合作,确立了空气质量预报信息共享机制。在雾霾红色预警期内,中国环境监测中心、北京市环保监测中心和天津市环境监测中心每天会对空气质量开展讨论会议,对未来三天之内的空气质量进行密集型预测。京津冀三地空气质量监测预警会商机制为实现京津冀大气污染防治的有效沟通与统一预警奠定了重要基础。

其四,协同治理的法律机制。2014 年 12 月,北京市牵头组建京津冀机动车排放控制工作协调小组,率先就机动车排放控制开展联合执法。随后就区域秸秆焚烧等方面京津冀三地开展联合执法。除了协同执法外,还探索协同司法。2016 年 2 月,最高人民法院出台《关于为京津冀协同发展提供司法服务和保障的意见》后,京津冀三地法院积极探索建立跨区划环境资源案件集中在河北管辖等制度,促进司法裁判的统一,并召开环境资源审判工作联席大会,签署《京津冀环境资源审判协作框架协议》。为了在顶层设计和制度构建上实现新的突破,2017 年 2 月,京津冀三地人大常委会就深入推进京津冀协同立法工作开展协商,原则上通过了《京津冀人大立法项目协同办法》。

第四,强化京津冀区域大气污染联防联控治理的技术联动支撑。京津冀大气污染联防联控,不仅是经济、法律的"联动",更需要搭建科技联动平台。① 鉴于大气污染防治科学技术强的特点,2014 年成立的全国大气污染防治部际协调小组、京津冀及周边地区大气污染防治协作小组和长三角区域大气污染防治协作小组,同时设立了由环境科学相关领域专家学者组成的区域大气污染防治协作专家小组,组织开展区域大气污染成因溯源、区域大气污染传输路径分析,对区域污染排放状况及防治效果进行分析评估等,进一步提高了区域大气污染治理的科学性和针对性,为区域大气污染治理提供了科技支撑。另外,京津冀三地建立了统一的监测平

---

① 吴志功:《京津冀雾霾治理一体化研究》,科学出版社 2015 年版,第 220 页。

台,实现京津冀区域空气质量的整体监测、预警,并实现三地信息共享,为三地实现"联动"奠定了技术基础。

第五,逐步制定发布京津冀区域大气污染联防联控治理政策法规。为实现京津冀三地区域大气污染联防联控,国家层面和地方层面制定发布了系列政策法规,为顺利推进京津冀区域大气污染联防联控提供了制度保障。国家层面,主要修订了《中华人民共和国环境保护法》和《中华人民共和国大气污染防治法》,出台了《京津冀协同发展生态环境保护规划》《大气污染防治行动计划实施情况考核办法》《关于为京津冀协同发展提供司法服务和保障的意见》等政策法规。地方层面,主要是三地都出台了大气污染防治条例,制定了大气污染治理措施、清洁空气行动计划、环境治理监督检查和责任追究办法等政策法规。虽然上述政策法规制定发布的时间还不久,其实施落实还需要时间,但体现了京津冀生态环境协同保护政策、法规、规划体系框架的不断完善。

四、京津冀省际大气污染联防联控治理的困境

近十年来,京津冀省际大气污染联防联控治理已取得一定的成效,但联防联控治理的效果不明显,甚至有学者认为,京津冀地区的雾霾有愈发加重的趋势[1],也有文章报道了治理雾霾联防联控恐遭治本难题。[2] 反思京津冀省际大气污染联防联控治理,目前主要存在理念、结构、机制、技术和制度层面的困境。

---

[1] 韩业斌:《联防联控机制的困境与地方利益的协调——基于京津冀地区的雾霾治理》,《商丘师范学院学报》2017年第8期。
[2] 贾世煜:《治霾联防联控:恐遭治本难题》,《新京报》,2016年12月23日,A16版。

(一)理念层面的困境:京津冀地方政府间的合作共治意愿不足

"正规的法律和强有力的政治和经济机构与制度尽管十分重要,但它们自身却不足以保证现代社会获得成功……要依赖某种共享的文化价值观念才能起到恰当的作用。"①前文已述,中央层面的政治压力或压力式推动是京津冀省际大气污染联防联控治理的主要动力机制。为了改善京津冀地区大气环境质量,尤其是重大政治任务活动期间的大气质量,在中央层面的政治压力下,京津冀三地"被动"进行联防联控,有学者将之称为"压力型协同"或"任务驱动型协同"。②

由于地位、实力、经济水平、行政级别的区别和差距,京津冀三地治理大气污染的目标、思维以及成本—效益均不同。地方政府的目标任务是多元的,包括完成上级政府的 GDP 考核、应对地方政府之间的竞争压力、回应辖区民众的利益诉求、考虑自身人员的政治晋升等。在区域大气污染协同治理中,具有个体理性的地方政府有时在缺乏兼顾激励与约束的制度安排下,社会治理的多元目标会逐渐偏离绿色发展的方向,成员之间的合作会在无序的利益博弈中陷入低效或无效的困境。③ 首先,作为国家政治中心的北京市,它希望天津市和河北省提高环境标准,完善产业协同治理机制,帮助其疏解部分非首都功能。它同周边地区进行相关合作的意愿相对较弱,部分合作仅具有援助性质,同时倾向于要求周边地区为其发展提供生态方面的保障。其次,作为京津的重要生态

---

① [美]弗兰西斯·福山:《信任:社会道德与繁荣的创造》,李苑蓉译,远方出版社 1998 年版,第 9—23 页。
② 孟庆国、魏娜:《结构限制、利益约束与政府间横向协同——京津冀跨界大气污染府际横向协同的个案追踪》,《河北学刊》2018 年第 6 期。
③ 陈桂生:《大气污染治理的府际协同问题研究——以京津冀地区为例》,《中州学刊》2019 年第 3 期。

屏障,河北省为维护京津地区的生态适宜性付出了经济和生态的双重成本。京津冀大气污染联防联控中的每一个参与主体都是理性的"经济人",当联防联控的成本大于收益时,理性的主体对于协同的积极性较弱。① 相对于京津,河北省治理大气污染的成本和压力更大,它希望京津分担其产业转型升级的成本并补偿张家口和承德两市对京津两地的清洁空气作出的贡献。由于利益协同机制的缺失,严重打击了河北省参与治理的积极性。最后,天津市希望三地的协同治理行动尽可能地减少对工业产业的冲击,北京和天津之间的"竞争"意识大于"合作"思维,从而影响了大气污染联防联控治理的进一步深化合作。由于京津冀三地的雾霾成因不同、发展阶段不同、环境管理标准不同及行政壁垒的存在,治理大气污染的目标、思维、成本—效益存在差异,在缺乏兼顾激励与约束的利益协同机制的制度安排下,三地基于自身利益的"被动式"联防联控往往容易造成三地价值多元性之间存在冲突,降低区域间合作的契合度,从而产生地方政府间的合作共治意愿不足,而合作共治意愿的不足是制约区域地方政府合作的关键因素。② 合作共治意愿的不足无法保证协同治理意愿的持续性和协同治理过程的常态化。

(二) 结构层面的困境:联防联控治理主体网络结构不完善

"治理所拥有的管理机制主要不是依靠政府的权威,而是合作网络的权威。"③京津冀省际大气污染联防联控治理的主体并非只有政府,而是要依靠多元主体的力量,进行合作治理。前文已述,

---

① 魏娜、赵成根:《跨区域大气污染协同治理研究——以京津冀地区为例》,《河北学刊》2016年第1期。
② 卢文超:《区域协同发展下地方政府的有效合作意愿——以京津冀协同发展为例》,《甘肃社会科学》2018年第2期。
③ 俞可平:《治理与善治》,社会科学文献出版社2000年版,第6页。

中央层面的压力式推动在京津冀大气污染联防联控治理中始终占据着主导地位,京津冀三地政府通过京津冀及周边地区大气污染防治协作小组实现省际横向协同。京津冀及周边地区大气污染防治协作小组对于促进京津冀大气污染协同治理具有一定的促进作用,但从其组织结构和运行模式来看,该机构尚不完备且权威性不强。① 环境治理是由政府、非政府组织、企业以及公民个体共同构成的行动者系统,但我国现有的政府间污染治理合作仅限于行政体系内部。目前,京津冀协同发展主要依靠行政力量,不管是首都功能的疏散,还是交通、产业对接,都是以行政手段推进,还没有构建出协同发展的机制。② 京津冀及周边地区大气污染防治协作小组由京、津、冀、晋、蒙、鲁和国家环境部、发展和改革委员会、工信部、财政部、住建部、气象局和能源局共六省七部委组成,其中并无环保组织参与。③ 目前,治理状态总体上是政府主导,对市场的调节和对社会大众的引导略显不足。④ 在京津冀大气污染联防联控治理过程中,需要企业、非政府组织、公众对污染企业和污染行为进行管控和监督,但在现有的大气污染联防联控治理模式中,未将企业、非政府组织、公众等其他相关主体纳入一个稳定的合作网络之中,从而降低了大气污染联防联控治理的效率。

（三）机制层面的困境:联防联控治理缺乏核心的利益协同机制

环境区域合作的关键问题就是各个合作主体的利益如何调

---

① 高建、白天成:《京津冀环境治理政府协同合作研究》,《中共天津市委党校学报》2015年第2期。
② 张军扩:《权威专家谈京津冀协同发展:问题与建议》,《改革内参》2016年第2期。
③ 柳建文:《区域组织间关系与区域间协同治理:我国区域协调发展的新路径》,《政治学研究》2017年第6期。
④ 庄贵阳、周伟铎、薄凡:《京津冀雾霾协同治理的理论基础与机制创新》,《中国地质大学学报》(社会科学版)2017年第5期。

节,生态利益分享机制合理与否,不仅关乎合作主体的动力,更重要的是它直接关乎合作的成效。① 弗林格斯(Matthew Flingers)将跨部门协同所面临的障碍总结为法规约束、技术不兼容等六个方面,其中,投入和收益的不对等是最主要的障碍。② 前文已述,京津冀三地政府在大气污染联防联控治理过程中建立了一系列具体运行机制,为京津冀大气污染的府际协同奠定了重要的基础和条件,推进了三地在大气污染治理上的协同行动,但对于协同最为本质的问题——"利益问题"却未真正涉及。③ "利益"机制在京津冀大气污染联防联控治理中处于最核心的地位,京津冀大气污染府际横向协同过程,本质上就是三地政府在大气利益上不断博弈和调和的过程,协调好三地的利益关系是实现大气污染联防联控治理的关键。京津冀三地发展阶段的差异,使得如何确定治霾成本和收益成为建立成本分担和收益共享机制的难点。三地协同治理大气污染的成本和代价存在很大的不平衡,河北省的协同治理成本巨大。关于三地联防联控治理大气污染的成本如何分担、联防联控治理资金是由中央政府下拨还是由地方政府承担、区域内三地政府均摊出资还是按比例出资等一系列涉及区域利益平衡的问题,我国现有的法律和政策文件均未给出答案。由于京津冀在大气污染联防联控治理中并未建立利益协同机制,三地协同治理大气污染的内生动力不足,严重阻碍了区域内地方政府参与大气污染联防联控治理的热情与力度。

---

① 杨帆、宋鹏飞:《环境区域合作治理中的法律问题研究》,《法治社会》2016年第4期。
② Matthew Vincent Flinders, "Governance in Whitehall", *Journal of Public Administration*, 2002(1), pp. 213-234.
③ 孟庆国、魏娜:《结构限制、利益约束与政府间横向协同——京津冀跨界大气污染府际横向协同的个案追踪》,《河北学刊》2018年第6期。

(四)技术层面的困境:科学化定量体系因缺乏技术支持而难以实质性推进

早在1930年发生的比利时马斯河谷烟雾事件和1952年英国伦敦烟雾事件,引起了欧盟及其成员国的高度关注。1977年10月,联合国欧洲经济委员会启动了一项特别计划——欧洲大气污染物远距离传输监测和评价合作方案。该计划也被称为 The European Monitoring and Evaluation Programme(EMEP),由各缔约国科学家组成,向各国政府提供大气污染物的浓度、沉积及跨越边界的污染物远程传输数量等重要监测和评价信息。最初,EMEP 很大程度上只是一项基础性科学研究计划,但客观上为解决欧洲大气污染跨界合作治理难题提供了基础性技术准备。1979年11月,34个国家和欧洲共同体签署了《远距离跨界大气污染公约》(The Convention on Long-Range Transboundary Air Pollution,简称 CLRTAP)。CLRTAP 以 EMEP 为基础支撑,制定了关于大气污染跨界治理的一般性原则,以及将科学技术与政策实施相结合的一整套制度框架。CLRTAP 目前拥有51个缔约国,已成为联合国欧洲经济委员会工作的重要组成部分,确保了欧洲各国具有共同的大气污染治理的理念、目标和行动框架,为各国(或次区域)无法解决的大气污染跨界治理难题提供了一个重要的合作平台。

EMEP 是 CLRTAP 的科学技术支持机构,具有广泛的科学家合作网络,开发了可用于排放检测控制的技术信息及其数据库,是公约运行的基础。实行排放总量控制、建立量化环境标准体系、建立高效的排放许可证制度体系、构建科学的检测评估系统、构建完备的共享信息数据库、构建科学的区域生态补偿标准是欧洲跨界大气污染治理的主要措施。科学的检测评估系统,是跨界大气污染治理的基础。1999年以后,国际应用系统分析研究所(The International Institute for Applied System Analysis,简称 IIASA)接手了 EMEP 综合评估模拟中心(Center of Imitation Anol Measurement，简称 CIAM)的评估工作(处理跨界大气污染问题的 RAINS 模型即由 IIASA 于 1983 年开发)。CLRTAP、IIASA 和欧盟三方合作为有效解决跨界大气污染问题提供了科学基础，切实解决了单一国家不能完成的跨国污染治理问题。CLRTAP 建立了一个包括大气污染物排放、生态系统敏感性(关键负荷)、空气质量监测、减排技术和成本、与传输过程有关的气象和物理化学信息等内容的大型数据库。CLRTAP 所有缔约方有权共享交流，为支持谈判和合作提供了互信的技术和信息保障。全球碳贸易、排污权交易都属于大气环境生态补偿的重要实践。2005 年，欧盟建立了世界首个碳排放权跨国交易体系，目前已成为全球覆盖国家最多、交易量最大的碳排放权交易体系。

科学的污染物监测和评估、生态补偿的量化标准等是区域环境污染联防联控治理的科学化定量体系，也是利益相关方增进互信、确保区域环境治理系统有效的核心基础。当前，中国(跨区域)大气污染的监测评估还没有形成一套统一、科学、高效和公认的技术支持系统(类似 CLRTAP 下的 EMEP)。此外，现行监测体系下的数据造假事件时有发生，引起了社会的广泛关注和质疑，严重损害了大气监测评估的公信力和治理根基。[1]

2014 年，山东省出台《山东省环境空气质量生态补偿暂行办法》，建立了以府际(市级)空气生态补偿基金扣缴和补偿制度为核心内容的政策框架，开启了我国大气环境治理生态补偿实践的先河。继山东省之后，湖北省、河南省、安徽省和河北省等地也陆续出台了环境空气质量生态补偿方案，取得了不错的效果。一些学者认为，这些基于区域一体化的大气治理生态补偿模式，一定程度上解

---

[1] 王月红：《京津冀大气污染治理生态补偿标准研究》，对外经济贸易大学人口资源与环境经济学专业博士学位论文，2019 年，第 89 页。

决了空气产权模糊造成的"环境负外部性"问题,但没有大气污染物跨界流量数据支撑,不能确定大气污染物的真正源头及传输数量,省际大气污染生态补偿依据、补偿标准难以做到合理定量,无法真正调动各地大气污染治理的内生动力和从根本上解决大气污染源头问题。① 可见,科学的污染物监测和评估、生态补偿的量化标准等是区域环境污染联防联控治理的科学化定量体系,若科学化定量体系缺乏技术支持,则难以实质性推进区域环境污染联防联控治理。

(五) 制度层面的困境:区域污染联防联控治理法律体系不完善

任何行政管理体制的改革最终均依赖于制度建设和制度完善,有赖于良好的法治来推动体制变革。在跨界污染治理中的政府合作领域,同时存在"硬法"和"软法"两种法规范。就国内法而言,"硬法"是指由国家制定或认可的,并以国家强制力保障实施的规范之总和。由权力机关、行政机关制定的所有法律、法规以及规章都属于典型的"硬法"。"软法"是指原则上没有法律约束力但有实际效力的行为规则。② 在跨界污染治理中的政府合作领域,"软法"规范主要包括区域性行政规划、区域性行政协议以及区域组织内部文件三种表现形式。③

首先,在"硬法"层面,现行《中华人民共和国宪法》《中华人民共和国地方各级人民代表大会和地方各级政府组织法》《中华人

---

① 郭高晶:《空气污染跨域治理背景下府际空气生态补偿机制研究——以山东省空气质量生态补偿实践为例》,《资源开发与市场》2016 年第 7 期;史会剑、管旭:《基于区域一体化的大气环境生态补偿制度研究》,《环境与可持续发展》2017 年第 3 期。
② Francis Snyder, Soft Law and Institutional Practice in the European Community, Netherlands: Kluwer Acadermic Publishers, 1994, p.198.
③ 黄喆:《跨界污染治理中政府合作的法律问题研究》,人民出版社 2019 年版,第 128 页。

民共和国立法法》等宪法性法律对地方政府组织间合作以及跨界污染合作治理未作明确规定。从严格意义上讲，我国地方政府之间的合作在根本法层面遭遇无法可依的尴尬。现行《中华人民共和国环境保护法》也只是对纵向的环境治理主体作出了规定，对地方各级政府间如何展开环境合作并没有提出有建设性的规定。我国大气污染立法采取中央立法为主、地方规章为辅的方针。现行《中华人民共和国大气污染防治法》《中华人民共和国环境保护法》《中华人民共和国环境影响评价法》等法律法规都体现了关于大气污染治理要进行区域联防联控的要求，尤其是《中华人民共和国大气污染防治法》力图通过联防联控的方法论，完善大气污染治理联防联控机制的具体制度。但这些立法仅仅在宏观层面对联防联控提出了目标，具体制度的细化则交给地方"下位法"去完成。鉴于地方"一区一情"，具体细则应由地方完成，中央立法不可能面面俱到。但在实际的地方环境立法工作中，往往表现出立法形式主义——只是盲目追求与中央有关立法的对应一致，没有因地制宜地考虑本地实际的立法需求以及环境问题的区域性。① 区域内地方政府间立法协调经验匮乏，在环境与地理问题上休戚相关的省市在下位制度上存在冲突，比如在排放物标准、污染监测标准、行政许可审批标准等方面难以达成联动、联防的方法论。另外，有关成本利益分担的立法协调机制的缺失是联防联控机制的首要问题，中央立法只是提供了宏观指导，却并未细化为成本利益上的合理分配制度，地方政府的"下位法"制定的配套实施细则不健全，如《中华人民共和国大气污染防治法》对区域内行政主体共同责任的强调只是宣示意义，在涉及环境利益分配以及治理成本分担的问题上不能协调，导致区域联防联控治理将流于形

---

① 杨帆、宋鹏飞:《环境区域合作治理中的法律问题研究》,《法治社会》2016年第4期。

式,难以达到治理良效。①

其次,在"软法"层面,当前国内还没有《政府间关系协调法》或《政府间合作法》,省际环境污染联防联控治理以省际地方政府的横向协作为主要形式,主要表现为省际政府以"行政协议"为纽带的区域发展论坛、区域联席会议等制度形式,如《长江三角洲区域环境合作倡议书》《泛珠三角区域环境保护合作协议》《京津冀区域环境保护率先突破合作框架协议》等。省际环境污染联防联控治理协议是一种承诺,协议各方彼此的信任程度是非常重要的。横向省际信任可以降低达成协议和执行协议的成本、降低合作中的不确定性并避免省际冲突。在地方政府合作法缺失、省级政府之间不存在行政隶属关系、省际行政协议缺乏约束力的情况下,省际环境污染联防联控治理协议面临伊琳诺·奥斯特罗姆(Elinor Ostrom)所说的"公共池塘"资源使用中的可信承诺难题。无论是长三角、泛珠三角还是京津冀等区域合作地区,行政协议的缔约机关消极不履行甚至公然违约的现象屡见不鲜。

五、京津冀省际大气污染联防联控治理困境的突破路径

突破京津冀省际大气污染联防联控治理困境、完善京津冀省际大气污染联防联控治理机制,目前需从合作意愿、主体网络结构、利益协同、技术支持、法律体系五项关键性要素着手,进而建立起有序高效的区域一体化大气污染治理系统,真正实现联防联控、协同行动。

---

① 杨丽娟、郑泽宇:《大气污染联防联控法律责任机制的考量及修正——以均衡责任制为视角》,《学习与实践》2018 年第 4 期。

(一) 培育京津冀省际大气污染联防联控治理的合作意愿

合作意愿是京津冀省际大气污染联防联控治理的关键因素与重要驱动力,引领三地的制度创新和政府治理结构的变革。当前,京津冀依靠较弱程度的横向意愿进行协同,三地之间的竞争、冲突、猜疑充斥其中,协同进展缓慢。培育京津冀省际大气污染联防联控治理的合作意愿,首先,应强化价值共识,更新思维,诚信合作。通过大众传媒、社会活动和知识教育等柔性的方式进行引导,使三地政府摒弃"邻避"思维、"一亩三分地"思维。北京市要更多地强调共赢思维,而不是简单的援助思维;河北省要更多地树立自主思维,而不是仅仅依赖外援,从而以合作的态度、协调的意识、共赢的精神树立协同发展的善治理念,进而达成对京津冀区域内联合治理的共识。其次,要建立科学的绩效考核指标体系,加大污染治理成效在政绩考核指标中的权重,以生态政府理念引导地方绿色 GDP 发展。最后,应构建促进区域协同发展的利益协同机制,它是京津冀三地政府合作意愿可持续性的基础。

(二) 完善京津冀省际大气污染联防联控治理主体网络结构体系

网络化治理(Network Governance)是 20 世纪后期欧美国家为解决新公共管理运动带来的公共部门"碎片化"、市场失灵和政府失败等问题而逐步产生的一种新的治理模式。[1] 构建京津冀省际大气污染联防联控治理网络结构体系,可以灵活高效地处理府际合作治理的生态难题,合理利用和分配资源,从而促进京津冀大气

---

[1] [美]斯蒂芬·戈德史密斯、威廉·D.埃格斯:《网络化治理:公共部门的新形态》,孙迎春译,北京大学出版社 2008 年版,第 8 页。

污染治理的有效合作。京津冀三地在大气污染联防联控治理过程中,还未搭建起让资源、权力、信息流动起来合作的网络体系,导致在合作治理过程中合作主体和合作渠道单一,资源无法得到充分的利用。

构建京津冀省际大气污染联防联控治理网络结构体系,首先,应构建京津冀多元主体参与大气污染治理的主体结构,不仅要在府际关系形成网络,而且要在政府与企业、非政府组织、公民个人等众多参与主体之间形成治理网络。在这个主体网络结构体系中,政府的地位与作用十分重要且不可替代,其作用更多的是掌舵而非划桨,是统筹而非包揽。在协同结构中,京津冀三地政府具有"位势差异",天津市与河北省处于被动或从属地位,弱化了两地参与大气污染联防联控治理的积极性。合理定位政府的职能、强化京津冀三地政府地位的平等性、规范京津冀及周边地区大气污染防治协作小组的组织机构并增强其权威性,有助于完善府际网络结构关系。为了推进企业、非政府组织和社会公众对大气污染联防联控治理的有效参与,完善政府与企业、非政府组织、公民个人等众多参与主体之间的治理网络结构关系,应采取激励与约束相兼顾的措施:规范、引导企业参与大气污染治理,发挥企业治理大气污染的主体作用;加强非政府组织的独立性,强化非政府组织的履责能力;强化公众对大气污染治理重大决策及其执行、反馈的参与和监督。

其次,应拓展资源共享空间,构建一个以信息资源为核心,以人才资源、技术资源为支撑的相互流动的资源网络体系。[①] 北京市应加强信息资源的共享,及时公开权威的污染监测数据;作为改革的先锋,天津市应加强生态治理的技术创新并及时分享交流;作

[①] [美]斯蒂芬·戈德史密斯、威廉·D. 埃格斯:《网络化治理:公共部门的新形态》,孙迎春译,北京大学出版社2008年版,第8页。

为生态屏障的河北省,要发挥试点示范的作用,强化人才的储备和引进,要加强与京津两地的沟通。通过整合三地的"碎片化"资源,改变北京市、天津市对河北省资源的"虹吸效应",使资源在三地间有效流动。

(三) 构建京津冀省际大气污染联防联控治理利益协同机制

政府间关系首先是利益关系,然后才是权力关系、财政关系、公共行政关系。[①] 当前,破解京津冀三地在大气污染治理上的"利益差",构建"互惠"的利益协同机制是实现京津冀省际大气污染联防联控治理成败的关键。完善京津冀省际大气污染联防联控治理利益协同机制,首先,应明确三地政府在联防联控治理中的职责范围。可通过区域行政协议或立法的形式,实行共同但有区别的责任原则,明确三地政府在联防联控治理中的权力和义务。明晰公权力主体的权力和义务,不仅可以降低联防联控的运行成本,还可以最优配置社会资源,提高治理效率。其次,应在三地政府平等协商的基础上实现大气污染联防联控治理成本的公平分担。三地政府可通过京津冀及周边地区大气污染防治协作小组,客观评估治理成本,结合地方经济发展水平及大气污染贡献程度、自身经济承受能力、利益受损情况等因素,量化分摊相应的治理成本。再次,完善区域生态补偿机制。应加大对河北省特别是河北省贫困带地区的专项财政转移支付生态补偿力度。在扩大纵向补偿的同时,积极倡导和支持横向省际补偿,北京市和天津市应对牺牲发展机会的河北省给予生态补偿。除输血扶贫型资金生态补偿外,更应加强对河北省贫困地区造血致富型绿色产业生态补偿。除了通过

[①] 汪伟全:《空气污染的跨域合作治理研究——以北京地区为例》,《公共管理学报》2014 年第 11 期。

政府转移支付、财政补贴、税收优惠等手段外,还应发挥市场机制在生态补偿中的作用,探索碳汇交易、排污权交易、水权交易等市场化补偿方式,构建政府、社会、市场协同的多元融资机制和生态补偿基金制度。最后,构建大气污染治理成果的利益分配和共享机制。应建立科学的大气环境评价体系,根据可评价、可量化、可监督的大气环境评价体系设立大气污染治理成果奖惩机制、考核机制和监督机制,实现区域内治理主体大气污染治理成果的利益分配和利益共享。

(四)强化京津冀省际大气污染联防联控治理的技术支持

充分借鉴EMEP大规模基础科学研究经验,形成适应中国大气污染特点的监测评估标准和技术体系。建议由各相关部门和高水平研究机构组建国家级大气污染监测评估机构,组织和实施国家大气治理的基础性科学研究。集中攻关大气污染成因与控制技术、大气监测预警网络系统及关键技术装备、大气跨界传输等治理难点和基础性问题,形成适应中国大气污染特点的监测评估标准和技术体系,为政策制定提供及时准确的科学数据和技术支持。

推进我国环境数据信息共享平台的建设,完善监测网络、加强监测技术和质控体系建设。2016年,国务院环保部门发布了《生态环境大数据平台建设方案》,跨行政区地方政府应贯彻落实这一方案,推进我国环境数据信息共享平台的建设,应在充分考虑地区发展不平衡的基础上,逐步实现统一的排污标准。扎实推进《生态环境监测网络建设方案实施计划(2016—2020年)》,完善监测网络,加强监测技术和质控体系建设。坚决保证数据的真实性和可靠性,维护监测的科学性、权威性和政府公信力,为大气污染防治和政策制定提供科学支撑。

加强国家大气污染监测评估机构的基础性科学研究,完善大气治理跨区域补偿机制。建议在国家大气治理委员会(生态环境部)的统筹组织下,以国家大气污染监测评估机构的基础性科学研究为基础,组织有关科研单位联合攻关,以京津冀地区的生态补偿机制为突破口,尽快研究制定适合京津冀的跨界大气治理生态补偿机制,规范资金数额、来源及其分配,构建和完善包括绩效考核、生态补偿、损害赔偿和责任追究等机制在内的一套制度体系。这样可从根本上解决京津冀大气污染治理中利益不均衡、道德风险以及动机不足的难题,为全国和其他重点区域大气污染联防联控治理提供经验和借鉴。

(五)完善京津冀省际大气污染联防联控治理的法律体系

"制度化程度低下的政府不仅是一个弱政府,而且还是一个坏政府。"[1]法律是一套从组织到行为、从静态到动态、从局部到整体用以降低交易成本、促进社会发展的制度系统。[2] 前文已述,京津冀省际大气污染联防联控治理的"硬法""软法"层面均具有不完善之处。京津冀省际大气污染联防联控治理的有效推进,亟须完善的法律体系以支撑。

"硬法"层面的完善。首先,应保证地方政府府际合作权限的合法性,建议由《中华人民共和国宪法》《中华人民共和国地方各级代表大会和地方各级人民政府组织法》《中华人民共和国立法法》等法律法规对地方政府府际合作的权限进行规定。其次,应完善

---

[1] [美]塞缪尔·P.亨廷顿:《变化社会中的政治秩序》,王冠华、刘为等译,生活·读书·新知三联书店1989年版,第35—57页。

[2] 冯玉军:《法经济学》,中国人民大学出版社2013年版,第94页。

区域协同治理的法律机制。区域协同立法上除了修改、清理地方政府间相互矛盾冲突的地方立法内容外,应结合区域的实际情况,完善中央立法的配套法律制度。区域协同执法应从执法机构的设置、执法资源的整合和信息披露等方面完善。区域协同司法应设置专门的区域生态环境审判机构,完善其管辖范围与权限、案件的起诉、调解与审判的制度安排。最后,应以区域均衡治理责任理论修正联防联控法律责任机制。目前,大气污染联防联控机制的核心在于"联",即共同责任机制,未把"区别的责任"作为其赖以实施的核心要素。根据国际上通行的区域均衡治理责任理论,应实行"共同但有区别的责任原则",在地方政府间经济发展水平差距显著的现实状况下,应根据不同区域的实际情况差异分配法律责任,以求实现治理责任的均衡。

"软法"层面的完善。前文已述,区域合作协议是"软法"治理的主要表现形式。为保障区域合作协议内容的有效实现,增强"软法"治理的效力,需要建立政府内在的诚信自觉制度、建立健全区域污染联防联控协议条款规范制度、完善区域污染联防联控协议履行纠纷解决制度以及完善区域污染联防联控协议履行监督约束机制。

[本文系国家社会科学基金课题《省际环境污染联防联控治理机制研究》(项目编号:18BZZ063)的阶段性研究成果。]

从守土有责到守土全责:属地管理原则在基层治理中的滥用分析

谷志军* 曾 言**

[**内容摘要**] 属地管理是基层治理的重要原则,但近年来在基层治理中屡屡出现被滥用的现象。旨在"守土有责"的属地管理演变成"守土全责",属地责任被异化为"兜底责任",具体表现为:权力上收,责任下传;下随上转,服务弱化;事务下移,层层加码;强化属地,弱化垂管。本文基于结构、制度、环境、行为四个维度分析属地管理原则滥用的生成机理,研究发现:结构张力是其发生的组织基础;制度间隙是其发生的前置要件;环境变化是其发生的诱发因素;行为互动是其发生的必要条件。正视并扭转属地管理原则在基层治理中的滥用现象,有利于助推基层治理体系和治理能力现代化建设。

[**关键词**] 属地管理;基层治理;属地责任;兜底责任

属地管理作为基层治理的重要原则,不仅是守土有责、守土担责、守土尽责的生动体现,而且对于激励基层干部担当作为发挥着积极作用。然而,面对新时代治理转型的新形势和新任务,出现了一些职能部门借属地管理的名义将职责范围内的事务转嫁到基层的现象,使得基层工作者苦不堪言。为此,2019年3月,中共中央办公厅印发《关于解决形式主义突出问题为基层减负的通知》,明

---

* 谷志军,深圳大学政府管理学院、全球特大型城市治理研究院、廉政研究院副院长,副教授。
** 曾言,深圳大学政府管理学院硕士研究生。

确指出要为基层松绑减负;2020年4月,中共中央办公厅印发《关于持续解决困扰基层的形式主义问题为决胜全面建成小康社会提供坚实作风保证的通知》,明确提出要科学规范属地管理,防止层层向基层转嫁责任。实际上,属地管理原则在基层治理中的运用由来已久,并且取得了良好的治理效果,但是近年来属地管理原则为何会出现滥用或异化现象？这有待从理论层面予以阐释。

一、文献回顾:属地管理原则在基层治理中的评价转向

当前,学界对于基层治理问题的研究已经取得了较为丰硕的成果,但是将属地管理与基层治理相结合的研究还相对较少。通过文献梳理后不难发现,属地管理原则在基层治理的研究评价大致呈现"获得认可—受到诟病—呼吁回归"的演变脉络。

第一,属地管理原则在基层治理中的有效性获得认可。自古以来,我国央地之间的府际关系呈现属地化管理和行政逐级发包高度合一的特征。中央政府向地方政府的行政逐级发包从来都是以属地为原则进行的,实行"块块"管理,或可称之为属地化的"行政发包制"。[1] 属地化"行政发包"可以把复杂的行政事务依据地域逐级分解给下级政府,在节约了决策成本的同时,大幅度地减少了上级政府的负担[2];地方政府则获得了稳定的权力空间,并能够以因地制宜的方式处理辖区内部的行政事务。另外,横向的属地竞争也是理解我国科层组织高效运转的重要视角。在属地管理体制下,地方政府对于落实中央的政策部署和优化管理辖区事务负

---

[1] 周黎安:《转型中的地方政府:官员激励与治理》(第二版),格致出版社、上海三联书店、上海人民出版社2017年版,第47页。
[2] 于健慧:《中央与地方政府关系的现实模式及其发展路径》,《中国行政管理》2015年第12期。

有直接责任,中央则能够比较清晰地界定地方政府的权责边界和治理绩效,据此设定考核机制激励地方政府①,从而强化了横向政府之间的可比较性,实现经济增长、有效治理与政治选拔的多重目标。

第二,属地管理原则在基层治理中的异化现象受到诟病。虽然长期以来属地管理原则被实践证明是一项行之有效的制度设计,但是随着治理主体、治理环境的日益复杂化,属地管理原则的不足之处也暴露了出来,例如,容易出现地方保护主义、削弱中央对地方的宏观调控能力、导致民生公共物品供给不平衡等。② 而且,在属地管理被当作成功经验从计生领域推广至环境保护、信访维稳和安全生产等领域的过程中出现了异化现象。以信访工作为例,2005 年信访"属地管理"改革后,基层政府在信访维稳工作中倾注了大量人力、物力资源,但是在涉及属地管理案件的处理上,"属地管理"政策效果并未实现预期目标,甚至在某种程度上加剧了基层治理困境。③ 此外,近年来属地管理还通常与责任甩锅④、甩锅推责⑤、疲态治理⑥等词汇搭配使用,在一定程度上反映了属地管理原则滥用背后的权责倒挂现象。同时,越到基层,权责分立

---

① 尹振东、聂辉华、桂林:《垂直管理与属地管理的选择:政企关系的视角》,《世界经济交汇》2011 年第 6 期。
② 皮建才:《垂直管理与属地管理的比较制度分析》,《中国经济问题》2014 年第 4 期。
③ 张紧跟、周勇振:《信访维稳属地管理中基层政府政策执行研究——以 A 市檀乡为例》,《中国行政管理》2019 年第 1 期。
④ 吴海红、吴安戚:《基层减负背景下"责任甩锅"现象透视及其治理路径》,《治理研究》2020 年第 5 期。
⑤ 颜昌武、许丹敏:《基层治理中的属地管理:守土有责还是甩锅推责?》,《公共管理与政策评论》2021 年第 2 期。
⑥ 陈昶、邹东升、王鑫:《属地管理背景下我国基层政府执行疲态及其消解——对基层权责失配的审思》,《领导科学》2021 年第 4 期;卞超:《基层"疲态治理"的典型表现、根源与治本之策》,《领导科学》2021 年第 3 期。

的状态越明显,基层官员面临着"有限权力和无限责任"的窘境。①

第三,属地管理原则在基层治理中的价值理性呼吁回归。属地管理原则在基层治理中的运用既有其现实必要性,又亟待进一步规范和完善。为应对和化解属地管理原则在基层治理中的异化现象,学界衍生出"赋权"和"减负"两种观点,以呼吁属地管理价值的理性回归。一是主张"赋权",通过对基层治理中的条块架构进行整合,赋予基层政府对上级部门的召集权、指挥权和考核权,实现治理重心下沉和属地管理再造②;二是主张"减负",给基层减负不是简单地减少基层职责,而是把基层干部从一些"空忙"事务中解放出来,回归服务群众的价值本位,在"减负"的同时实现服务群众增能增效。③ 然而,不管是"赋权"还是"减负",其最终目标都是让基层治理的权责配置更加均衡,以实现治理能力和治理效率的提升。

上述研究不仅关注了属地管理原则的有效性和局限性问题,而且试图从"赋权""减负"两个维度呼吁属地管理价值的理性回归,为本文提供了有益的思考路径。但也存在一些不足之处:一方面,当前学界虽然普遍关注属地管理原则异化为属地兜底的现象,但是对属地责任向兜底责任演化过程的认识还有待深入;另一方面,已有研究成果对基层治理中的职责不清、权责错位等问题进行了深入的学理探讨,但是忽视了自古有之的属地管理原则为何在近年来屡屡出现被滥用的问题。

鉴于此,本文以守土有责向守土全责的演化过程为思考起点,对属地管理原则在基层治理中的滥用及其成因进行分析(见

---

① 倪星、王锐:《权责分立与基层避责:一种理论解释》,《中国社会科学》2018 年第 5 期。
② 吕德文:《属地管理与基层治理现代化——基于北京市"街乡吹哨、部门报到"的经验分析》,《云南行政学院学报》2019 年第 3 期。
③ 吴海红、吴安戚:《基层减负背景下"责任甩锅"现象透视及其治理路径》,《治理研究》2020 年第 5 期。

图1)。首先,简要梳理"属地管理→属地责任→兜底责任"的演变脉络;其次,在此基础上,结合《半月谈》《瞭望》《法制日报》等主流媒体的深度报道,总结属地管理原则在基层治理中滥用的具体表现;最后,根据组织社会学的相关理论阐释属地管理原则滥用的成因,以期形成对这一现象的理论解释,为加强基层治理体系和治理能力现代化建设提供参考和借鉴。

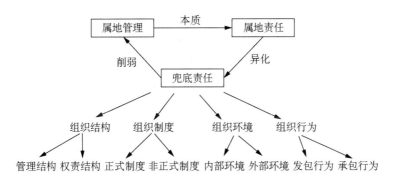

图1 属地管理原则在基层治理中的滥用

资料来源:作者自制。

二、从"有责"到"全责":属地管理原则的演变过程

属地管理发轫于中国传统社会,如封邦建国、郡县制度、行省制度等,使得统治者能够以属地的方式征敛税赋、顺畅政令、教化治民等,从而实现中央对地方的有效控制和治理。以地域划分为基础的属地管理原则一直延续至今,从户籍管理、信访维稳以及本次新冠肺炎疫情防控等方面,都能看到属地管理原则在基层治理中的有效运用。但近些年来,属地管理原则在基层治理中的滥用现象时有发生,属地责任被异化为无限的兜底责任,严重偏离了属地管理设计的初衷。

（一）属地管理原则设计的初衷

任何层级的政府治理都离不开一定的地域范围,而属地管理更是以空间为标准划分的管理范围并由管理者统揽和负责的管理制度①,通俗而言,就是"谁的地盘谁负责"。管理边界明晰、责任落实到人的属地管理原则,在基层治理中的广泛运用具有多重动因。首先,属地管理的实施能够压实属地责任,既可以自上而下地落实中央的各项政策部署,也可以防止自下而上的"逆向避责",还可以避免横向政府之间的推诿塞责;其次,通过属地管理能够"推动基层矛盾纠纷的依法、及时、就地化解,提高基层治理效率,力戒问题跌宕派生群体性事件等次生风险"②;最后,属地管理能够与垂直管理形成互补优势,减少行政链条延长所带来的信息不对称性,实现当地的事情自己办、当地的事情就地办,对于调动地方治理主体的积极性和能动性发挥着重要作用。由此可见,以路径依赖的方式延续至今的属地管理原则,既是我国长期历史进程中不断试错的经验总结,也是超大规模国家有效治理的必然要求,进而实现属地空间与治理单元的有机统一。

（二）属地管理意味着属地责任

属地管理不仅是以行政区划为基础的治理单元,更是一种以地域作为政府间责任划分的依据,以强化属地政府的责任意识,体现守土有责的治理要求。③ 责任不仅是一个伦理问题,也是构建公共生活的价值准则与基本制度,"有权必有责、有责要担当、失责

---

① 张铮、包涵川:《属地管理:一个关于行政层级延长的分析框架——基于对Z街道办事处的观察》,《中国行政管理》2018年第6期。
② 陈昶、邹东升、王鑫:《属地管理背景下我国基层政府执行疲态及其消解——对基层权责失配的审思》,《领导科学》2021年第4期。
③ 颜昌武、许丹敏:《属地管理与基层自主性——乡镇政府如何应对有责无权的治理困境》,《理论与改革》2021年第2期。

必追究"是规范各级干部履职行为的重要准绳。一方面,政府的合法性来自公民的一致同意和授权委托,属地政府在依法行使人民赋予管理权限的同时还应承担相应的管理责任,以体现权责一致的基本原则;另一方面,政府治理职能起源于责任还要回归于责任,属地政府作为国家政治体系的重要组成部分具有与生俱来的责任性,而作为国家权力行使者的属地干部更是承担着治理好一方的职责使命,通过压实属地责任的方式减少各类危机事件给国家和社会带来的冲击,是提升治理韧性和效能的必然要求。由此可见,属地管理在本质上也意味着属地责任或说是守土有责,即要求特定空间范围内的行政管理主体对辖区范围内和职责范围内的事务,应当切实承担起法定职责和政治责任,以实现基层的有效治理和国家的长治久安。

(三) 属地责任演化为兜底责任

虽然属地的地理边界清晰且易于辨识,但是属地管理的权责边界却是相对模糊的,加之对于属地管理中的权责限度问题存在认知偏误,导致旨在守土有责的属地管理原则被异化为守土全责,即要求特定空间范围内的行政管理主体对辖区范围内和职责范围内的事务承担起无限的兜底责任。首先,从事前属地责任兜底的机制来看,除了制度设计预留的"兜底条款"外,近年来"坚持属地兜底原则""压实属地兜底责任"等表述也时常出现在部分地方官方发布的文件和通告中,属地政府的兜底责任在地方的政治实践中有被"合法化"的倾向;其次,从事中属地责任兜底的过程来看,虽然中央出台的基层减负通知对文件篇幅、会议时长和规格等都作出了明确的规定,但是名目繁多的政治任务或中心工作依然可以通过改头换面的责任书、督责令等方式向基层传导,并辅之"一票否决"的强力措施,进而强化了属地政府责任兜底的过程监控;最后,从事后属地责任兜底的结果来看,只要是发生在属地范围内的问题或事件,不管职责权限、因果关系如何,一律按属地管理原则进行从严从速问责,以彰显追责决心、尽快平息事端,进而给基层的长期有效治理埋下隐患和风险。

三、"兜底责任":属地管理原则的滥用表现

属地管理原则被实践证明是一项有效且管用的制度设计,能够有效地弥合中央治理统一性和地方治理灵活性之间的内在张力。但是近年来,也出现了一些地方或部门将旨在压实属地责任的管理原则异化为事务转嫁、风险转移的卸责工具,属地管理的功能和效力受到削弱。结合已有的理论研究和实践资料,可以将属地管理原则的滥用表现归纳为如下四个方面。

(一)权力上收,责任下传

权责一致是现代政府科层制管理的基本原则,即各级政府有多大的责任就应该配备多大的权力,以此构成现代政府权力运行体系的基础。但是在现实政治过程中,权力和责任并不总是协调运行甚至是相互分离的,也就是通常所说的权责异化。权责背离现象在本质上反映的是权力扩张和责任理性的矛盾关系。部分上级部门或公职人员会利用自身优势将权力牢牢控制在手中,而将更多的责任向下一级行政部门转移,从而加剧了权力和责任的不对称性,而且越到基层权力配置越小,责任的相对配置越大,形成了非均衡状态的权责结构。

在实践中,"权力上收,责任下移"是形式主义的典型表现。"分税制"改革之后,中央与地方的权力关系整体呈现权力收紧的倾向,原来由属地管理的环保、国土、住建、水务等职能部门变为垂直管理,但是属地政府的管理责任和压力并没有减轻。特别是近

年来基层责任状"满天飞"——环保、安全、防汛等方方面面都要求签署责任状,上级部门借此把风险传导给乡镇,自己则做起了"太平官"。① 以高速公路安全管理为例,一位基层干部抱怨道:"我们连高速公路都上不去,根本没有执法权,咋去管理呢?"②其结果必然是,面对名目繁多的责任事由让基层干部抓不住工作开展的重点和方向,反而助长了形式主义,不利于责任的落实。所幸的是,基层权责不对等的困境已经引起了各方的注意,但是要实现基层的权责再平衡,既需要上级担当作为为基层减负,又要切实转变官僚主义、形式主义等错误政绩观。

(二)下随上转,服务弱化

基层政府同时具有对上负责和对下服务的双向使命。一方面,在自上而下的科层结构中,上级拥有对下级的支配权,下级对上级负责也符合科层组织的设计初衷;另一方面,党和政府始终将着力解决好群众的烦心事、操心事作为治国理政的基础,各项民生保障制度纷纷出台落地,深刻体现了"为人民服务"的治理理念。在国家治理中,基层干部是最贴近、最了解老百姓的"街头官僚",他们的工作态度、服务质量和服务水平都将直接影响老百姓对政府的评价。但是长期以来,部分基层干部为了谋求政绩和晋升,"过于关注'唯上'的'硬指标'任务,而对'唯下'服务群众的'软指标'则显得力不从心"③,进而加剧基层治理中"重管理,轻服务"的倾向。

在实践中,"下随上转,服务弱化"是脱离群众的典型表现。本

---

① 刘健、李兴文、吴锺昊:《如何为乡镇干部减压释负?》,《瞭望》2018年第37期。
② 光晔:《不能动辄签"责任状"》(2019年3月27日),半月谈,http://www.banyuetan.org/dj/detail/20190327/1000200033138041553648337255834318_1.html,最后浏览日期:2022年3月1日。
③ 张国磊、张燕妮:《农村基层治理:科层制抑或反科层化?——基于桂南Q市"联镇包村"制度运作的调研分析》,《理论与改革》2021年第2期。

意为层层压实责任、高效推进工作落实的属地管理原则,可以保证各项决策在基层落地,让老百姓拥有实实在在的获得感。但是,近年来由于任务下沉和问责的压力,基层干部为了完成上级摊派的高强度任务,经常工作连轴转、从早忙到晚①;并且被一些不该管而又推不掉的"属地管理"弄得不堪重负,进而淡化了居民与社区居委会的关系。② 其结果必然是,本应积极回应群众需求的基层工作者,被裹挟到文山会海、应付督查、炮制新概念等形式主义的窠臼之中,服务群众的时间和精力因此受到挤压。

(三)事务下移,层层加码

事务和事权在本质上属于两个完全不同的概念范畴,事务指的是各级行政机关所要完成的事项,而事权指的是在完成行政事务过程中所必备的处置权。上级行政部门在向基层转移行政事务的过程中,事权并没有因此而向下转移,基层并不完全具备完成上级交办事务的财政权、人事权、执法权等,导致基层工作中出现事务与事权匹配失衡的困境。此外,在向下级转移事务的同时,上级政府为了交出漂亮的成绩单,通常还会在既有规定的基础上加数量、增速度、缩时限、扩内容、提标准等,避免在竞争中属于劣势地位。③ 层层传导、压实责任对于贯彻落实各项政策部署、激发干部干事的自觉性无疑发挥了重要的作用,但是其负面效应也相伴而生。

在实践中,"事务下移,层层加码"是官僚主义的典型表现。部分上级职能部门时常简单地向基层工作部门布置任务,并在事务

---

① 卞超:《基层"疲态治理"的典型表现、根源与治本之策》,《领导科学》2021年第3期。
② 王阳:《滥用"属地管理"问题成为基层治理绊脚石》,《法制日报》2018年12月10日,第5版。
③ 周振超、张金城:《职责同构下的层层加码——形式主义长期存在的一个解释框架》,《理论探讨》2018年第4期。

下压的过程中层层加码,使得基层工作量大且低效,让基层工作者叫苦不已。一位乡镇党委书记告诉记者,他所在的乡镇日常约承担 60 项工作,其中 36 项是本职工作,其余 24 项都是上级或各部局以"属地管理"名义甩到基层的工作[1];不仅如此,某开发区管委会的一名干部这样说:"一个计划一年多建成投产的项目,到我们执行时,已经压缩成要半年建成投产。有的重点项目在落地时,一级一个时间期限,层层提速。"[2]其结果必然是,让资源有限的基层工作部门以牺牲工作的质量和治理的成效为代价应付上级委派的任务,并且还会导致基层工作的长期空转和积压,部分基层干部甚至出现了"不求有功,但求无过"的麻木苗头。

(四)强化属地,弱化垂管

属地责任与垂直责任是与行政系统中的"条块关系"设计相对应的责任体系,即按职能属性设立的"条"和按行政区划设立的"块",通过条块关系的划分以解决经济发展与公共治理之间的冲突。[3] 虽然在不同时期条块关系的强弱对比存在差异,但是两者之间并非此消彼长的关系,即属地管理能力的弱化同时会影响垂直管理的效果[4],反之亦然。但是,不管是属地政府还是垂管部门都承担着守"土"一方的责任,在实践中需要将属地基层政府和垂直职能部门的责任同步压实,并通过明晰的责任划分防止主管部门向基层政府压责任、甩包袱。

在实际中,"强化属地,弱化垂管"是不担当作为的典型表现。垂直主管部门具有专业化管理和跨区域调配的优势,属地管理具

---

[1] 赵阳:《一名乡镇(街道)党委书记的自述:认领 42 份责任书,一半多是"甩锅"》,《半月谈》2019 年第 14 期。
[2] 范帆、李浩:《警惕压力传导沦为"层层加码"》,《半月谈》2018 年第 14 期。
[3] 曹正汉、王宁:《一统体制的内在矛盾与条块关系》,《社会》2020 年第 4 期。
[4] 郑生竹、李雄鹰:《属地管理之惑:要管没权,不管"背锅"》,《半月谈》2018 年第 18 期。

有获取信息便利和责任主体明确的优势,两者相互配合和支持能够有效地提升国家治理效能。然而,在实际的政治场景中,属地管理原则的滥用以及主管责任的弱化仍是常见的现象。正如一名乡镇干部所说:"一个一个包袱往下扔,省市有什么重要的工作,县里部委办局就把任务下发到乡镇,职能部门反而成了'文件中转站'"①,并且"只要在你辖区范围,所有事情都要你牵头。以拆迁为例,要我们村干部冲在最前面,城管等部门反而成了配合方"。②其结果必然是,一些本应承担主体责任的垂直主管部门成了检查工作开展的监督主体,应当承担辅助职能的属地政府反而成为实际的责任主体,导致基层陷入"管而不理,要管没理"的治理窘境。

四、属地管理原则在基层治理中滥用的生成机理

基层既是国家行政权力的末梢,也是防范和化解各类社会风险的前哨。属地管理原则在基层治理中的滥用现象与其他社会现象一样有其得以生成的多重机理,可以运用不同的理论框架加以分析。下文将从组织社会学的分析视角,剖析属地管理原则在基层治理中被滥用的生成机理,即从组织结构、组织制度、组织环境、组织行为四个维度来探索属地管理原则滥用的组织基础以及实现机制。

(一)组织结构:结构张力是其发生的组织基础

科层组织是人们为了实现组织目标和提升治理效率而设计的理性工具,政府作为国家范围内最大的科层组织,为国家的高效治

---

① 郑生竹、李雄鹰:《属地管理之惑:要管没权,不管"背锅"》,《半月谈》2018年第18期。
② 陈席元:《背锅太多,虱多不痒:"属地管理"过滥致基层减负难上难》,《半月谈》2019年第13期。

理和社会的正常运行提供了重要支撑。政府的组织结构决定了各级政府的职能分工和权责分配,动态运行的职能分工和权责分配又在塑造着政府的组织结构,当两者发生摩擦甚至是冲突时,就为属地管理原则的滥用提供了适宜的组织土壤。

从管理结构来看,我国的行政管理体制长期以来实行"条块结合,以块为主,分级管理"的组织架构。所谓的"条条",是指从中央到地方的纵向的、以部门为依据的管理体系;所谓的"块块",是指以行政区划为准的党委领导下的政治关系。① 在"条块结合"的双重领导下,"以块为主"的行政管理体制充分体现了属地在国家治理中具有的重要地位,同时也决定了行政区划内的基层政府不仅要落细落实上级政府分配的各项任务,而且还要统筹兼顾条线职能部门发包的专项事务。事实上,条块关系架构在相对均衡的情况下能够有效地发挥"条"的专业优势和"块"的地缘优势,但是近年来对属地责任的空前强调和条线部门权力的强化打破了原有的条块均衡。在此情境下,"条条"部门利用自身的优势地位以属地管理的名义向下派发任务显得异常"合乎情理",进而不仅加剧了属地政府责任兜底的被动局面,也削弱了基层在防范化解风险和回应民众关切上的优势。

从权责结构来看,《中华人民共和国宪法》规定:"地方各级人民政府对上一级国家行政机关负责并报告工作。全国地方各级人民政府都是国务院统一领导下的国家行政机关,都服从国务院。"由此可知,"中央—省—市—县—乡"五级政府架构属于自上而下的权力体系,与之相对应的是自下而上的负责制。十八大以后的政治体制改革,在保持原有权责分配基本不变的同时,央地关系的权责结构也发生了一些新变化。一方面,随着近年来巡视制度的

---

① 景跃进、陈明明、肖滨:《当代中国政府与政治》,中国人民大学出版社 2016 年版,第 186 页。

改革和监督体系的调整,地方政府面临的督责和追责压力空前强化,自由裁量权和剩余自主权则被显性压缩,诱发了部分官员消极懈怠的避责心理,使得处于权力漏斗底部的基层政府承担了"层层转嫁""层层加码"事务的兜底责任;另一方面,在大力推进基层治理体系和治理能力现代化的背景下,基层治理单元的官僚化、行政化倾向日益明显,行政层级的不断延长成为现实①,为责任转嫁提供了现实的组织基础,但权力下移却是一个缓慢调试的过程,进而加剧了基层政府权责倒挂的兜底现象。

(二) 组织制度:制度间隙是其发生的前置要件

属地管理原则的滥用现象不仅是组织结构的结果,也是制度设计的产物。政府组织需要在制度规约的范围内运行,而制度又具有历史性、法定性、权威性,这就不可避免地存在制度稳定性与执行灵活性的内在张力。再加上制度本身作为一种原则性规范也不可能事无巨细,这为属地管理原则的滥用行为提供了操控空间。

从正式制度来看,任何一项制度设计都会预留一定的弹性空间,赋予制度执行者一定的自由裁量权以适应不同的施行场景,然而,随着模糊性任务的增多和治理环境的日趋复杂化,地方治理模式也在发生潜移默化的变化。从宏观层面来看,近年来中央出台的各项政策文本具有较高的概括性和指导性,政府中心工作也越来越依靠模糊性任务的形式来布置,一定程度上形成了模糊性治理模式。② 模糊性治理在提升地方治理灵活性的同时,也会引发"溢出效应",为扭曲制度认知并将其合法化提供制度"缝隙",使得模糊的、零碎的、不易处理的剩余性事务逐级向基层政府积聚。从

---

① 张铮、包涵川:《属地管理:一个关于行政层级延长的分析框架——基于对Z街道办事处的观察》,《中国行政管理》2018年第6期。
② 何艳玲、肖芸:《问责总领:模糊性任务的完成与央地关系的新内涵》,《政治学研究》2021年第3期。

微观层面来看,各项"基层减负""简政放权"等意在为基层松绑、提升治理效能的制度设计纷纷出台,但是具体的落实措施还有待进一步加强和完善。以简政放权为例,上级对实际下放的内容和权限仍有较大的自主权,"虚放实不放,责放权不放""上面不肯放,下面接不好"的矛盾现象时有发生,出了问题还是基层在兜底。

从非正式制度来看,政府组织内部除了正式制度之外还存在大量的非正式制度。所谓的非正式制度,指的是在组织正式权威结构之外产生的人际关系和行为模式,在官僚组织中普遍存在。[1]正式制度和非正式制度在政府组织内部既相辅相成,又互相掣肘,对组织行为产生重要影响。一方面,科层组织客观存在的非正式关系在起到"关系支撑制度"正向效应的同时,也会存在"关系解构制度"的负面效应。[2] 具体体现为在"基层减负"通知密集出台的背景下,上级政府或职能部门依然可以通过非正式关系将自身职责权限范围内的事务向基层传导,进而在事实上塑造了基层越减越"负"的治理悖论。另一方面,随着中国法治化和制度化进程的加快,已有的大量非正式或半正式的规则逐渐退出,但新生的制度要么供给依旧不足要么缺乏可操作性,导致基层治理出现制度紧缩和自主性弱化等问题。[3] 具体体现为基层政府不仅要兼顾治理过程的合法性和治理结果的有效性,而且要应对新制度适用性不足再生产出来的"新责任",进而在事实上"硬化"和扩张了基层政府的实质性和形式化责任。

---

[1] 周雪光:《国家治理逻辑与中国官僚体制:一个韦伯理论视角》,《开放时代》2013年第3期。
[2] 叶敏:《下位协调依赖:对属地管理扩张的一个解释框架——以沪郊P街道的经验为例》,《公共管理学报》2022年第1期。
[3] 李振、任丹、宫兆杰:《制度紧缩与基层官员避责行为的策略与类型分析》,《深圳社会科学》2021年第2期。

(三) 组织环境：环境变化是其发生的诱发因素

属地管理原则的运用伴随着国家治理与政府运行的全过程。属地管理原则在基层治理中的异化现象并不是与生俱来的，而是多重诱因共同作用的结果。政府组织环境的变迁以及行政事务的增多等成为触发属地管理原则滥用和异化的重要因素。

从内部环境来看，国家治理和社会治理中的各项事务都强调属地管理的重要性，压实属地责任更是成为基层治理中的高频词和常用语。一方面，"上面千把锤、下面一个钉"已然成为近年来基层工作的真实写照，这不仅意味着基层政府承担了越来越繁重的属地责任，而且上级政府或职能部门为了保证属地责任的落实情况还会以各种名义进行督查，使基层干部在承受高负荷工作压力的同时也承受着巨大的心理压力，进一步折射出基层治理面临的"责任超载"困局。另一方面，随着《中国共产党问责条例》的出台和完善，问责情形不仅包括党员干部因故意或过失而违反党纪党规的行为，还包括广大党员同志对党组织的忠诚以及其他影响党的公信力等方面的行为。① 在问责体系日益严密的情境下，作为理性经济人的政府官员在采取行动前必然会评估潜在的政治收益和政治风险，当履责作为和改革创新的负向激励显著高于正向激励时，通过签订责任状等方式变相向地方或基层推卸责任，成为上级政府管控责任风险和工作压力的最优解。

从外部环境来看，政府组织为应对外部环境的变化，也在从"管理者"向"治理者"转变，为社会提供的服务也日趋精细化和多样化。一方面，乌尔里希·贝克（Ulrich Beck）所预言的"风险社会"已经成为现实，自然风险和人为风险、内部风险和外部风险相互交织，政府组织外部环境的变化也在倒逼政府职能的转变，政府

---

① 谷志军：《党内问责制：历史、构成及其发展》，《社会主义研究》2017年第1期。

不仅要高效地处理常规性的行政事务,还要加强应急管理能力的建设,政府随之从有限责任主体逐渐扩展成为无限责任主体。①另一方面,进入新时代以来,我国的主要矛盾已经转化为人民日益增长的美好生活需要和不平衡不充分的发展之间的矛盾。随着主要矛盾的转变,政府与民众之间的关系也会发生转变,要求各属地政府以更加负责任的姿态、更优质的服务呼应人民群众多层次、差异化、个性化的新需求、新期待。简言之,政府组织的行为举措会受到所处环境的制约和塑造,属地管理原则的滥用在一定程度上反映了政府应对环境变迁的策略转换。

(四)组织行为:行为互动是其发生的必要条件

属地管理原则在基层治理中的滥用现象是多方共同参与的互动行为,也是其得以发生的必要条件。如果缺乏"承包方"或者只有"发包方",上级政府的"甩锅"行为都将无法形成,属地管理原则的滥用也无从谈起。属地管理原则在基层治理中的异化行为是"发包方"和"承包方"共同作用的行为结果。

从"发包方"来看,政府组织作为公共权力的代理者同其他社会组织一样,存在一定程度的自利性倾向。在行使公共权力的同时可能会将部分职责风险进行转移,以实现部门和个人利益的最大化。首先,上级政府或垂直管理部门并不是将其职责权限范围内的所有事务都向下转移,而是倾向于将一些新增的事务、尚未明确规定以及工作难度较高的工作进行转移,将"风险小-激励高"的工作事务牢牢掌握在手中。其次,不同于基层政府与其直接上级政府相互配合应对来自更上级政府的政策法令和监督检查的"共

---

① 倪星、王锐:《从邀功到避责:基层政府官员行为变化研究》,《政治学研究》2017年第2期。

谋"行为①,"甩锅"行为是直接上级政府以及更上一级政府共同向基层政府推卸责任的外化表现,基层政府因而承担了属地范围内的兜底责任。最后,从"发包"主体的行为动机及结果来看,上级政府或职能部门也自知强化属地兜底责任的行为无法从根本上撇清自身的责任,但可以将直接责任转化为领导责任或监管责任,进而达到消解工作压力和降低问责风险的目的。

从"承包方"来看,作为责任兜底方的基层政府是国家治理的基石,在国家与社会连接和互动中发挥着重要作用。想要理解"承包方"的"接锅"行为,需要从资源配置以及具体的政治场景入手。一方面,在我国特色的单一制国家体制中,上级政府部门掌控着下级政府人、财、物等的配置权,基层政府对上级政府部门具有较强的依赖性,并且上级政府部门还可以通过强力问责的方式压实属地责任,基层干部如果"不接责",就很有可能会以履职尽责不担当、责任落实不作为等方式进行问责。另一方面,在现实的政治场景中,上级政府或职能部门与属地政府之间的责任归属并非相互对立或割裂的状态,而是处于相辅相成的互补状态。虽然近年来上级政府或职能部门频繁利用自身的优势地位向基层"甩锅"的行为有失偏颇,但属地政府辖区范围内的部分事务的解决也有赖于上位权力的介入和推动,这使得属地政府不仅不愿也不敢直接拒绝上级政府或职能部门向下"甩锅"的责任,而且还会在短期内调动辖区资源全力应付上级政府或职能部门派发的任务,这也加剧了层层"甩锅"的恶性循环,进而削弱了乡镇一级政府部门的自主性、服务性功能。

---

① 周雪光:《基层政府间的"共谋现象"——一个政府行为的制度逻辑》,《开放时代》2009年第12期。

五、结语

"守土有责"但不等于"守土全责"。事实上,属地管理原则本身并没有问题,基层管好属地的分内之事无可厚非,问题在于一些部门借属地管理之名行不为之实,趁机将责任包袱层层向下传导,偏离了属地管理原则设计的初衷。属地管理原则在基层治理中的滥用现象严重损害了基层工作者干事创业的积极性,也减损了属地管理原则的实际效力,对于提升基层治理效能存在不利影响。鉴于此,本文在已有理论研究和现实材料的基础上,梳理了属地管理在基层治理中滥用行为的具体表现,并运用组织社会学的视角从结构、制度、环境、行为四个维度探讨了属地管理原则滥用现象的生成机理,在一定程度上拓展了基层治理的研究内容,同时也体现了对基层治理困境的现实关切。

2021年4月,中共中央、国务院印发了《关于加强基层治理体系和治理能力现代化建设的意见》,明确将实行属地管理和强化属地责任作为基层治理体系和治理能力现代化建设的重要抓手,同时也为继续深化基层治理改革指明了方向。在向基层放权赋能的过程中,不仅要建立健全责任清单以明晰权责边界,而且还要将更多的资源向基层下沉,帮助基层政府科学地规范属地管理,防止层层向属地"甩锅"推责。只有这样,才能将基层干部从形形色色的形式主义、官僚主义中解放出来,让基层干部有更多的时间和精力真抓实干,为人民办实事,做好群众服务工作,真正发挥属地管理的治理效能。

本研究还存在一些不足之处。第一,基层政府兜底行为的生成机制原因复杂,本文重点关注的是上级部门责任转嫁行为并以此作为责任兜底的论证起点,但是在特定的政治场域中也不排除部分基层官员为赢得上级赏识而主动邀功的可能性;第二,虽然本文对属地管理原则在基层治理中滥用的现象及成因进行了整体性分析,但是囿于现有实践资料的限制还没有考虑各地区以及各部门之间滥用属地管理原则的差异和程度。在进一步的研究中,还需要增加理论深度、结合更多的案例素材以及访谈资料充实论证基础,从而从更科学的维度回应基层治理中的难点、痛点和堵点。

［本文系国家社会科学基金一般项目"基于技术治理的精准问责有效机制研究"(项目编号:20BZZ080)的阶段性研究成果。］

地方政府协同治理研究:概念、模式与动因

周凌一*

[**内容摘要**] 地方政府协同治理是地方政府间多方参与、双向交流、权力分享的共同决策与执行过程,被视为应对跨域公共事务的有力工具。学者们从元治理机制、府际关系与中央介入程度等维度将地方协同划分为多元化的治理模式。既有的合作经历、共同信念、资源依赖等地方主体间横向关系与政策文件、绩效考核、领导参与等纵向干预,都是塑造地方协同动机的重要因素。区别于西方实践,纵向干预在我国有着更为重要与深刻的影响,上级政府不仅会从目标或机制要求启动地方协同,还会介入协同过程,协调各方利益,提供资源支持。根据我国地方协同的实践,本文从正式化程度与协同内容两个维度将协同行为划分为偶发型、规范型、象征型、制度化型四类,并基于纵向干预的程度深入讨论了上级要求下的自主协同与取代协同两种模式。未来的研究还需进一步系统构建中国情境下地方协同治理的理论框架,探讨协同动机、过程、绩效等要素,以深化协同治理理论在中国的讨论,并为推动我国区域协同治理的发展提供指导。

[**关键词**] 地方政府协同治理;跨域公共事务;纵向干预;正式化

---

* 周凌一,复旦大学国际关系与公共事务学院青年副研究员。

一、问题提出:跨域公共事务的解决之道

伴随着公共事务的日益复杂化,尤其是跨域社会问题的出现,单一主体的职权及能力已无法满足社会发展及公共服务的需求,多元主体间的协同治理(collaborative governance)被视为解决这类复杂化、跨域社会问题的有力工具。"协同治理"一词最早出现于20世纪80年代末90年代初的西方社会,是新公共管理运动以来政府开始重视并引入市场、社会等多元主体合作以提高公共服务质量浪潮下的产物。随着知识分配的专业化及机构间依赖的日益加剧,协同治理的社会需求层出不穷,成为西方公共管理学界研究的热点,其核心内容是探讨政府、企业与社会等主体共同提供某类复杂性公共物品的实践。[1] 协同治理是跨域、多组织间沟通交流、资源共享、共同决策的总体框架,既可以是政府、企业或社会间的跨部门协同,如公私伙伴关系、政社合作等;也可以是单一部门下多组织的协同,如地方政府间的协同治理。基于属地化管辖原则下单边政府行政权力的局限性,地方政府协同治理的理念逐渐被纳入国家治理体系,京津冀协同发展、长三角一体化发展、粤港澳大湾区建设等协同实践也在有序推进。不少学者认为,跨域公共事务的有效治理需要地方政府通过行政管辖权让渡形成区域公共管理权力[2],实现从行政

---

[1] Mark Lubell, "Collaborative Environmental Institutions: All Talk and No Action?", *Journal of Policy Analysis and Management*, 2004, 23(3), pp. 549-573; Rosemary O'Leary, Lisa Bingham and Catherine Gerard, "Special Issue on Collaborative Public Management", *Public Administration Review*, 2006, 66, pp. 1-170.

[2] 杨龙、彭彦强:《理解中国地方政府合作——行政管辖权让渡的视角》,《政治学研究》2009年第4期。

区行政到区域公共管理的嬗变。① 本研究将聚焦于地方政府协同治理(下文为行文方便,多简称"地方协同治理"),即地方政府为解决特定跨域公共事务而形成的一系列互动,既包括一次性或阶段性任务,比如人员、信息、设备、专家等非正式资源的交换和政府部门间的"握手"协议;也包括制度化的组织间关系建立,比如合作框架协议、合作备忘录等文本签署和合作机构的建立等。②

为解决跨域公共问题,地方政府开展了一系列协同实践,例如,长三角区域各省市就经济社会一体化彼此主动对接、深度互动的区域合作③,"9+2"泛珠三角区域在商贸、交通、旅游、科教文卫、环境保护等领域的全方位协同。④ 环境问题是复杂化跨域公共事务的典型体现,我国地方政府为更好地治理环境污染形成了多样化的协同机制,如 2008 年设立的杭湖嘉绍边界联合执法小组,2013 年组建的京津冀及周边地区大气污染联防联控机制,2015 年形成的环太湖城市水利联席会议与太浦河水资源保护省际协作机制,2018 年成立的长三角区域合作办公室等。这些实践在形式、内容、起源等维度上都具有不同的特征:在形式上,有些是领导会晤、联席会,有些是合作协议、联合发文,甚至是区域合作机构;在内容上,既有联合执法、联合监测等行动层面的协同,也有资

---

① 陈瑞莲:《论区域公共管理的制度创新》,《中山大学学报》(社会科学版)2005 年第 5 期;杨爱平、陈瑞莲:《从"行政区行政"到"区域公共管理"——政府治理形态嬗变的一种比较分析》,《江西社会科学》2004 年 1 期;金太军:《从行政区行政到区域公共管理——政府治理形态嬗变的博弈分析》,《中国社会科学》2007 年第 6 期。

② 杨爱平:《区域合作中的府际契约:概念与分类》,《中国行政管理》2011 年第 6 期;锁利铭:《地方政府间正式与非正式协作机制的形成与演变》,《地方治理研究》2018 年第 1 期;Yu-Che Chen and Kurt Thurmaie, "Interlocal Agreements as Collaborations: An Empirical Investigation of Impetuses, Norms, and Success", *The American Review of Public Administration*, 2009, 39(5), pp.536-552。

③ 唐亚林、于迎:《主动对接式区域合作:长三角区域治理新模式的复合动力与机制创新》,《理论探讨》2018 年第 1 期。

④ 马捷、锁利铭、陈斌:《从合作区到区域合作网络:结构、路径与演进——来自"9+2"合作区 191 项府际协议的网络分析》,《中国软科学》2014 年第 12 期。

金共享、联合规划等决策层面的协同;在起源上,有些在中央/上级政府的要求或强力介入下成立,有些由地方政府自愿组成。据此,本研究将从概念辨析、类型划分、治理模式、形成动因等方面系统地梳理既有国内外文献关于地方政府协同治理的讨论,进一步厘清地方政府协同治理的理论模型与运行机制,在此基础上为地方政府协同治理的制度设计与政策规划提供经验参考与路径依循,以实现区域公共事务治理能力的提升。

二、地方政府协同治理的发展缘起与概念辨析

"协同治理"的产生很大程度上是公共管理实践的趋势所致,主要表现为两方面:第一,传统的官僚管理模式(如行政命令等规制性手段)的失败,使得公共部门尝试新的路径以改善公共服务的效率①;第二,日益复杂化的社会问题,尤其是"棘手"问题,无法由单一部门独立解决,需要不同主体的共同努力。② "跨部门协同"(cross-sector collaboration)③ "协同型公共管理"(collaborative public management)④等概念层出不穷,但都体现了参与者从问题

---

① Mark Lubell, "Collaborative Environmental Institutions: All Talk and No Action?", *Journal of Policy Analysis and Management*, 2004, 23(3), pp. 549-573; Myrna Mandell and Toddi Steelman, "Understanding What Can Be Accomplished through Interorganizational Innovations the Importance of Typologies, Context and Management Strategies", *Public Management Review*, 2003, 5(2), pp. 197-224.
② Laurence O'Toole Jr. and Kenneth Meier, "Desperately Seeking Selznick: Cooptation and The Dark Side of Public Management in Networks", *Public Administration Review*, 2004, 64(6), pp. 681-693.
③ John Bryson, Barbara Crosby and Melissa Stone, "The Design and Implementation of Cross-Sector Collaborations: Propositions from the Literature", *Public Administration Review*, 2006, 66(6), pp. 44-55.
④ Rosemary Leary, Lisa Bingham and Catherine Gerard, "Special Issue on Collaborative Public Management", *Public Administration Review*, 2006, 66, pp. 1-170.

的不同方面出发,建设性地共同探索超越自身能力限制的解决方案。① 协同治理的概念由协同(collaboration)发展而来,协同更多关注多方主体的合作努力,他们致力于建设性地处理矛盾分歧,旨在基于资源共享和联合行动来共同解决公共问题和提供服务。② 治理(governance)指相互依赖且独立运作的参与者通过集体决策制定方案并实现共同目标的安排与过程。③ 因此,相较于协同,协同治理更为强调两个或多个主体间制度化的集体决策过程,以联合解决问题并创造共同价值。

具体来看,不同学者对协同治理的概念定义也有所差别。安·汤姆森(Ann Thomson)和詹姆斯·佩里(James Perry)认为,协同治理是参与主体通过正式和非正式的协商,共同制定决策规则以解决特定问题的互利互惠过程。④ 克里斯·安塞尔(Chris Ansell)和艾利森·加什(Alison Gash)将协同治理定义为政府与非政府部门间共同决策的正式化制度安排,以制定与执行公共政策,而政府部门是这一制度安排的发起者。⑤ 柯克·埃默森(Kirk Emerson)、蒂娜·纳巴奇(Tina Nabatchi)和斯蒂芬·巴洛格(Stephen Balogh)认为安塞尔和加什的定义过于狭窄,政府、私人部门、公民社会、社区等主体都可发起或参与协同治理,以达成单

---

① See Barbara Gray, *Collaborating: Finding Common Ground for Multiparty Problems*, San Francisco: Jossey-Bass, 1989.

② Robyn Keast, Kerry Brown and Myrna Mandell, "Getting the Right Mix: Unpacking Integration Meanings and Strategies", *International Public Management Journal*, 2007, 10(1), pp. 9–33; Ann Thomson, James Perry and Theodore Miller, "Conceptualizing and Measuring Collaboration", *Journal of Public Administration Research and Theory*, 2009, 19(1), pp. 23-56.

③ Kirk Emerson and Tina Nabatchi, *Collaborative Governance Regimes*, Washington DC: Georgetown University Press, 2015, p. 15.

④ Ann Thomson and James Perry, "Collaboration Processes: Inside the Black Box", *Public Administration Review*, 2006, 66, pp. 20-32.

⑤ Chris Ansell and Alison Gash, "Collaborative Governance in Theory and Practice", *Journal of Public Administration Research and Theory*, 2008, 18(4), pp. 543-571.

一主体无法完成的公共目标,包括正式化、非正式化等多样形式。① 安娜·阿米尔哈尼扬(Anna Amirkhanyan)在总结已有研究的基础上,较为系统且综合地将协同治理界定为:为解决社会问题或公共服务而产生的多组织安排或者一系列正式与非正式互动,具体包括:共同制定新的规则、流程、治理结构来维护组织间关系;共同决策财政或人力资源的管理与安排;在信息、财务、时间和市场限制下共同解决单一组织所无法解决的问题;创造新的公共价值或者进行共同的探索。② 综合来看,协同治理是政府、企业、社会组织、社区或公众等多元主体为提供公共服务或解决社会问题等共同目标而多方参与、双向交流、权力分享的共同决策过程。③本质上,协同治理的概念包括四个核心要素:(1)多元主体的参与。既可以是跨领域的合作,如政府与企业或社会组织间;也可以是同一领域内不同参与者间的合作,如地方政府或不同职能部门间。(2)主体间相互依存。通常,协同的目标都较为复杂,由于资源短缺、职权范围限制等,很难为单一主体所实现。(3)公共价值导向。参与者的共同目标是更好地提供某类公共服务或解决某一特定社会问题,具有较强的公共价值导向。(4)共同决策过程。参与主体间沟通交流、共享资源甚至权力,在目标设立、资源安排、规则制

---

① Kirk Emerson, Tina Nabatchi and Stephen Balogh, "An Integrative Framework for Collaborative Governance", *Journal of Public Administration Research and Theory*, 2012, 22(1), pp.1-29.

② Anna Amirkhanyan, "Collaborative Performance Measurement: Examining and Explaining the Prevalence of Collaboration in State and Local Government Contracts", *Journal of Public Administration Research and Theory*, 2008, 19, pp.523-544.

③ Michael McGuire, "Collaborative Public Management: Assessing What We Know and How We Know It", *Public Administration Review*, 2006, 66, pp.33-43; Gloria Simo and Angela Bies, "The Role of Nonprofits in Disaster Response: An Expanded Model of Cross-Sector Collaboration", *Public Administration Review*, 2007, 67(6), pp.125-142; John Bryson, Barbara Crosby and Melissa Stone, "The Design and Implementation of Cross-Sector Collaborations: Propositions from the Literature", *Public Administration Review*, 2006, 66, pp.44-55; Ann Thomson and James Perry, "Collaboration Processes: Inside the Black Box", *Public Administration Review*, 2006, 66, pp.20-32.

定、权责分配等方面都由参与者共同决策。

地方协同治理是地方政府间沟通协商以达成共识的集体决策过程,也是府际合作的典型体现。随着跨域公共问题的大量出现,属地管辖的原则已无法满足当代社会的治理需求,不少国内学者就地方协同治理提出区域公共管理、复合行政等概念。行政区行政是基于行政区划的刚性约束而产生的传统政府治理形态,区域公共事务的涌现对这一传统治理模式构成了严峻挑战,它要求地方政府构建起区域公共管理的治理制度安排,对区域内、外公共问题形成"双元"治理形态。[①] 区域公共管理的权力可以通过地方政府让渡部分的行政管辖权形成,以促进经济要素的流动、产业结构的调整、跨界公共问题的治理和区域公共物品的提供。[②] 复合行政则是一种为促进区域经济一体化、提供跨行政区公共服务,跨行政区划、跨行政层级的不同政府间,通过吸纳非政府组织参与,经交叠、嵌套而形成的多中心、自主治理的合作机制。[③] 相较之下,复合行政的参与主体更加多元化。

三、地方政府协同治理的类型与模式

地方政府协同治理在实践中有着多样化的类型与模式。地方协同行为可以依据其正式化程度分为非正式协同与正式协同两种类型;地方协同治理的模式则可以从元治理机制、府际关系、中央介入程度等维度进行归类与讨论。

---

① 杨爱平、陈瑞莲:《从"行政区行政"到"区域公共管理"——政府治理形态嬗变的一种比较分析》,《江西社会科学》2004年第11期。

② 杨龙、彭彦强:《理解中国地方政府合作——行政管辖权让渡的视角》,《政治学研究》2009年第4期。

③ 王健、鲍静、刘小康等:《"复合行政"的提出——解决当代中国区域经济一体化与行政区划冲突的新思路》,《中国行政管理》2004年第3期。

(一) 类型划分:非正式协同与正式协同

地方协同治理是跨域地方政府间沟通交流、资源共享以及共同决策的总体框架,在实践中,表现为各式各样的协同行为,目前,学者们主要将这些行为划分为非正式协同与正式协同两类。非正式协同又被称为对话式协同,是基于地方主体间社会、经济、政治关联而产生的非正式关系,主要表现为论坛、座谈、研讨、培训、会议等形式的主体间互动。[1] 在非正式关系下,参与者基于信息、资源交换形成合作网络,这种关系对参与者几乎没有约束力,他们可以自主选择加入或退出合作关系。[2] 正式协同则是对地方主体有较强约束力的制度性协同,表现为地方主体间签署合同、协议或建立区域机构。这些正式化的关系往往会对参与主体的权责、治理结构、制度规则等都有较为详尽的规定,对参与者的约束力也相对较强。[3] 正式的协同关系为制度规则和监管程序所约束,能够为协同治理提供有效、稳定而持续的承诺,更容易达成治理目标。[4] 不少学者肯定非正式协同的灵活性,它使得地方政府拥有较高的

---

[1] Mark Granovetter, "Economic Action and Social Structure: The Problem of Embeddedness", *American Journal of Sociology*, 1985, 91(3), pp. 481-510; Hongtao Yi, Liming Suo, Ruowen Shen, et al., "Regional Governance and Institutional Collective Action for Environmental Sustainability", *Public Administration Review*, 2018, 78(4), pp. 556-566.

[2] Chen Huang, Hongtao Yi, Tao Chen, et al., "Networked Environmental Governance: Formal and Informal Collaborative Networks in Local China", *Policy Studies*, 2022, 43(3), pp. 403-421.

[3] Christopher Hawkins, Qian Hu and Richard Feiock, "Self-Organizing Governance of Local Economic Development: Informal Policy Networks and Regional Institutions", *Journal of Urban Affairs*, 2016, 38(5), pp. 643-660; Kimberley Isett, Ines Mergel, Kelly Leroux, et al., "Networks in Public Administration Scholarship: Understanding Where We Are and Where We Need to Go", *Journal of Public Administration Research and Theory*, 2011, 21(1), pp. 157-173.

[4] Jered Carr and Christopher Hawkins, "The Costs of Cooperation: What the Research Tells Us about Managing the Risks of Service Collaborations in the US", *State and Local Government Review*, 2013, 45(4), pp. 224-239.

自主性,在协同过程中能够充分考虑各主体的需求和偏好,在公共问题的决策上也有更大的协商空间和灵活性,对于促进信息与资源流动、提升参与主体间信任与互惠感知起到重要作用。① 但是,正式协同更具有实质性意义,它基于制度设计有明确的可置信承诺与规则约束的途径,对参与主体的资源投入也有更高的要求,能在合作存在风险时保障协同目标的达成。②

一般而言,正式协同通常会有更详尽的目标要求或执行计划的时间安排,甚至有后续考核与问责机制的设计。据此,如果地方政府愿意形成更为正式化的协同,一定程度上代表他们有更强的协同承诺并愿意付出更多努力,但我们也需要了解协同活动的具体表现。例如,如迈克尔·麦圭尔(Michael McGuire)和克里斯·西尔维娅(Chris Silvia)将协同活动分为备忘录、互助协议、基金申请、基金管理、政府间资金转移、非正式合作、技术援助、设备供应及联合规划等。③ 马克·因佩里亚尔(Mark Imperial)则将协同的具体内容划分为业务层面、决策层面与制度层面,且其所代表的

---

① 锁利铭:《地方政府间正式与非正式协作机制的形成与演变》,《地方治理研究》2018 年第 1 期; Christopher Hawkins, Qian Hu and Richard Feiock, "Self-Organizing Governance of Local Economic Development: Informal Policy Networks and Regional Institutions", *Journal of Urban Affairs*, 2016, 38(5), pp. 643-660; Angela Park, Rachel Krause and Christopher Hawkins, "Institutional Mechanisms for Local Sustainability Collaboration: Assessing the Duality of Formal and Informal Mechanisms in Promoting Collaborative Processes", *Journal of Public Administration Research and Theory*, 2021, 31(2), pp. 434-450。

② 锁利铭:《跨省域城市群环境协作治理的行为与结构——基于"京津冀"与"长三角"的比较研究》,《学海》2017 第 4 期; Serena Kim, William Swann, Christopher Weible, et al., "Updating the Institutional Collective Action Framework", *Policy Studies Journal*, 2020, 50(1), pp. 1-26; Carolyn Hill and Laurence Lynn, "Producing Human Services Why Do Agencies Collaborate?", *Public Management Review*, 2003, 5(1), pp. 63-81; Ulrica Nylén, "Interagency Collaboration in Human Services: Impact of Formalization and Intensity on Effectiveness", *Public Administration*, 2007, 85(1), pp. 143-166.

③ Michael McGuire and Chris Silvia, "The Effect of Problem Severity, Managerial and Organizational Capacity, and Agency Structure on Intergovernmental Collaboration: Evidence from Local Emergency Management", *Public Administration Review*, 2010, 70(2), pp. 279-288.

协同深度、广度不断递增,其中,制度层面的活动影响、限制或改善决策、业务层面的活动,决策层面的活动也可决定或改变业务层面的活动。①

（二）治理模式：元治理机制、府际关系与中央介入程度

在实践中,我国地方协同治理呈现多样化的模式,学者们根据元治理机制、府际关系、中央介入程度等标准展开了深入讨论。依据元治理机制的特点,范永茂等学者将跨域环境协同实践划分为科层主导型、契约主导型和网络主导型治理模式。② 科层主导型模式呈现构建正式流程和依赖等级性权威的特点,在应对紧急跨界污染问题时见效最快;契约主导型模式的核心原则是平等交易,其作用发挥必须要有科层机制的基础保障,可持续性最好;网络主导型模式高度依赖长期共享网络,当缺乏行政或经济激励时,这一模式容易产生合作惰性与困境。在此基础上,崔晶和毕馨雨根据外部需求程度和社会参与的广泛性,构建起科层发包型、适应调整型、市场契约型及多元参与型四种跨域生态环境协同治理策略。③ 特定治理策略在经历地方政府的创新和试点、环保政策的反馈与选择、环保政策上升为规章制度三个阶段的学习路径并被最终留存后,才能形成协同治理的集体行动。

我国的府际关系有纵向、横向与斜向之分,据此,周志忍与蒋敏娟提出了以权威为依托的等级制纵向协同、以部际联席会议为

---

① Mark Imperial, "Using Collaboration as a Governance Strategy: Lessons from Six Watershed Management Programs", *Administration & Society*, 2005, 37(3), pp.281-320.
② 范永茂、殷玉敏:《跨界环境问题的合作治理模式选择——理论讨论和三个案例》,《公共管理学报》2016年第2期。
③ 崔晶、毕馨雨:《跨域生态环境协作治理的策略选择与学习路径研究——基于跨案例的分析》,《经济社会体制比较》2020年第3期。

代表的横向协同与围绕专项任务开展的条块间横向协同三种组织模式。① 在我国,以权威为依托的等级制纵向协同是地方协同治理的主导模式,这种模式强调权力的高度集中和统一,其协调机制呈现高度依赖权威且信息纵向流动的特征,"河长制"就是典型的案例。② 谢宝剑与陈瑞莲认为区域协同治理模式主要是府际主导,包括纵向府际主导和横向府际主导。③ 纵向府际主导的治理模式通常由中央或上级政府制定政策,要求地方政府予以合作,但这一模式依赖自上而下的单向治理,是一种被动的政策响应,实质上仍然是以行政区为主的"碎片化"松散治理。横向府际主导的治理模式是地方政府为应对特定的区域公共问题而形成的自发协同,包括由具有较大影响力的地方主体发起与各参与主体共同发起两种类型。然而,由于府际协议的法律地位模糊、协调机构权威不足、执行强制性有限等问题,横向府际主导模式的治理功能往往十分有限。

发展型地方主义下的地方竞合机制是以行政分权、财政分权和官员晋升博弈为特征的垂直激励机制,因此,地方政府间合作实质上是政治动员型而非主体间平等博弈式,中央政府的强力推动起到关键作用。④ 有学者研究发现,在制度环境和治理资源的双重约束下,被动式回应型协同成为京津冀区域政府间大气污染协同治理的理性选择,这一模式能获得短暂的合法性回馈,但其成本巨大且无法取得持续性的协同效应。⑤ 也有学者认为地方政府的

---

① 周志忍、蒋敏娟:《中国政府跨部门协同机制探析——一个叙事与诊断框架》,《公共行政评论》2013年第1期。

② 任敏:《"河长制":一个中国政府流域治理跨部门协同的样本研究》,《北京行政学院学报》2015年第3期。

③ 谢宝剑、陈瑞莲:《国家治理视野下的大气污染区域联动防治体系研究——以京津冀为例》,《中国行政管理》2014年第9期。

④ 杨爱平:《从垂直激励到平行激励:地方政府合作的利益激励机制创新》,《学术研究》2011年第5期。

⑤ 孟庆国、魏娜、田红红:《制度环境、资源禀赋与区域政府间协同——京津冀跨界大气污染区域协同的再审视》,《中国行政管理》2019年第5期。

自主性在不断增强,逐渐由中央政府主导下的被动式合作向中央政府引导下的自主性合作发展。① 中央政府可以通过资金支持、政策诱导和地方政府的政绩评价导向激励地方协同治理,基于中央的介入程度,我国地方协同治理模式可分为互利模式、大行政单位主导模式和中央诱导模式。② 张成福等学者提出了中央主导模式、平行区域协调模式与多元驱动网络模式。③ 在协同初期或者协同动力不足的区域,中央政府主导模式可以发挥很大的作用,通过行政命令或政策支持要求成立区域治理机构,并给予地方政策、资金、人才等方面的支持,执行性较强。

四、地方政府协同治理的动因:横向关系与纵向干预

既有的国内外研究深入探讨了地方协同治理的形成机制与影响因素,主要可分为横向关系与纵向干预两大类。在我国,层级体系下的地方协同治理,不仅为参与主体间既有的横向关系所影响,如过去的合作经验、地区同质性、已有的联结或网络等,更重要的是,还为自上而下的纵向干预所塑造,如上级的政策要求、绩效考核、领导参与等。

(一) 横向关系:合作经历、共同信念、资源依赖

多数学者认为地方协同治理是参与主体间基于横向联结的自发行为,既有的合作经历、共同的信念(目标)、资源依赖及社会经济环境等方面的同质性,都能有效地增强参与者间的信任与互惠

---

① 邢华:《我国区域合作治理困境与纵向嵌入式治理机制选择》,《政治学研究》2014年第5期。
② 杨龙:《地方政府合作的动力、过程与机制》,《中国行政管理》2008年第7期。
③ 张成福、李昊城、边晓慧:《跨域治理:模式、机制与困境》,《中国行政管理》2012年第3期。

感知,减少沟通协商的成本,提升协同动机。①

1. 社会资本理论视角:既有的合作经历

社会资本理论主要从信任、互惠、社会规范等视角来看协同的形成。② 参与主体的意愿会因合作伙伴呈现相同的意愿而增强,这是"公平交易"的互惠表现。③ 进一步地,信任是多个主体基于特定环境彼此间互惠关系的认知。④ 如果参与主体有共同的利益,抑或过往遵守承诺的经历,都有益于彼此间信任的建立。同时,信任能够在参与主体的互动中有效地减少因监督或强制性要求而产生的交易成本,增强彼此间的接受度,进而促进协同的形成。⑤ 马丁·伦丁(Martin Lundin)通过交互效应的检验发现,信

---

① Branda Nowell, "Out of Sync and Unaware? Exploring the Effects of Problem Frame Alignment and Discordance in Community Collaboratives", *Journal of Public Administration Research and Theory*, 2009, 20(1), pp. 91-116; Anna A. Amirkhanyan, "Collaborative Performance Measurement: Examining and Explaining the Prevalence of Collaboration in State and Local Government Contracts", *Journal of Public Administration Research and Theory*, 2009, 19(3), pp. 523-554; Craig Smith, "Institutional Determinants of Collaboration: An Empirical Study of County Open-Space Protection", *Journal of Public Administration Research and Theory*, 2007, 19(1), pp. 1-21; Marc Esteve, George Boyne, Vicenta Sierra, et al., "Organizational Collaboration in The Public Sector: Do Chief Executives Make A Difference?", *Journal of Public Administration Research and Theory*, 2013, 23(4), pp. 927-952; John Calanni, Saba Siddiki, Christopher Weible, et al., "Explaining Coordination in Collaborative Partnerships and Clarifying the Scope of the Belief Homophily Hypothesis", *Journal of Public Administration Research and Theory*, 2015, 25(3), pp. 901-927.

② James Coleman, "Social Capital in the Creation of Human Capital", *American Journal of Sociology*, 1989, 94, pp. 95-120.

③ Peter Ring and Andrew Van De Ven, "Development Processes of Cooperative Interorganizational Relationships", *Academy of Management Review*, 1994, 19(1), pp. 90-118.

④ Margaret Levi and Laura Stoker, "Political Trust and Trustworthiness", *Annual Review of Political Science*, 2000, 3(1), pp. 475-507; Ann Thomson, James Perry and Theodore Miller, "Conceptualizing and Measuring Collaboration", *Journal of Public Administration Research and Theory*, 2009, 19(1), pp. 23-56.

⑤ John Calanni, Saba Siddiki, Christopher Weible, et al., "Explaining Coordination in Collaborative Partnerships and Clarifying the Scope of the Belief Homophily Hypothesis", *Journal of Public Administration Research and Theory*, 2015, 25(3), pp. 901-927.

任是协同治理的必要条件。① 在此基础上,组织或个体间过去的合作经历,往往能让参与者彼此熟悉与信任,尤其是成功的经验,有利于加深合作的范围或程度,失败的经历却会在一定程度上阻碍地方协同的发展。② 在我国大气污染的地方协同治理中,学者们发现过去的合作经历在"扇形模式"下起到重要作用:基于既有的沟通交流与合作,地方主体在面临新的区域问题时能够更快地建立信任关系,例如珠三角城市群。③ 此外,也有学者根据长三角地方环境协同实践研究发现,过去的协同经历会对上级的介入产生情境效应,尤其能够为领导的协调提供良好的合作基础,降低交易成本并强化领导参与的积极作用。④

2. 倡导联盟框架视角:共同的信念

信念是行为的主要驱动力,更是个体构建关系网络或政治决策的基础。⑤ 倡导联盟框架(Advocacy Coalition Framework)在有限理性的假设下,认为一致的政策信念(policy-core belief)是政策

---

① Martin Lundin, "Explaining Cooperation: How Resource Interdependence, Goal Congruence, and Trust Affect Joint Actions in Policy Implementation", *Journal of Public Administration and Research Theory*, 2007, 17(4), pp. 651-672.

② Chris Ansell and Alison Gash, "Collaborative Governance in Theory and Practice", *Journal of Public Administration Research and Theory*, 2008, 18(4), pp. 543-571; John Bryson, Barbara Crosby and Melissa Stone, "The Design and Implementation of Cross-Sector Collaborations: Propositions from the Literature", *Public Administration Review*, 2006, 66, pp. 44-55; Dorothy Daley, "Interdisciplinary Problems and Agency Boundaries: Exploring Effective Cross-Agency Collaboration", *Journal of Public Administration Research and Theory*, 2009, 19(3), pp. 477-493.

③ Yao Liu, Jiannan Wu, Hongtao Yi, et al., "Under What Conditions do Governments Collaborate? A Qualitative Comparative Analysis of Air Pollution Control in China", *Public Management Review*, 2021, 23(11), pp. 1664-1682.

④ Lingyi Zhou and Yixin Dai, "Within the Shadow of Hierarchy: The Role of Hierarchical Interventions in Environmental Collaborative Governance"(December, 2021), *Governance*, https://doi.org/10.1111/gove.12664Z, retrived April 16, 2022.

⑤ John Calanni, Saba Siddiki, Christopher Weible, et al., "Explaining Collaboration in Coordination Partnerships and Clarifying the Scope of the Belief Homophily Hypothesis", *Journal of Public Administration Research and Theory*, 2015, 25(3), pp. 901-927.

子系统中形成联盟的关键所在,也是塑造政治行为的重要影响因素。政策信念则反映了政策相关的价值观,比如对特定政策问题的界定或严重性判断、对社会公平或福利分配的认知等。已有不少学者研究发现,共同的问题界定是参与者建立协同关系的重要影响因素。[1] 问题的界定是参与者对问题进行识别、讨论、沟通甚至达成共识的基础。虽然参与者在合作前都带有自身对问题的理解,但在不断的沟通与互动中,他们逐步对问题形成较为一致的定义并将其概念化,进而达到协同所需的关键基础——认知共识。[2] 共同的问题理解或政策信念,是参与主体持续互动、推动协同发展的必要条件,它不仅能减少沟通、协调的成本,还能逐步建立彼此间的信任,维持地方协同的良性发展。

3. 资源依赖理论视角:资源获取

资源是组织赖以生存与发展的源泉所在,因此,当组织缺少实现目标所需的必要资源时,就会试图与其他组织建立联系以获取特定的资源。[3] 然而,因资源需求而建立的依赖关系,也会挑战组织的自主性,并带来一系列协商成本或加大问责的难度。[4] 在资

---

[1] Dorothy Daley, "Interdisciplinary Problems and Agency Boundaries: Exploring Effective Cross-Agency Collaboration", *Journal of Public Administration Research and Theory*, 2009, 19(3), pp.477-493; Branda Nowell, "Out of Sync and Unaware? Exploring the Effects of Problem Frame Alignment and Discordance in Community Collaboratives", *Journal of Public Administration Research and Theory*, 2009, 20(1), pp.91-116; Siv Vangen and Chris Huxham, "The Tangled Web: Unraveling the Principle of Common Goals in Collaborations", *Journal of Public Administration Research and Theory*, 2011, 22(4), pp.731-760.

[2] Susan Mohammed and Brad Dumville, "Team Mental Models in a Team Knowledge Framework: Expanding Theory and Measurement Across Disciplinary Boundaries", *Journal of Organizational Behavior*, 2001, 22(2), pp.89-106.

[3] See Jeffrey Pfeffer and Gerald Salancik, *The External Control of Organizations: A Resource Dependence Perspective*, Redwood: Stanford University Press, 2003.

[4] Weerasak Krueathep, Norma Riccucci and Charas Suwanmala, "Why Do Agencies Work Together? The Determinants of Network Formation at The Subnational Level of Government in Thailand", *Journal of Public Administration Research and Theory*, 2010, 20(1), pp.157-185.

源依赖理论中,资源不仅指物质资源(如资金),还包括社会资源(如影响力),它们通常较为稀缺且难以获取,因此,组织会基于理性的考虑而与其他占有特定资源的组织合作,以降低获取关键性资源的不确定性。① 跨域复杂化公共问题的解决通常需要多种资源,当组织因资源缺失而无法达成目标时,就会积极对外寻求合作伙伴,以高效地获取特定资源。②

4. 其他视角:问题/任务复杂性、同质性与领导特质

地方协同治理的形成很大程度上是应公共问题的需求,即日益复杂化尤其是"棘手"或"难以应付"的问题。③ 因此,问题/任务的复杂性也是影响地方协同治理的重要因素之一。有学者从任务的不确定性、价值差异性(是否有多元的利益相关者)和时间紧迫性三个维度来定义任务的复杂性。④ 已有研究表明,越复杂、越严重的公共问题,往往越无法由单一地方主体解决,需要地方政府间

---

① John Calanni, Saba Siddiki, Christopher Weible, et al., "Explaining Collaboration in Collaborative Partnerships and Clarifying the Scope of the Belief Homophily Hypothesis", *Journal of Public Administration Research and Theory*, 2015, 25(3), pp. 901-927; Megan Mullin and Dorothy Daley, "Working with the State: Exploring Interagency Collaboration within a Federalist System", *Journal of Public Administration Research and Theory*, 2009, 20(4), pp. 757-778; Ann Thomson, James Perry and Theodore Miller, "Conceptualizing and Measuring Collaboration", *Journal of Public Administration Research and Theory*, 2009, 19(1), pp. 23-56.

② Dorothy Daley, "Interdisciplinary Problems and Agency Boundaries: Exploring Effective Cross-Agency Collaboration", *Journal of Public Administration Research and Theory*, 2009, 19(3), pp. 477-493; Weerasak Krueathep, Norma Riccucci and Charas Suwanmala, "Why Do Agencies Work Together? The Determinants of Network Formation at The Subnational Level of Government in Thailand", *Journal of Public Administration Research and Theory*, 2010, 20(1), pp. 157-185.

③ See Russell Ackoff, *Re-Creating the Corporation: A Design of Organizations for the 21st Century*, New York: Oxford University Press, 1999.

④ Weerasak Krueathep, Norma Riccucci and Charas Suwanmala, "Why Do Agencies Work Together? The Determinants of Network Formation at The Subnational Level of Government in Thailand", *Journal of Public Administration Research and Theory*, 2010, 20(1), pp. 157-185.

的通力合作、资源共享与职能互补。① 问题/任务的复杂性也会影响参与主体对具体协同行为或形式的选择。当地方主体面临常规性的治理任务时,他们往往会认为合作风险可控,更倾向于非正式协同以降低交易成本。② 然而,随着任务的复杂化,地方政府陷入高风险的合作困境,则会倾向于寻求外部权威、正式化的机制以防止合作伙伴的叛逃。③

同质性指参与者与自身相似的主体建立并保持关系的倾向。④ 在选择合作伙伴时,参与主体往往倾向于同与自己相似的组织建立协同机制以降低合作风险。⑤ 在社会、经济、环境等方面相似的参与主体,往往更容易达成目标共识,也会有更强的信任与互惠感知,进而能减少合作风险以及沟通协商和监督成本。⑥ 同一辖区内的城市往往表现出相似的政策偏好和目标,具有较高的同质性,因此,

---

① Michael McGuire and Chris Silvia, "The Effect of Problem Severity, Managerial and Organizational Capacity, and Agency Structure on Intergovernmental Collaboration: Evidence from Local Emergency Management", *Public Administration Review*, 2010, 70(2), pp. 279-288.

② Rachel Krause and Christopher Ha, "The Perfect Amount of Help: An Examination of The Relationship Between Capacity and Collaboration in Urban Energy and Climate Initiatives", *Urban Affairs Review*, 2021, 57(2), pp. 583-608.

③ Serena Kim, William Swann, Christopher Weible, et al., "Updating the Institutional Collective Action Framework", *Policy Studies Journal*, 2020, 50(1), pp. 1-26.

④ Gueorgi Kossinets, Duncan Watts, "Origins of Homophily in an Evolving Social Network", *American Journal of Sociology*, 2009, 115(2), pp. 405-450.

⑤ Christopher Hawkins and Simon Andrew, "Understanding Horizontal and Vertical Relations in the Context of Economic Development Joint Venture Agreements", *Urban Affairs Review*, 2011, 47(3), pp. 385-412.

⑥ Bin Chen, Jie Ma, Richard Feiock, et al., "Factors Influencing Participation in Bilateral Interprovincial Agreements: Evidence from China's Pan Pearl River Delta", *Urban Affairs Review*, 2019, 55(3), pp. 923-949; John Calanni, Saba Siddiki, Christopher Weible, et al., "Explaining Coordination in Collaborative Partnerships and Clarifying the Scope of the Belief Homophily Hypothesis", *Journal of Public Administration Research and Theory*, 2015, 25(3), pp. 901-927; Marc Esteve, George Boyne, Vicenta Sierra, et al., "Organizational Collaboration in the Public Sector: Do Chief Executives Make a Difference?", *Journal of Public Administration Research and Theory*, 2013, 23(4), pp. 927-952.

地理邻近也是影响地方协同治理的因素之一。①

领导在地方协同治理中起到关键的作用,如其沟通、协调能力以及对协同的重视与支持程度等。② 领导的教育、职业背景会影响其对地方协同的偏好,实证表明,有商科学习背景或企业从业经历的领导更能接受协同治理这一策略选择,因为他们更有开放创新和跨界的意识。③ 成功建立并维护协同运行的领导力往往符合以下六大原则:营造共享的文化氛围;创造共同的愿景或战略;建立开放的沟通交流机制;维持参与者间的忠诚与信任;富有灵活的企业家精神;培养"构造网络"的意识。④ 此外,领导间的社会网络由交流、关系、职位或兴趣等要素构成,也会影响合作伙伴的选择。⑤ 领导往往倾向于与之前工作过的组织协同,因为彼此更为熟悉,沟通、协商等交易成本及不确定性都会相对降低。⑥ 既有的研究发现,领导间由私人关系而产生的网络能够促进地方政府间

---

① Youngmi Lee and In Won Lee, "A Longitudinal Network Analysis of Intergovernmental Collaboration for Local Economic Development", *Urban Affairs Review*, 2022, 58(1), pp. 229-257.

② 母睿、贾俊婷、李鹏:《城市群环境合作效果的影响因素研究——基于13个案例的模糊集定性比较分析》,《中国人口·资源与环境》2019年第8期;John Hoornbeek, Tegan Beechey and Thomas Pascarella, "Fostering Local Government Collaboration: An Empirical Analysis of Case Studies in Ohio", *Journal of Urban Affairs*, 2016, 38(2), pp. 252-279; Yao Liu, Jiannan Wu, Hongtao Yi, et al., "Under What Conditions Do Governments Collaborate? A Qualitative Comparative Analysis of Air Pollution Control in China", *Public Management Review*, 2021, 23(11), pp. 1664-1682.

③ Marc Esteve, George Boyne, Vicenta Sierra, et al., "Organizational Collaboration in the Public Sector: Do Chief Executives Make a Difference?", *Journal of Public Administration Research and Theory*, 2013, 23(4), pp. 927-952.

④ David Connelly, "Leadership in the Collaborative Interorganizational Domain", *International Journal of Public Administration*, 2007, 30(11), pp. 1231-1262.

⑤ Richard Margerum, *Beyond Consensus: Improving Collaborative Planning and Management*, Cambridge: MIT Press, 2011, pp. 181-206.

⑥ Nancy Chau, Yu Qin and Weiwei Zhang, "Leader Networks and Transaction Costs: A Chinese Experiment in Interjurisdictional Contracting", *IZA Discussion Paper*, 2016, available at http://dx.doi.org/10.2139/ssrn.2716582.

的沟通交流,进而增强信任感知与组织间协同。① 不少学者基于中国的实践发现,跨地区调任而形成的职业网络有利于地方政府在公共服务、环境治理、经济贸易等领域的合作。②

(二) 纵向干预:介入程度、方式特征与作用效果

1. 纵向干预的缘起与程度

大多学者将地方协同治理视为参与者自愿发起的行为,但在特定情况下参与者间可能无法形成充足的自发协同动机,例如,没有过去的合作经历或者存在失败的经历,及相互冲突的价值观或利益;认为协同与自身的需求相悖等。③ 因此,为实现特定的政策目标,中央或上级政府可能通过立法、行政或合同等方式来强制地

---

① Maria Binz-Scharf, David Lazer and Ines Merge, "Searching for Answers: Networks of Practice among Public Administrators", *The American Review of Public Administration*, 2012, 42(2), pp. 202-225; Qian Hu, Kun Huang and Bin Chen, "Professional Friendship, Resource Competition, and Collaboration in a Homeless Service Delivery Network", *Human Service Organizations: Management, Leadership & Governance*, 2020, 44(2), pp. 110-126.

② Hongtao Yi, Frances Berry and Wenna Chen, "Management Innovation and Policy Diffusion through Leadership Transfer Networks: An Agent Network Diffusion Model", *Journal of Public Administration Research and Theory*, 2018, 28(4), pp. 457-474; Hongtao Yi and Wenna Chen, "Portable Innovation, Policy Wormholes, and Innovation Diffusion", *Public Administration Review*, 2019, 79(5), pp. 737-748; Junyan Jiang and Yuan Mei, "Mandarins Make Markets: Leadership Rotations and Inter-Provincial Trade in China", *Journal of Development Economics*, 2020, 147, 102524; 李响、陈斌:《"聚集信任"还是"扩散桥接"? ——基于长三角城际公共服务供给合作网络动态演进影响因素的实证研究》,《公共行政评论》2020年第13期。

③ Chris Ansell and Alison Gash, "Collaborative Governance in Theory and Practice", *Journal of Public Administration Research and Theory*, 2008, 18(4), pp. 543-571; Donald Moynihan, "The Network Governance of Crisis Response: Case Studies of Incident Command Systems", *Journal of Public Administration Research and Theory*, 2009, 19(4), pp. 895-915; Charo Rodríguez, Ann Langley, François Béland, et al., "Governance, Power, and Mandated Collaboration in an Interorganizational Network", *Administration & Society*, 2007, 39(2), pp. 150-193; Angel Saz-Carranza, Susanna Iborra and Adrià Albareda, "The Power Dynamics of Mandated Network Administrative Organizations", *Public Administration Review*, 2016, 76(3), pp. 449-462.

方政府予以协同,称为强制型协同(mandated collaboration)。① 强制型协同是协同治理理论中逐渐兴起并得到关注与重视的一支流派。

强制型协同的形成可能是由于医疗保障等社会服务的行政合同②,也可能是法案或行政命令的规则制定,要求地方政府在应急管理、国土安全及交通规划等方面协同。③ 相比于自发形成的协同,强制型协同下的参与主体制定目标与规则的自主能力会受一定限制,且上级会对参与者范围、组织内部的利益分配等有明确的规定。④ 虽然有法案、行政命令或合同的强制要求,但参与者依旧能够在政策目标的框架下根据自身的需求及能力来自主沟通、协商及具体决策。布赖恩·泰勒(Brian Taylor)和莉萨·施魏策尔(Lisa Schweitzer)的研究表明,虽然1991年美国《多式联运交通效率法案》要求州交通部门与都市规划组织协同以加强多种交通方

---

① Charo Rodríguez, Ann Langley, François Béland, et al., "Governance, Power, and Mandated Collaboration in an Interorganizational Network", *Administration & Society*, 2007, 39(2), pp.150-193.

② Elizabeth Graddy and Bin Chen, "Influences on the Size and Scope of Networks for Social Service Delivery", *Journal of Public Administration Research and Theory*, 2006, 16(4), pp.533-552; Kimberley Isett and Jeanne Miranda, "Watching Sausage Being Made: Lessons Learned from the Co-Production of Governance in A Behavioural Health System", *Public Management Review*, 2015, 17(1), pp.35-56; Kimberley Isett and Keith Provan, "The Evolution of Dyadic Interorganizational Relationships in a Network of Publicly Funded Nonprofit Agencies", *Journal of Public Administration Research and Theory*, 2005, 15(1), pp.149-165.

③ Rachel Brummel, Kristen Nelson, Stephanie Souter, et al., "Social Learning in A Policy-Mandated Collaboration: Community Wildfire Protection Planning in the Eastern United States", *Journal of Environmental Planning and Management*, 2010, 53(6), pp.681-699; Kiki Caruson and Susan MacManus, "Mandates and Management Challenges in the Trenches: An Intergovernmental Perspective on Homeland Security", *Public Administration Review*, 2006, 66(4), pp.522-536; Donald Moynihan, "The Network Governance of Crisis Response: Case Studies of Incident Command Systems", *Journal of Public Administration Research and Theory*, 2009, 19(4), pp.895-915.

④ Angel Saz-Carranza, Susanna Iborra and Adrià Albareda, "The Power Dynamics of Mandated Network Administrative Organizations", *Public Administration Review*, 2016, 76(3), pp.449-462.

式规划及区域可持续发展,但在具体实践过程中,地区规划者很少在制定当地都市圈的交通规划时使用上级要求的州交通规划,更多是根据本地区的实际需求及资源状况来决策。① 因此,西方语境下的强制型协同实质上是在法案或行政命令要求下参与者的自主协同,即地方主体仍旧保有较大的自主权力在目标要求的大框架下具体决策。

关注纵向干预的另一支流派是网络治理理论中的元治理(metagovernance)。网络治理本质上强调参与主体间的横向关系,因此,网络协调与管理的目标是紧密联系多元主体,促进相互交流、推动合作进程并形成共同接受的决策。② 埃娃·索伦森(Eva Sørensen)和雅各布·托芬(Jacob Torfing)将这类协调与管理网络的努力总结为元治理,旨在增强协同网络的自治能力,促进成员间的沟通交流并协助调解冲突,以保证共同目标的达成。③ 网络管理者,即元管理者(metagovernor),既可以是网络的参与主体,也可以是外部成员,以不同程度的介入方式来保障网络的运行与发展。当上级政府担任元管理者时,元治理以纵向介入的路径来协调、促进协同网络的发展。上级的干预与管理在网络运行中有着重要的作用,从组织学习,资源利用率,复杂问题的解决能力、竞争力等方面来提升网络有效性。④ 埃里克-汉斯·克林(Erik-Hans Klijn)和

---

① Brian Taylor and Lisa Schweitzer, "Assessing the Experience of Mandated Collaborative Inter-Jurisdictional Transport Planning in the United States", *Transport Policy*, 2005, 12(6), pp.500-511.

② Siv Vangen and Chris Huxham, "Nurturing Collaborative Relations: Building Trust in Interorganizational Collaboration", *The Journal of Applied Behavioral Science*, 2003, 39(1), pp.5-31; Sissel Hovik and Gro Hanssen, "The Impact of Network Management and Complexity on Multi-Level Coordination", *Public Administration*, 2015, 93(2), pp.506-523.

③ Eva Sørensen and Jacob Torfing, "Making Governance Networks Effective and Democratic through Metagovernance", *Public Administration*, 2009, 87(2), pp.234-258.

④ Keith Provan and Patrick Kenis, "Modes of Network Governance: Structure, Management, and Effectiveness", *Journal of Public Administration Research and Theory*, 2008, 18(2), pp.229-252.

于里安·埃德伦博斯(Jurian Edelenbos)认为管理者可以通过制度设计(institutional design)和过程管理(process management)的策略来改变网络组成、结构、规则和流程,以影响网络成员的偏好与行为,促进主体间互动与合作。① 索伦森和托芬则以管理者的介入程度为界,将其行为划分为直接与间接两类,前者是直接提供更多的资源支持甚至参与网络活动,后者则只关注网络结构、参与群体、目标描述等方面,以间接的方式影响网络运行,而有效的协调通常需要根据具体的情境综合运用这两类行为。②

可见,在西方语境下,纵向干预会通过政策目标、结构设计、资源支持、参与协调等影响地方协同治理,但整体上高度重视参与者的自主决策权,强调地方主体的自我运行与管理。中国的政治体制呈现自上而下推行政策指令、统辖地方资源及人事权力的特征③,且发展型地方主义下的垂直激励机制存在内外部激励不兼容、政治动员而非平等博弈式激励等制度缺失。④ 地方协同治理的推动离不开上级政府的介入,是一种垂直的纵向运行机制⑤,甚至是政治动员下的区域一体化。⑥ 因此,在中国,除了强制要求下的自主协同,上级政府还可能强力介入协同过程,甚至部分取代参与者的自主决策权,要求地方政府按照具体的任务分配协同执行

---

① Erik-Hans Klijn and Jurian Edelenbos, "Meta-Governance as Network Management", in Eva Sorensen and Jacob Torfing, eds., *Theories of Democratic Network Governance*, New York: Palgrave Macmillan, 2007, pp. 199-214.

② Eva Sørensen and Jacob Torfing, "Making Governance Networks Effective and Democratic through Metagovernance", *Public Administration*, 2009, 87(2), pp. 234-258.

③ 周雪光:《权威体制与有效治理:当代中国国家治理的制度逻辑》,《开放时代》2011年第10期。

④ 杨爱平:《从垂直激励到平行激励:地方政府合作的利益激励机制创新》,《学术研究》2011年第5期。

⑤ 杨妍、孙涛:《跨区域环境治理与地方政府合作机制研究》,《中国行政管理》2009年第1期。

⑥ 杨爱平:《从垂直激励到平行激励:地方政府合作的利益激励机制创新》,《学术研究》2011年第5期。

以达成最终目标。①

2. 纵向干预的方式与特征

既有研究中,学者们就纵向干预进行了多样的划分与归类。沙罗·罗德里格斯(Charo Rodríguez)等学者将纵向干预划分为立法、行政要求或合同。② 安塞尔和加什将管理者的角色归纳为召集、调解、催化三类,并认为在网络中管理者往往会同时涉及多种行为,但具体的程度会有所差异。③ 西塞尔·霍维卡(Sissel Hovik)和格罗·汉森(Gro Hanssen)在此基础上增加了第四种角色——网络衔接,主要表现为政治与行政权力间的适时、适当变换,以保障网络的合法性与民主性。④ 有学者则从治理网络的过程管理出发,认为具体的干预表现为互动安排、内容探索、关系联结与过程协议。⑤ 艾丽斯·莫斯利(Alice Mosely)和奥利弗·詹姆斯(Oliver James)将元治理的工具分为权威型、激励型与信息型。⑥ 国内学者则关注政策导向、战略规划、资金支持、领导协调、制度激励、

---

① 周凌一:《纵向干预何以推动地方协作治理?——以长三角区域环境协作治理为例》,《公共行政评论》2020 年第 4 期。

② Charo Rodríguez, Ann Langley, François Béland, et al., "Governance, Power, and Mandated Collaboration in an Interorganizational Network", *Administration & Society*, 2007, 39(2), pp. 150-193.

③ Chris Ansell and Alison Gash, "Collaborative Governance in Theory and Practice", *Journal of Public Administration Research and Theory*, 2008, 18(4), pp. 543-571; Chris Ansell and Alison Gash, "Stewards, Mediators, and Catalysts: Toward a Model of Collaborative Leadership", *The Innovation Journal*, 2012, 17(1), p. 2.

④ Sissel Hovik and Gro Hanssen, "The Impact of Network Management and Complexity on Multi-Level Coordination", *Public Administration*, 2015, 93(2), pp. 506-523.

⑤ Erik-Hans Klijn, Bram Steijn and Jurian Edelenbos, "The Impact of Network Management on Outcomes in Governance Networks", *Public Administration*, 2010, 88(4), pp. 1063-1082.

⑥ Alice Moseley and Oliver James, "Central State Steering of Local Collaboration: Assessing the Impact of Tools of Meta-Governance in Homelessness Services in England", *Public Organization Review*, 2008, 8(2), pp. 117-136.

项目评估等干预方式。① 在这些干预方式中,权威型、激励型与信息型的分类在现有研究中得到了更广泛的应用,本研究将对这三种方式展开系统探讨。

首先,权威型干预指上级政府通过立法或者政策就特定事项启动地方政府间的协同,尤其是当地方缺失自愿协同动机时。这些正式化的规则或文件可能会要求参与者形成新的协同机构,或者设计沟通交流、共同决策的制度安排以及进行组织间的责任与边界划分,使地方参与者根据上级要求来开展协同治理。② 此外,绩效评估也被已有研究视为最有效的权威型工具之一,不少学者发现针对协同表现的绩效评估或考核能够有效地促进部门间或政府间的协同。③ 其次,激励型干预指上级政府通过人事或财政资

---

① 邢华:《我国区域合作治理困境与纵向嵌入式治理机制选择》,《政治学研究》2014年第5期;龙朝双、王小增:《我国地方政府间合作动力机制研究》,《中国行政管理》2007年第6期;张成福、李昊城、边晓慧:《跨域治理:模式、机制与困境》,《中国行政管理》2012年第3期;母睿、贾俊婷、李鹏:《城市群环境合作效果的影响因素研究——基于13个案例的模糊集定性比较分析》,《中国人口·资源与环境》2019年第8期;李辉、徐美宵、黄雅卓:《如何推开"避害型"府际合作的门?——基于京津冀大气污染联防联控的过程追踪》,《公共管理评论》2021年第2期。

② Kenneth Benson, "Interorganizational Network as a Political Economy", *Administrative Science Quarterly*, 1975, 20(2), pp. 229-249; David Thatcher, "Interorganizational Partnerships as Inchoate Hierarchies: A Case Study of The Community Security Initiative", *Administration & Society*, 2004, 36(1), pp. 91-127.

③ Lisa Bingham and Armonk O'Leary, "Learning to Do and Doing to Learn: Teaching Managers to Collaborate in Networks", in Lisa Bingham and Armonk O'Leary, eds., *Big Ideas in Collaborative Public Management*, New York: Routledge, 2015, pp. 270-286; Stephen Page, "Entrepreneurial Strategies for Managing Interagency Collaboration", *Journal of Public Administration Research and Theory*, 2003, 13(3), pp. 311-340; Dorothy Daley, "Interdisciplinary Problems and Agency Boundaries: Exploring Effective Cross-Agency Collaboration", *Journal of Public Administration Research and Theory*, 2009, 19(3), pp. 477-493; Megan Mullin and Dorothy Daley, "Working with the State: Exploring Interagency Collaboration within a Federalist System", *Journal of Public Administration Research and Theory*, 2009, 20(4), pp. 757-778.

源的支持来激发地方政府的协同动机。① 上级政府为地方主体提供支持跨界合作的资金、建议或者技术培训等协同能力建设。② 甚至有时候中央政府会发布政策,要求只有地方建立协同组织来提供特定社会公共服务才能获得资金支持,如20世纪90年代末美国住房部设立的持续护理基金。③ 最后,信息型干预包括指导书、纵向或横向人员间的沟通及信息提供、技术或专家支持等。④ 有时,信息和技术只能从上级政府获取,莫斯利和詹姆斯的研究发现,强制型网络中的参与者能够在与上级人员的沟通中得到关键性的信息或知识。⑤ 而州交通部门与都市圈规划组织之间的强制型协同也使得地区规划者愈发受益于州政府所提供的数据和专业知识。⑥

虽然已有研究综合探讨了各类方式在协同治理中的运用,但在西方语境下,中央或上级政府的干预手段依旧呈现以激励及信

---

① Steven Kelman, Sounman Hong and Irwin Turbitt, "Are There Managerial Practices Associated with the Outcomes of an Interagency Service Delivery Collaboration? Evidence from British Crime and Disorder Reduction Partnerships", *Journal of Public Administration Research and Theory*, 2013, 23(3), pp.619-630; Chang-Gyu Kwak, Richard Feiock, Christopher Hawkins, et al., "Impacts of Federal Stimulus Funding on Economic Development Policy Networks among Local Governments", *Review of Policy Research*, 2016, 33(2), pp.140-159.

② Alice Moseley and Oliver James, "Central State Steering of Local Collaboration: Assessing the Impact of Tools of Meta-Governance in Homelessness Services in England", *Public Organization Review*, 2008, 8(2), pp.117-136.

③ Jan Ivery, "Policy Mandated Collaboration", *The Journal of Sociology & Social Welfare*, 2008, 35(4), pp.53-70.

④ Jessica Terman, Anthony Kassekert, Richard Feiock, et al., "Walking in the Shadow of Pressman and Wildavsky: Expanding Fiscal Federalism and Goal Congruence Theories to Single-Shot Games", *Review of Policy Research*, 2016, 33(2), pp.124-139.

⑤ Alice Moseley and Oliver James, "Central State Steering of Local Collaboration: Assessing the Impact of Tools of Meta-Governance in Homelessness Services in England", *Public Organization Review*, 2008, 8(2), pp.117-136.

⑥ Brian Taylor and Lisa Schweitzer, "Assessing the Experience of Mandated Collaborative Inter-Jurisdictional Transport Planning in the United States", *Transport Policy*, 2005, 12(6), pp.500-511.

息型为主的特点,尤其是财政拨款或基金设立。① 且学者们发现,权威型方式的局限性较大。莫斯利和詹姆斯通过研究英国政府对无家可归人群提供公共服务的强制型协同发现,中央政府的资金提供并宣传地方的优秀实践案例能够有效地鼓励协同行为,权威型方式的作用却有限,反而可能会由于过高的政策目标而导致符号化的象征性协同(symbolic collaboration)。② 在西方政治体制下,地方政府的自主权较大,只有当法案或行政命令配合以资金、信息等方式,权威型方式才能更好地发挥作用。③ 在我国,中央或上级的纵向干预主要表现为权威型方式,如政策出台、战略规划、绩效考核等。④

3. 纵向干预的作用与效果

当自愿动机不足时,上级介入为地方协同提供了一个互相沟通交流、寻找共同利益的起点,推动协同的发展并增强协同网络的稳定性。⑤ 政府可以采用一系列的协同工具来发起和支持组织间

---

① Jessica Terman, Anthony Kassekert, Richard Feiock, et al., "Walking in the Shadow of Pressman and Wildavsky: Expanding Fiscal Federalism and Goal Congruence Theories to Single-Shot Games", *Review of Policy Research*, 2016, 33(2), pp. 124-139; Chang-Gyu Kwak, Richard Feiock, Christopher Hawkins and Youngmi Lee, "Impacts of Federal Stimulus Funding on Economic Development Policy Networks among Local Governments", *Review of Policy Research*, 2016, 33(2), pp. 140-159.

② Alice Moseley and Oliver James, "Central State Steering of Local Collaboration: Assessing the Impact of Tools of Meta-Governance in Homelessness Services in England", *Public Organization Review*, 2008, 8(2), pp. 117-136.

③ Brian Taylor and Lisa Schweitzer, "Assessing the Experience of Mandated Collaborative Inter-Jurisdictional Transport Planning in the United States", *Transport Policy*, 2005, 12(6), pp. 500-511.

④ 张成福、李昊城、边晓慧:《跨域治理:模式、机制与困境》,《中国行政管理》2012年第3期;李辉、徐美宵、黄雅卓:《如何推开"避害型"府际合作的门?——基于京津冀大气污染联防联控的过程追踪》,《公共管理评论》2021年第2期。

⑤ Eva Sørensen and Jacob Torfing, "The European Debate on Governance Networks: towards a New and Viable Paradigm?", *Policy and Society*, 2014, 33(4), pp. 329-344.

协同,起到领导者和鼓励者的角色①,并能促进参与主体间的社会学习以维系协同机制的可持续发展。② 泰勒和施魏策尔的研究发现,上级政府的干预能够有效地消除外部性所带来的负溢出效应,为地方组织间的协同提供合法且可信的规划方案,规模化地为地方提供协同所需的管理与专业技术,并建立统一的协同流程与规则。③ 尤其是上级的资金、信息及技术都能够有效地强化参与者的协同动机,并为协同活动提供必要的资源支持及能力建设。④ 若参与主体出现分歧,上级可以通过制定相关规则或直接参与协同过程以明确各主体的责任分配并协调利益矛盾。⑤ 在中国,上级干预的效果更为明显,即使地方政府间因权力不对等或过去的失败经历而存在冲突,上级的政策要求依旧能够使地方迅速建立起协同机制。⑥ 中央政府的政策导向、资金与人才支持、绩效评价导向,都能有效地推动地方协同并保证其执行性。⑦ 王路昊等学者的研究则揭示了上级政府的介入能够通过合法性压力和特殊

---

① Tyler Scott and Craig Thomas, "Unpacking the Collaborative Toolbox: Why and When Do Public Managers Choose Collaborative Governance Strategies?", *Policy Studies Journal*, 2017, 45(1), pp. 191-214.

② Rachel Brummel, Kristen Nelson, Stephanie Souter, et al., "Social Learning in A Policy-Mandated Collaboration: Community Wildfire Protection Planning in the Eastern United States", *Journal of Environmental Planning and Management*, 2010, 53(6), pp. 681-699.

③ Brian Taylor and Lisa Schweitzer, "Assessing the Experience of Mandated Collaborative Inter-Jurisdictional Transport Planning in the United States", *Transport Policy*, 2005, 12(6), pp. 500-511.

④ 周凌一:《纵向干预何以推动地方协作治理?——以长三角区域环境协作治理为例》,《公共行政评论》2020 年第 4 期。

⑤ Charo Rodríguez, Ann Langley, François Béland, et al., "Governance, Power, and Mandated Collaboration in an Interorganizational Network", *Administration & Society*, 2007, 39(2), pp. 150-193.

⑥ Rui Mu, Martin de Jong and Joop Koppenjan, "Assessing and Explaining Interagency Collaboration Performance: A Comparative Case Study of Local Governments in China", *Public Management Review*, 2019, 21(4), pp. 581-605.

⑦ 龙朝双、王小增:《我国地方政府间合作动力机制研究》,《中国行政管理》第 6 期。

信任机制促进地方间的创新合作。① 在区域大气治理中,上级政府的参与在协同启动阶段至关重要,也是执行与落实阶段中行政问责的有力保证。②

正如一枚硬币的两面,一方面,上级介入可以有效地启动协同并带来资金、技术等资源;但另一方面,纵向干预也可能挤出参与者的自主权,甚至造成他们的反抗。第一,如果上级政府制定的协同目标或者要求过高,地方很可能会回复以正式且合法的象征性协同。③ 协同需要成员间面对面地沟通交流,协商规则、目标及实施计划,这一系列活动通常会消耗大量的时间及资源,给参与主体带来一定的负担。④ 然而,上级政府在制定政策时很少会考虑实现目标所需的资源与组织要求,若纵向干预无法解决地方现实的困难,地方政府就很难完成上级的协同要求,甚至可能会抱有反抗态度形成象征性协同。第二,上级政府的作用可能会因为缺乏地方的信息而受到限制。⑤ 上级的协同政策或流程通常过于笼统且宽泛,无法对地方的具体规划制定有针对性的指导;同时,加之缺乏对地方信息的掌握,上级的方案很可能与已有的地方方案存在

---

① 王路昊、林海龙、锁利铭、冯小东:《地方政府间经济合作到创新合作:自我升级与上级驱动》,《公共管理评论》2019年第2期。
② Yao Liu, Jiannan Wu, Hongtao Yi, et al., "Under What Conditions do Governments Collaborate? A Qualitative Comparative Analysis of Air Pollution Control in China", *Public Management Review*, 2021, 23(11), pp.1664-1682.
③ Alice Moseley and Oliver James, "Central State Steering of Local Collaboration: Assessing the Impact of Tools of Meta-Governance in Homelessness Services in England", *Public Organization Review*, 2008, 8(2), pp.117-136.
④ Chris Ansell and Alison Gash, "Collaborative Governance in Theory and Practice", *Journal of Public Administration Research and Theory*, 2008,18(4), pp.543-571.
⑤ Rachel Brummel, Kristen Nelson, Stephanie Souter, et al., "Social Learning in A Policy-Mandated Collaboration: Community Wildfire Protection Planning in the Eastern United States", *Journal of Environmental Planning and Management*, 2010, 53(6), pp.681-699.

很大程度的重复,致使其丧失应有的作用。① 第三,协同本质上是参与者间协商交流、建立信任、制定目标、共享信息甚至权力的过程,这一横向的网络结构与纵向干预是天然相悖的,需要参与者发挥自身的主观能动性,很难为上级政府所强制。已有学者发现纵向介入及中心化的组织安排可能会挤出参与者自愿自主的协同努力。② 基于中国的实践,学者们发现中央政府主导的治理模式可能使地方间的合作流于形式③,效率逻辑的忽视也会使上级退出后协同的实质性效果大受影响④,只有上级政府的纵向支持与参与主体间的横向协调相结合,才能实现协同治理效果的最优化。⑤ 母睿等学者的研究发现,中央政府部门的纵向干预对促进城市间持续的环境协同作用有限,地方政府间自主的组织协调和领导沟通反而是环境协同的必要条件。⑥

综上,当地方主体自愿协同动机缺失时,上级政府可以通过发布政策要求来启动协同并界定成员范围,以绩效考核的方式评估、监督协同目标的实现程度,或直接参与协同活动协调利益相关者

---

① Brian Taylor and Lisa Schweitzer, "Assessing the Experience of Mandated Collaborative Inter-Jurisdictional Transport Planning in the United States", *Transport Policy*, 2005, 12(6), pp.500-511.

② Sung-Wook Kwon, Richard Feiock and Jungah Bae, "The Roles of Regional Organizations for Interlocal Resource Exchange: Complement or Substitute?", *The American Review of Public Administration*, 2014, 44(3), pp.339-357; Mark Lubell, Mark Schneider, John Scholz, et al., "Watershed Partnerships and the Emergence of Collective Action Institutions", *American Journal of Political Science*, 2002, 46(1), pp.48-163.

③ 张成福、李昊城、边晓慧:《跨域治理:模式、机制与困境》,《中国行政管理》2012年第3期。

④ 王路昊、林海龙、锁利铭、冯小东:《地方政府间经济合作到创新合作:自我升级与上级驱动》,《公共管理评论》2019年第2期。

⑤ Rui Mu, Martin de Jong and Joop Koppenjan, "Assessing and Explaining Interagency Collaboration Performance: A Comparative Case Study of Local Governments in China", *Public Management Review*, 2019, 21(4), pp.581-605;邢华:《我国区域合作治理困境与纵向嵌入式治理机制选择》,《政治学研究》2014年第5期。

⑥ 母睿、贾俊婷、李鹏:《城市群环境合作效果的影响因素研究——基于13个案例的模糊集定性比较分析》,《中国人口·资源与环境》2019年第8期。

的矛盾分歧,并提供必要的资源支持。① 然而,纵向干预并非万能。上级政府在制定协同要求时,需要综合考虑地方的实际情况,包括其人员及财政资源、组织体系结构、已有地方规划等,由此为参与者设定具体且可实现的协同目标,并为地方的协同努力提供切实指导与支持。此外,上级机构要避免过度的纵向干预,始终保持协同网络的灵活性与弹性,鼓励成员间的横向交流,并通过针对性的激励措施来激发他们的共享价值与互动。②

五、结论与讨论

地方协同治理是地方政府为解决跨域复杂化公共问题而形成的一系列非正式或正式互动,如召开座谈会、联席会,签订协议,联合发布政策及成立区域合作机构等,以共同决定协同目标、资源安排与执行计划。目前,学者们主要从正式化程度对地方协同行为的类型展开了深入讨论,但跨域治理的实质离不开协同活动的保障。正式化程度是地方协同的形式表现,协同活动则是内容表现。据此,本文依据正式化程度和协同活动将地方协同行为划分为表1所示的四种类型。

---

① Chris Ansell and Alison Gash, "Collaborative Platforms as a Governance Strategy", *Journal of Public Administration Research and Theory*, 2018, 28(1), pp. 16-32; See Kirk Emerson and Tina Nabatchi, *Collaborative Governance Regimes*, Washington DC: Georgetown University Press, 2015; Eva Sørensen and Jacob Torfing, "Making Governance Networks Effective and Democratic through Metagovernance", *Public Administration*, 2009, 87(2), pp. 234-258; Tyler Scott and Craig Thomas, "Unpacking the Collaborative Toolbox: Why and When Do Public Managers Choose Collaborative Governance Strategies?", *Policy Studies Journal*, 2017, 45(1), pp. 191-214.

② Rachel Brummel, Kristen Nelson and Pamela Jakes, "Burning through Organizational Boundaries? Examining Inter-Organizational Communication Networks in Policy-Mandated Collaborative Bushfire Planning Groups", *Global Environmental Change*, 2012, 22(2), pp. 516-528.

表 1　地方协同行为的类型划分

维度		协同活动	
		少	多
正式化程度	低	A. 偶发型	B. 规范型
	高	C. 象征型	D. 制度化型

A格所对应的协同行为往往表现为非正式化且协同活动少，这类行为可能是组织间一次性的信息或资源交换，如领导会晤、座谈会、培训会等。这种情况可能发生在地方主体就特定跨域问题初步探讨合作意向的阶段，也可能发生在共同解决某个临时、不复杂的跨域问题时。这类行为对参与者的约束力小，具有偶发性，但方式灵活，交易成本低。

B格所对应的协同行为虽然正式化程度低，但协同活动丰富，这类行为往往依靠组织间的信任互惠或依赖关系而得以维系。虽然没有达成正式化、具有约束力的形式，但参与主体依旧可以开展多样的协同活动，推动跨域问题的实质性解决，具有规范型的特征。这种情况一般发生在有成功合作经历、同质性高、目标共识强的地方主体间，且更可能处于市、县、镇等行政级别相对较低、负责具体执行落实的地方政府间。这类行为的主体间关系紧密，协同方式灵活、成本低，但也可能会因为人员流动而存在一定的不稳定性。

C格所对应的协同行为正式化程度高，但协同活动少，这类行为很可能是地方主体为了应付上级要求而形成的象征型协同。参与主体间既有的合作基础较差，或存在潜在的利益冲突，但在上级政府的要求下建立起正式的协同机制。然而，如果地方政府间的利益冲突无法得到调解，或未得到协同所需的必要资源支持，即使形成了正式的机制，也很难使参与主体开展各类协同活动。这类行为地方主体间"貌合神离"，很难发挥实质作用。

D格所对应的协同行为正式化程度高且协同活动多，这类行为中参与主体的承诺度高，且协同过程中的横向互动丰富，带有制度化特征。这一行为可能在上级重视且参与主体合作基础好的情况下出现，也可能在跨域问题极为复杂，需要主体间长期、深度协同的情境下产生。这类行为对地方主体的约束力大，成本较高，但能够更为稳定、持续地发挥作用。

无论是治理模式还是影响机制，我国地方协同治理中最为核心的要素都是纵向干预，即自上而下的制度安排与推动。区别于西方地方协同实践，纵向干预在我国地方协同治理中有着更为关键和重要的作用，甚至在自愿动机充足时，上级的要求或考核也能为地方协同的持续与深化提供制度保障与可置信承诺。本研究基于纵向干预的程度将地方协同治理划分为上级要求下的自主协同与取代协同两种模式。上级要求下的自主协同，即中央或上级政府发布政策要求特定地方政府形成协同机制以解决某一公共问题，参与者在协同过程中自主协商、决策。例如，在国务院《大气污染防治行动计划》的要求下，上海、江苏、浙江、安徽三省一市自2014年起建立长三角区域大气污染防治协作机制，根据中央的要求每年定期召开工作会议、办公室会议及专题会议，自主协商工作重点及各地任务，以共同治理大气污染。但在中国的政治体制下，上级命令通常有更为具体的目标设定，甚至是绝对的数值，并辅之以相应的绩效考核，因此，上级协同要求对地方政府而言有更强的威慑力和压力。

上级要求下的取代协同（preempted collaboration），表现为上级政府不仅有明确的协同要求，且强力介入协同过程，甚至部分取代参与者的自主决策权，要求地方政府按照具体的任务分配协同执行以达成最终目标。"取代"（preemption）一词源于美国联邦立法的优先权（federal preemption），若州法律与联邦法律相冲突，则该项州法律就会无效且联邦法律将取代该州法律。① 本研究借用此概念来形容当地方政府自主协同效果无法达到上级政府期望时,上级政府就会部分收回参与者的协同决策权,要求其按照上级指令进行具体的任务执行。最典型的体现就是2016年起京津冀及周边地区的大气污染协同实践,生态环境部强力介入决策过程,为完成终期目标而给各地区"派"工作任务,若遇到困难甚至会借力于国务院以行政命令的方式要求。虽然整个过程不乏地方政府与生态环境部之间的讨价还价,但生态环境部始终运用自身的行政权力来"控制"决策结果。可见,上级要求下的取代协同区别于自主协同的最大特点,就是地方政府是否保有协同过程中的自主决策权。未来的研究还需进一步深入探讨纵向干预的各类方式及其特征、作用于地方协同治理的过程机制、在不同发展阶段的演化过程,以及不同干预程度下治理模式的绩效表现等。

[本文由北京大学—林肯研究院城市发展与土地政策研究中心资助(项目编号:FS09-20211215-ZLY),文中观点仅代表个人。]

---

① 联邦最高法院在 Altria Group 诉 Good 案中指出,具体参见《美国最高法院判例汇编》第555卷第70页(2008年)。

城市治理数字化转型的内在逻辑与实现机制

——以上海市 A 街道"全岗通"数字政务转型为例

莫丰玮*

[内容摘要] 如何应对风险社会日益多元化、复杂化的治理难题,是城市治理现代化的题中之义。从全国范围来看,以城市治理数字化转型推进市域治理体系和治理能力现代化是普遍选择。上海市自提出全面推进城市数字化转型以来,在推动超大城市治理数字化转型,系统提升城市治理水平上积累了丰富且极具参考价值的实践经验。本文以上海市 A 街道"全岗通"数字政务转型为例,深入剖析城市治理数字化转型的内在逻辑与实现机制。研究发现,当前的城市治理数字化转型蕴含着"技术—结构—制度"三重逻辑:指向智能化、一体化、精准化的技术逻辑;全域全局统筹布控的结构逻辑;常态化运作治理的制度逻辑。依循此三重逻辑,城市治理数字化转型的实现机制在于,将智能信息技术嵌入城市治理项目实现技术支持;在此基础上建构起互联互动的优化治理结构,在共建共享的协作网络下打造常态运作的智慧党建,通过发挥人民民主参与的制度优势实现全域全程的良性自治;并最终在社会治理与物质技术系统的深度融合下,实现城市数字化转型和治理现代化发展。

[关键词] 城市治理;数字化转型;技术逻辑;组织逻辑;制度逻辑

---

* 莫丰玮,复旦大学国际关系与公共事务学院博士研究生。

一、问题的提出

当前,我国正处于国家治理体系和治理能力现代化建设进程之中。自"十三五"规划纲要提出建设"数字中国"的国家信息化发展战略以来,"互联网+政务服务"的数字政府建设在我国各地全面展开,以信息技术发展带动政务服务水平提升是近年来行政能力改革的主要内容。与此同时,全球性风险事件的多样和频发始终伴随着治理现代化和城市发展。不确定性是当今社会最显著的本质特征之一。[①] 现代信息的互通和交通的便捷加速了风险传播,从而加剧了对城市治理的应急能力和政府的宏观管理能力的考验。这意味着,城市治理必须具备处理风险社会、网络社会以及全球化背景下的复合式公共危机的能力。城市治理现代化建设亟需围绕如何提高城市抗逆力、有效规避城市治理危机等重大现实问题而展开。再者,大数据作为推动治理体系和治理能力现代化的技术手段,与社会治理的实践水平相关,对其他层面的体制改革和制度运行有深刻的影响,并且为实现城市治理现代化带来新的契机。[②] 因此,我国城市信息技术的发展需围绕时代的发展需求,为破解时代的难题而作出技术革命。

公共危机应急管理的难题一直是:技术专业分工的纵向管理条线和以地方政府行政管理的横向部门怎么才能联动整合?[③] 国家理论对此难题的解答是发挥国家治理能力,即弗朗西斯·福山

[①] 文军、刘雨航:《不确定性:一个概念的社会学考评——兼及构建"不确定性社会学"的初步思考》,《天津社会科学》2021年第6期。

[②] 张鸣春:《从技术理性转向价值理性:大数据赋能城市治理现代化的挑战与应对》,《城市发展研究》2020年第2期。

[③] Arjen Boin, Magnus Ekengren and Mark Rhinard, *The European Union as Crisis Manager*, Cambridge: Cambrige University Press, 2013, pp.58-59.

(Francis Fukuyama)所言的组织和动员资源应对战争等系列重大公共事件(危机)的能力。城市治理数字化转型的本质是在信息技术和城市管理结合的"智慧城市"阶段解决公共危机难题,实现国家能力提升。自党的十八大以来,在习近平总书记"人民城市人民建,人民城市为人民"理念的指引下,上海于2020年年底首次提出"全面推进城市数字化转型"理念,并积极探索符合超大城市治理的特点和规律,凝练上海市城市治理现代化建设的新举措和改革经验。通过将互联网、大数据、人工智能等各种信息技术全方位地嵌入城市治理,搭建全区域、全过程、全链条、互联的城市治理格局和城市风险防范体系。可见,数字化转型的道路本质上蕴含了抗击风险的韧性城市理论,用数字技术网络打造了一个高效、迅捷、互联、共享的跨时空治理系统和有机体,为常态运行的生态社会提供了持续的活力和韧性。上海市的城市数字化转型既是实现公共治理现代化、打造服务型政府的技术性战略需求,也是全球数字经济发展环境下,参与全球治理、加强国际对话合作的途径。

现实经验表明,数字化转型在应对突发风险中展现出强大的防御能力。上海作为城市数字化转型的排头兵,无疑提供了最佳的观察样本,本文以上海市A街道"全岗通"项目为例,分析城市数字化转型是通过怎样的技术逻辑实现了治理结构的变迁,从而发挥数字化转型的效能,实现良序善治。通过回答此问题,探究其背后深层的原理,有助于进一步推动社会治理现代化理论的发展和"人民城市"的构建。

二、"技术—结构—制度"城市治理数字化转型的三重逻辑

城市数字化转型立足于现代技术的更迭换代,以城市治理手

段的技术创新为支撑,力图打破传统科层制金字塔型层级式治理模式的局限和时空界限。坚持"以人民为中心"的治理理念和"满足人民美好生活需求"的价值追求,提升和优化城市治理体制机制,最终实现城市治理体系与治理能力现代化建设。

(一)现代技术嵌入:城市治理数字化转型的技术逻辑

城市治理数字化转型,围绕着智能化、一体化、精准化三大技术逻辑发展。首先,技术革新致力于打造"城市大脑"的工程,以信息化向智能化迈进,推动城市治理进入智慧时代。作为重要治理工具的数字化技术,通过提升信息传递效率、降低层级沟通成本,让城市治理变得更聪明更智慧。[①] 其次,"在政务服务、环境治理、公共交通、医疗保障等领域中的数字治理一体化态势正在形成"。[②] 一体化态势的内核是通过构建"数字区域"塑造共享的数字网络空间,打破时空界限,汇聚各方资源的融合。最后,精准化则是通过数字化工具实现城市数据精准治理、智能中枢精准分析、基层资源精准联动。[③] 数字平台的建立将实现信息收集的全面和服务的个性化。搭建一个信息处理更为精准、决议对策更为科学的城市治理平台。

大数据技术针对风险应急管理领域的应用表现突出,大量的移动终端、监视器、传感器分布于城市基础治理的各个角落,拓宽收集突发事件信息的渠道。采用科技水平构建"城市大脑"和"社区微脑",智能化整合数据,实现了互认互通、综合协同以及治理数据、治理资源的充分使用。结合时代需求,建立突发性公共事件应急情况

[①] 陈水生:《城市治理数字化转型:动因、内涵与路径》,《理论与改革》2022年第1期。
[②] 锁利铭、阚艳秋、陈斌:《经济发展、合作网络与城市群地方政府数字化治理策略——基于组态分类的案例研究》,《公共管理与政策评论》2021年第3期。
[③] 薛泽林:《从约略到精准:数字化赋能城市精细化治理的作用机理》,《上海行政学院学报》2021年第6期。

的行业直报系统,实现信息的即时通达,尽可能地在突发情况时缩短信息传达到各个层级和各个区域的时间。城市治理数字化转型采用信息技术手段建立了完备的基层数据库和表格库,并引入智能的信息处理分析技术,最终达到服务精准化和治理智能化,以数字空间平台构建一体化风险防御体系。可以说,技术创新、智能改革的逻辑支撑起了数字化转型,驱动了治理结构的优化与革新。

(二)全域全局的统筹布控:城市治理数字化转型的结构逻辑

在数字化转型的推进下,技术的革新推动了治理结构的优化重组,塑造起一个关联互动、全域全局的社区网络。数字化转型依靠智能化、一体化、精准化的技术逻辑,在功能上呈现这样的组织优化:首先,相关政务应用系统更为智慧化、个性化,可以有效地节约治理的时间成本;其次,在范围上集合了区域一体化的资源聚合优点,突破了科层制结构扁平化管理空间的局限;最后,治理方案和决策更为科学、精准,呈现责权明晰的治理效果。

有关技术创新促进政府、行政部门治理手段革新的理论已经颇为翔实。保罗·亨曼(Paul Henman)曾从政府管理的学理角度指出,电子政府、电子治理的运用改变了政府的管理行为和政府政策,鼓励了公民参与公共生活,影响了政策执行过程,利用信息通信技术改变政府,使其更易接触、更高效、更负责。[1] 技术运用、信息时代的到来为电子政府提供了发展的机遇,现代社会生活的复杂性需要信息化的政府管理方式,产业结构需要技术化和治理化的管理,公民参与政治生活也要求政府管理实现信息化。[2] 因此,城市治理数字化转型是电子政务建设中的一个阶段过程。城市数

---

[1] [澳]保罗·亨曼:《电子治理电子政府与公共管理、政策和权力的重塑》,刘虹、李玮译,华中科技大学出版社 2019 年版,第 30—32 页。
[2] 赵艳霞主编:《公共管理学》,哈尔滨工程大学出版社 2016 年版,第 253 页。

字化转型的技术逻辑和结构赋能是城市现代化制度的主要驱动力,回应了现代化的发展问题和新时代的要求,实现了十九大报告以来的治理精神主旨,满足了人民对美好生活的需求,打造了"以人民为中心"的城市治理。

以特大城市为主要阵地的数字化转型强调"一网统管",数字化服务、数字化管理、数字化协同的创新更突出赋能型的风险防控。① 数字化转型的治理网络结构,强化了城市对于风险的抵御能力。城市韧性提升,遭遇风险后及时恢复常态的能力增强。

强调城市风险治理能力的韧性理论,最早于2000年由社会学家安杰(W. Adger)运用到社会科学领域,他将韧性定义为社区面对干扰利用内部资源管理应对挑战和变化的能力。② 国内关于韧性理论的研究始于2010年,由于2020年新冠肺炎疫情暴发,韧性理论的研究达到高峰,已经逐渐成为城市治理、社区抗击风险的主要研究视角。学者容志总结了韧性城市系统在抵御、吸收、调整重大突发公共卫生风险时的方式、路径和基础,他在改进学界已有理论的基础上提出了城市公共卫生韧性的组成:空间韧性、治理韧性、社会韧性、数字韧性和制度韧性五个维度。③ 他的总结充分意识到了在信息技术时代,城市数字化转型带来的技术变革和治理效能的影响,明确了数字治理在韧性城市构建中的主要能力,数字韧性也是韧性社区建设最为重要的技术载体。数字化的技术和管理在全过程、全领域、全链条的效能上更能针对不确定的、复合化的、突发性的风险。总而言之,数字化技术能帮助组织全域全局统筹布控的治理结构,以抗击风险。

---

① 丁强、王华华:《特大城市数字化治理的风险类型及其防控策略分析》,《上海行政学院学报》2021年第4期。

② W. Neil Adger, "Social and Ecological Resilience: Are They Related?", *Progress in Human Geography*, 2000, 24(3): pp.347-364.

③ 容志:《构建卫生安全韧性:应对重大突发公共卫生事件的城市治理创新》,《理论与改革》2021年第6期。

（三）治理结构的常态化运作：城市治理数字化转型的制度逻辑

从系统论解释城市治理数字化转型，数字化不仅仅是治理手段的科技变革，更是一种平台化、生态化的自发秩序的凸显，社会呈现更整体化的状态。① 系统化是制度优势赋能的表现。中国新时代特色社会主义具有明显的制度优势，以强大的举国动员能力集聚资源战胜了一次次的灾害和疫情。移动互联网和物联网发展，社会数据量激增，互联网把所有的数据连接在一起，"通过数据的采集、转化、挖掘、集成与存储等大数据分析技术的应用，使得有效处理突发事件中不同类型、不同维度以及不同尺度的数据成为可能"。② 技术创新引发科技力量的驱动赋能，给予治理结构的优化升级。风险社会最大的特征是不确定性，因此，克服风险治理的模糊性和不确定性成为治理结构常态化运作的关键。而数字化转型的技术和结构都赋予了一个精准治理的可能，以应对国家治理的模糊性③，即信息不可得、认知不可能和治理不可及的三大问题。数字化转型下治理结构的优化升级更能满足风险治理的需求，形成整体化的系统布局，实现制度赋能优势。

社区是防御风险的"最后一公里"，也是人民民主参与城市自治的主阵地。通过社区充分利用收集信息和挖掘信息的技术，对庞大的数据信息进行专业化分析处理，从而实现对海量信息的整体把握和核心信息梳理，是撬动"技防"实现韧性社区的技术钥匙，也是数字化转型发挥先进技术的主要作用平台。保障社会治理的科学性，运用人工智能、大数据等技术使数据可视化，助力地方政府精准把握民情民意的动态，发现和评估社会治理风险。"大数

---

① 李海舰、李燕：《企业组织形态演进研究——从工业经济时代到智能经济时代》，《经济管理》2019年第10期。
② 童星、丁翔：《风险灾害危机管理与研究中的大数据分析》，《学海》2018年第2期。
③ 韩志明：《模糊的社会——国家治理的信息基础》，《学海》2016年第4期。

据+网格化"技术形成常态化的综治管理,最终发挥"全过程人民民主"的制度优势,实现多元共治。

三、城市治理数字化转型的实现机制:一个分析框架

城市治理数字化转型是进一步打造治理平台的过程,由于行政机构设置、中央地方的结构关系、条块分割以及行政区域结构的特点,在管理的层级和空间上都存在横纵向层级信息传递的问题。数字化的网络平台就是"跨时间、地点、部门的全天候的政府服务体系"。① 并且,传统的电子政府模式无法迅速提炼公众收集信息后的反馈。② 从信息传递层级壁垒和时效上来说,数字化转型更符合拉塞尔·M. 林登(Russell M. Linden)提出的无缝隙的政府理论,即打破传统部门界限和公共服务功能分割的,"行动快速并能提供品种繁多的、用户化和个性化的产品和服务"。③ 数字化转型强调一体化的开放思维,真正实现共治共建共享的社会治理格局。"搭建'全周期管理'的概念平台以确保整个管理体系从前期预警研判、中期应对执行再到后期复盘总结学习,各个环节均能运转高效、系统有序、协同配合。"④建立起常态化的防御复杂性治理难题议案机制,真正实现将技术系统与社区自治融合,优化治理结构,最终实现城市治理现代化。

基于现有研究以及国内实践基础,本文以上海市 A 街道的城市数字化转型为例,探究城市化数字转型的方向和途径。城市治理数字化转型,是一个技术与管理相互提升的伴生过程,正如笔者

---

① 鲁敏主编:《当代中国政府概论》,天津人民出版社 2019 年版,第 365 页。
② 王向民:《大数据时代的国家治理转型》,《探索与争鸣》2014 年第 10 期。
③ [美]拉塞尔·M. 林登:《无缝隙政府:公共部门再造指南》,汪大海、吴芳群译,中国人民大学出版社 2001 年版,第 2—3 页。
④ 常保国、赵健:《"全周期管理"的科学内涵与实现路径》,《光明日报》,2020 年 9 月 4 日,第 11 版。

所绘的图1。首先,数字化转型带来技术的提升,智能技术管理嵌入城市治理过程,实现了在技术层面上的赋能。其次,技术的发展带来了整体治理效率的提升,大数据的便捷打造了一个互联互通、综合协同、横向协同的治理网络,带来了结构优化的调整结果。在优化的网络结构下,每个人都有明确的角色定位,充分发挥自己的主观意识和行动偏好,在社会和风险压力中保持互动反馈机制,充分发挥全过程人民民主的制度优越。以"技术—结构—制度"的框架形成一个由机制搭建到结构功能发挥效能的数字化转型过程。

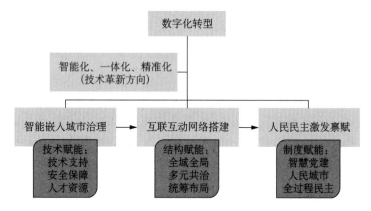

图1　数字化转型"技术—结构—制度"结构逻辑图
资料来源:笔者自制。

(一)技术赋能:智能嵌入城市治理

大数据时代的社会治理旨在搭建政社协同的治理平台。基于新兴的信息技术,赋权公众参与社会治理,依靠政民互动积累社会治理的知识和策略,以提升社会治理的智能化水平。[①] 智能信息技术作为政府管理与社会治理的主要治理手段,具有为治理主体"赋能"的功能。技术赋能是实现治理手段、技术和治理理念的转

---

① 孟天广、王烨:《基于大数据的社会治理创新:地方创新与治理效能》,《广西师范大学学报》(哲学社会科学版)2021年第57卷第1期。

换。步入治理现代化时代以来,有关大数据与社会治理、政务工作、公共服务、行政监管的构建的实践就一直深入发展。技术赋能和技术赋权的嵌入已经成为改进城市治理的必然机制。

城市数字化转型不断探索数字孪生技术在生产、服务、产品供应链条上的能力,创新政府与社会公共领域之间的协同交流机制,在数据网络的支撑下拓宽格局、提升服务能力,从加深纵向的信息通达到加强横向交流合作与需求对接,充分实现数字转型的共享与共建。

打造互联互通的数据网络,需要实现多主体、多业务的"一网统管",打通各行业之间的壁垒。首先,通过数字化治理打通数据壁垒,实现对社会事实的精准画像。[①] 同时,除了构建跨时空的全域全局数据共享,在关键领域上的资源预测分析技术也很重要,为了满足更具智能化的信息处理要求,需要建立有效的信息预测时空推演平台,在安全防控、智慧城市、生态保护、绿色能源等领域开展智能预测应用实践。目前,国家、技术部门还有企业在技术支持下形成技术、产业与应用集成的创新模式。政府与社会多元主体协作,通过各种终端建构数据,在开放的系统中实现数据的整合与共享。比如,在新冠肺炎疫情防控中,各地政府、医疗机构与互联网公司打造了多种区域性的信息管理平台,医疗资源、政府管理、社区街道、居民社会多要素参与其中,实现了通过网络平台应用协同社区信息采集、疫情线索提供、医疗资源查询、在线医学服务和心理疏导、隔离信息资源查询、大数据流调监控等实时动态服务功能,充分实现了全社会参与对抗风险的格局。

其次,政府在数字化转型过程中起到了关键的引领、监督和布控全局的作用,技术赋权加强数字信息系统中数据的公开性和共享性。数据的透明和流通使其能为更多主体所使用,最大程度地实现信息价值,形成了数据处理的标准,打造了综合性的数据平

---

① 韩志明、马敏:《清晰与模糊的张力及其调适——以城市基层治理数字化转型为中心》,《学术研究》2022年第1期。

台。在这个过程中,政府的引导和监管作用、党建引领发挥的作用尤其重要,加强对网络信息安全的管控伴随着城市数字化转型的主题,对信息使用、传递和保管的规范也是防范非传统安全风险事件的发生,从技术安全管控上实现安全保障。

最后,城市数字化转型需要突破传统思维,以创新打破旧有管理形式,因此,智能科技在嵌入城市治理之间必然存在观念和旧有模式的束缚,接受新的技术和治理理念需要人这一主要主体的推动,信息时代本就有着对复合型人才的需求。在城市治理数字化转型中,数字韧性的打造吸纳了关键领域人才的加入,横向跨领域的交流也实现了人力资源的互通。

(二) 结构赋能:互联互动网络搭建

技术赋能提供了技术支持、安全保障和人才资源,在这几大重要因素作用下带来了治理网络和治理结构的优化升级。"以网格化管理、社会化服务为方向,健全基层综合服务管理平台,及时反映和协调人民群众各方面、各层次的利益诉求"[①]是创新社会治理体制的具体举措,社会治理网格从技术、管理、制度、治理各个层面逐渐落实在城市基层治理的各个基本单元中。网格精细化、联防联控、加强条块之间的交流等实现了各条块重组联动,搭建了稳定且纵横交错的社会治理生态。

首先,城市数字化转型为完成全域全局的治理结构搭建了技术基础,习近平总书记在湖北省考察新冠肺炎疫情防控工作时指出:"要着力完善城市治理体系和城乡基层治理体系,树立'全周期管理'意识,努力探索超大城市现代化治理新路子。"数字化转型采用信息技术缩短了时间的反应链条,一个完整的突发性风险事件防控治理,包含前期预估与警报、中期建设和规划、后期补救和总结三大

---

① 中共中央文献研究室编:《十八大以来重要文献选编》(上),中央文献出版社2014年版,第539页。

部分的时间发展链条。城市治理需要具备高效的风控计算能力,把常规治理和非常规治理结合起来,一方面是社区治理日常事务的运作,另一方面是突发风险实践的常态化应急处理。技术赋能提高了城市对风险的预警能力和规划布控的科学性。值得注意的是,在整个时间链条上的结构赋能,是城市数字化转型的突破口,是量变与质变的交接点,也是实现数字韧性飞跃的关键。数字化转型的结构赋能可以极大地提高社会治理效率。从空间维度上来看,全域全局包含多元主体之间的诸多联系,也包含局部性治理和全局性治理的联系,这需要城市数字化转型具备整体思维和大局思维,信息技术的发展要符合城市整体规划发展的顶层设计和宏观规划,同时也要具备结构性思维和细节把控的思维,着眼小事,立足当下,加强城市发展的过程管理和微观治理,把握城市数字化转型的阶段性要求,推动阶段性任务的落细、落小、落实。基于大数据平台下的数字政府间协作发展而来的智慧城市群,将成为区域一体化发展新态势。[1] 从价值上坚持以人民为中心,完善相关民生的数据建设,以优化基层层面的公共服务供给、应急资源配置,实现数据可视化达到可调度、可联动、科学落实,提升基层抵御风险与灾害的能力。

其次,数字化转型下多元主体的协同耦合形成具有长效机制的治理系统,完成了资源协调整合。在主体上是应对突发性风险,政府与非政府、社会和市场、党政机关和行政部门不同机制的资源和行动整合,在资源上是多主体在持续的信息互动中增进信任资本,融合协商和优化整合资源从而提出科学化解风险的机制和方案。以政府为主导,强化制度安排的系统性、引导性和规范性,激发多元主体协同互动的活力,实现制度供给的多元化和开放性。

最后,社区治理的理想状态应是在基层党组织引领、基层政府的主导下,通过制度化和社会化的多种行动方式,采用数据化的科

---

[1] 李磊、马韶君、代亚轩:《从数据融合走向智慧协同:城市群公共服务治理困境与回应》,《上海行政学院学报》2020年第4期。

学管理办法,建立多元主体平等参与、分工协作、责任共担的权利体制,达到统筹布控。党政力量与社会力量协商对话、协同共治、利益共享的运作机制,可以实现社会资源在社区的有效配置、互为补充、互利共赢,政府治理和社会调节、居民自治的良性互动。[1] 这也是一种"政社互动"的基层治理模型,满足了现今需求多样化的现实和突发风险治理的需要。在风险社会中,实现政府完成政治绩效常态运转、居民个体享有安全发展的治理目标,构建起更为优化的数字化功能资源网络,黏合各方需求和资源,在共同目标的基础上,组织资本和社会资本建立培育基础,发挥各自资源和功能优势,把"政府下的社会组织"转变为"社会下的政府与社会组织"。[2] 公共治理议题中的党政机制与社会机制,应在明确政府治理责任的同时,通过互联互通形成有效应对风险的数字化系统,达到风险防控的统筹布控。

(三) 制度赋能:人民民主激发善治禀赋

城市治理数字化转型的过程也是中国特色社会主义制度发挥优势的过程,数字化转型必须围绕社会主义现代化建设的要求和方向展开,以信息技术提升为途径,不断完善智慧党建、人民城市和全过程人民民主,实现社会善治的人民民主禀赋。

基层党建引领是富有弹性和黏合力的政党运行机制,其制度优势体现在防控风险中的党建引领机制上。党组织适应环境发展的调适能力之强,能快速从形式的组织覆盖到实质的功能性覆盖,城市数字化转型下的智慧党建与社区治理韧性理论深度融合,制度优势转化为宝贵的风险防控经验进一步指导未知的实践。其弹性体现在创新能力上,党建引领社会治理探索实践实现创新,具体做法有融合区域化党建、平台化党建与技术化党建等。城市数字

---

[1] 付春华:《城市社区多元主体协同治理模式研究——基于"共建共治共享"理念》,《城市学刊》2020年第5期。
[2] 刘建军、宋道雷、李威利等:《联动的力量:基层治理创新——以杭州市上城区为研究对象》,上海人民出版社2018年版,第91页。

化转型有助于形成智慧党建引领社会治理的创新模式,依托大数据支持、数据中台支持和神经元系统,构建线上线下互通的党建资源。为党建引领社会治理提供了治理技术的革新,突破传统管理方式,增强参与主体的意愿和互动。同时,城市数字化转型以网络门户网站、应用开发、数据库建设、IT 设备基础、智能扩展的业务应用等搭建起更透彻的互通互动的党建体系,增强网络党建的规范性,紧密与群众的血肉联系。

上海市委书记、城市数字化转型工作领导小组组长李强在 2021 年 12 月举行的市委市政府治理数字化转型现场推进会中强调,以城市数字化转型推动城市治理建设,全面贯彻落实习近平总书记考察上海时的重要讲话精神:"要依托神经元系统、数据底座和数据中台支持,用数据描绘城市实体,用数字刻画城市态势,构建城市运行数字体征体系,并在实践中不断完善优化,坚持应用为王,抓住关键环节,推动迭代升级。"将城市社区中的各治理主体有效组织起来,整合资源的过程,是中国城市治理转型重要的保障和推动机制,更是城市社区治理的创新。"国家治理体系和治理能力现代化已经成为政治权威职能完善、社会主体角色调整、公民个人作用发挥的逻辑原点和本质要求。"[1]在突发公共安全事件中,数字化转型提供的网络支持让多元主体积极参与其中,在基层党建引领的协调治理环境中对疫情信息进行全方位的监督与监测,共同参与相关的疫情物资采购、消毒排查、困难帮扶、环境整治等疫情防控活动,对问题与服务主体进行实时关注与交流反馈,结合信息技术对网格内事务进行及时协调和处理。各环节的工作情况及时上报。充分深入群众了解详情,基层党建需要引领群众和基层治理工作人员弄清楚可为与不可为之处,减少误解与误判,共同厘清法律的界限,不仅做到治理法治,更应该实现平等和公正的价

---

[1] 顾爱华、孙莹:《国家治理体系现代化路径的效应分析》,《辽宁大学学报》(哲学社会科学版)2019 年第 5 期。

值,从而推动基层治理现代化迈向新台阶,不仅实现过程上、程序上的民主,也是更大程度地实现全链条、全方位、全覆盖,符合全过程人民民主的本质意涵,激发善治禀赋。

在数字化转型的过程中,智能嵌入城市治理带来技术赋能,互联互动网络搭建带来结构赋能,人民民主激发善治禀赋达到制度赋能,这三个机制是一个逐步完善的过程,是依据"技术—结构—制度"的逻辑将智能应用与城市治理深度融合,将社区治理现代化的理念与数字转型融合,达到适应性治理。对突发风险有及时快速的反应,形成全民参与的过程链条,实现社会生态系统的健康稳定运行。

四、城市治理数字化转型的构建路径:以 A 街道"全岗通"品牌为例

A 街道位于上海的中心城区,常住人口密度和老龄化程度均位于全市首位,以往,每个居委会协助政府的事项有 146 项,每年的台账有 100 多本,传统的治理方式让居委工作倍感压力,并且也存在老旧小区生活服务落后的问题,治理能力亟待升级,更新治理技术,融合数字化转型迫在眉睫。A 街道自 2016 年开始推广"全岗通"品牌机制,努力打造全科医生式的居委会干部,以有效的培训让居委会干部做到一专多能、全岗都通。

习近平总书记 2016 年参加第十二届全国人大四次会议上海代表团审议时强调:创新发展新理念首要的是创新。建设具有全球影响力的科技创新中心,是上海实施创新驱动发展战略的重要载体。① 因此,A 街道不断改进"全岗通"创新治理模式,实践总书

---

① 《习近平参加上海代表团审议》(2016 年 3 月 5 日),新华网,http://www.xinhuanet.com//politics/2016lh/2016-03/05/c-1118244365.htm?jid=1,最后浏览日期:2022 年 10 月 23 日。

记社区治理思想的要点,搭建了全周期运作的框架,建立起联动居民、居委会、业委会、物业公司、社会组织、社区单位、群众活动团队等各方参与、上下联动、全过程追踪等机制,实现信息沟通的顺畅性、社区事务参与的民主性、处理技术问题的专业性。城市数字化转型与社区自治相互融合,打造差异化治理、全周期运作的社区自治,实现智能化、一体化、精准化的数字化转型,促进治理结构优化,以满足安全发展的需求。

正如笔者所绘制的图2,精准化基层治理是A街道"全岗通"项目的发展方向。在具体做法中,数字化转型围绕着项目的工作思路和做法不断深入,优化治理结构,打造以互联互通的治理结构为内涵的城市数字化转型。以技术、结构、制度三大赋能合力共同打造积小治为大治,建设有活力、有温度、有风度的宜居社区,提高治理创新模式。"全岗通"以更高的标准稳步推进,呈现以全引领党建、全周期运作、全过程民主为内核的基层治理模式,为人民城市建设提供了可参考借鉴的"A经验"。

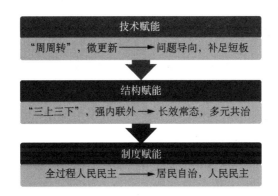

图2 A街道"全岗通"品牌实现数字化转型的做法

资料来源:笔者自制。

（一）"周周转"全流程闭环的技术转型赋能

城市治理数字化转型的目标在于做到透明和规范[①]，实现管理社区治理精细化、解决事项清单化、具体问题项目化、服务形式菜单化，落实处理社区事务的全流程闭环。形成"问题的发现—主要矛盾的识别—问题的解决及反馈"的治理链条。A街道"周周转"将事项清晰化、数据共享化、流程透明化，并将处理事项的流程规范下来，如图3所示。

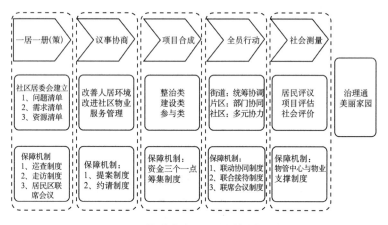

图3　A街道全岗通"周周转"流程图

资料来源：A街道社区居委会。

"全岗通"以技术驱动配合治理价值观念进行结构升级，该项目经历了技能通、服务通、治理通三个阶段。以工作技术能力提升为目标，以规范化、专业化、制度化、信息化建设为重点，努力把居委会培养成"信念坚定、为民服务、勤政务实、敢于担当、一专多能、全岗都通"的基层治理团队。

首先，技能通致力于改革居委会的工作模式，配合数字信息技

[①] 何圣东、杨大鹏：《数字政府建设的内涵及路径——基于浙江"最多跑一次"改革的经验分析》，《浙江学刊》2018年第5期。

术打破居委会工作的条线壁垒,达到一体化的形态。其次,实施规范化建设,实行受理"首问责任",打造"全岗通"服务清单,形成"全岗通"标准化流程,实现精细化目标。再次,将数字治理与居委工作结合。开发居委会服务事项电子资源库,实现居委会办事流程、办理条件、政策法规依据标准化,方便居委会成员查询、办理相关事项,在信息化的基础上迈向了智能化的数字转型要求。受理平台分为事项受理、查询统计、生活服务信息三大板块,系统内可根据受理情况自动形成图表、图形进行统计分析。继而实现专业化提升,设置技能考核,配套信息化的学习技术。最后,将居委工作落实到制度设置上。该阶段也是通过接受信息技术补足短板、提升能力来推动社区工作者的个体成长的过程。

服务通的数字化建设有了进一步的发展。围绕进一步提升居民服务质量,居委通过信息技术在线上线下打造居民网上办事服务平台,通过对居民办事数据进行分析,结合大调研走访情况,梳理居民需求比较集中的事项,形成 61 项"不见面办事"和 41 项"零距离服务"清单,2019 年"不见面办事"事项调整为 80 项,"零距离服务"事项调整为 55 项。"不见面办事"是指居委通过市民云 APP 和"虹口民政"微信公众号完成在线预约和在线办理,居民可以对居委网上办事效果进行满意度评价。"零距离服务"是居民通过市民云 APP 和"虹口民政"微信公众号提出服务需求,若有服务资源则进行对接及派单,服务至居民满意为止。线下空间的信息化管理办法是用数字化打造"楼组分类治理"。针对高层、多层、旧里三类楼组形式特点建立清单,理顺治理逻辑,形成楼组职责清单、楼组四治清单、楼组服务清单、楼组治理清单、楼组项目清单和楼组治理流程,并且采用"楼组全岗通"信息板块,实现职责在线查询、案例在线培训、问题在线指导,充分发挥信息技术手段的作用,突破治理空间和时间的局限。这样的技术革新在突发疫情的防控中表现出极大的治理效果,满足了社区封闭管理下信息收集的精确化和服务的人性化,居民的日常生活得到了快速的恢复。运用数字技术提升资源调配能力,补齐社区资源供给短板。提升协同能力是疫情防控常态化下社区治理必须要破解的难题,而数字技术可以构建立体协同的治理结构,实现重构式的创新和系统性的协同。①

治理通更加强调技术处理流程的规范。比如治理全过程、全链条的完整程度,议事协商、线上线下各主体的联动互通的规则设定,软件开发的人性化、人文化价值导向等。数字韧性的提高大大完善了互联互通的网络链条,从技术支持到人才培育再到防御风险的安全网络打造,迈向了城市数字化转型的技术赋能。信息技术提升的载体是人才资源的培育,城市治理数字韧性的打造要求高等院校和相关科研机构以及企业联合建立人才培育基地,加大对数字行业科技创新的资源投入并搭建政企平台,加强智慧技术与城市治理的供需对接。A街道为应对突发风险做好了跨部门跨组织协同治理的准备,坚持以人民为中心的智慧治理。在社会组织不断发展壮大,治理的主体多样化的同时,也需营造良好的技术支持环境和技能培训,对接技术现代化发展,从而吸纳社会中有能力的志愿者,壮大并更新治理的核心队伍。

(二)"协作通":"三上三下"构建强内联外的结构效应

围绕"全岗通"之"周周转"的工作形态,A街道提出"三上三下"的协作概念,建立和实施自下而上的提案制、约请制、评议制和自上而下的联系制、承诺制、评议制,不断畅通上下条线路径和渠道。居民区党总支或居委会组织居民、业委会、物业公司等主体对项目协商讨论达成意见的统一,形成提案和项目,强化社区居委会

---

① 郑阔实、王秀蕾:《疫情防控常态化下社区治理数字化转型研究》,《行政与法》2021年第11期。

及时解决社区管理问题的意识。坚持"重心下移、资源下沉、权力下放"的"三下"原则,明确"对下服务"的工作机制,把服务居民、造福居民作为社区治理的出发点和落脚点。"三上三下"这一概念从组织化运作的角度为处理社区治理事务的全流程闭环提供了可供遵循的结构基础,以实现社区最大公约数为主线,强内联外、融通共赢、全员行动,致力于理顺机制、整合资源、激发社区内生动力和活力,畅通社区治理。居委会形成了"发现、协调、实施、复查"的常态化工作流程,明确每一项事务的责任部门,设立整改时限和标准,推动了社区的社会治理,实现了从"平台"到"行动"的进阶,打造了党建引领实现全域全局的结构基础。

自"周周转"启动以来,A街道下的各居民区围绕本社区的主要问题,量体裁衣、因地制宜,针对明确事项,周期性地展开工作计划,布置工作任务,开展居民自治组织活动。具体做法是:党组织牵头,从制度规则和治理技术上打破条块壁垒,将社区、社会组织、社会工作者、居民等各个社区治理主体动员起来,共同参与协商解决社区的公共事务,达到多元共治的治理网络构建。为了实现这样的治理格局,在数字化转型上,A街道利用摄像头、传感器、互联网、大数据、区块链、物联网等人工化的治理技术,配套人工化的群众议事、座谈、协商等,从而达到线上线下多元协同,实现"三上三下"。A街道以数字化带动非数字化,全面实现强内联外的结构效应。

具体内容表现为党工委构建社区治理体系合力攻坚,街、居两级联席会、三级联动、"四位一体"共同参与。由居民区党组织、居委会、业委会、物业公司、社区居民等各类主体通过"全岗通"议事协商平台等方式,总结问题清单,确定工作项目。比如街道内居民区非机动车库改造项目,由居委会搭建平台,物业公司具体操作,业委会主动配合,引入封闭式智能系统,安装智能防盗门和充电桩,发放门禁卡和停车证。采用电子门禁无人值守,车库按电动车、自行车分区有序停放，所涉费用由业委会在公益性收入中支付，不仅解决了楼道乱停车的问题，还保障了居民私人财产安全。再如街道居民区非机动车库建立双层立体车库项目，在小区车库一楼停放电瓶车、摩托车，二楼停放自行车。建立无人看管车库，安装智能充电桩、自动移门、露天雨棚、摄像头和LED照明灯。该项目由"爱我家"社会组织指导，与物业签订《托管协议》，制定《非机动车停放管理制度》，编制《智慧充电桩项目操作指导书》。智能化的手段提高了沟通效率和管理效率，催生了常态化的规则办法。

新冠肺炎疫情暴发后，全社会进入数字治理时代，学者曾总结数据流转和共享存在的问题："虽然干部、资源、管理等不断下沉到社区，为社区疫情防控注入了强大的力量，但经上级部门整合后的综合性数据却没有及时下沉到社区，由此形成了疫情数据'只上不下'的局面，导致部分社区疫情防控工作得不到有效的数据支撑。"[1]A街道的"三上三下"项目充分发挥数字化转型的效果，通过居民区党总支引导社区单位、自治团体、社会组织等多元主体，采用大数据、互联网技术对社区内人员、建筑及设备设施进行全要素、全周期的监测监控，并进一步对社区可能发生的风险进行评估、预测和预警，力争把风险化解在源头。为确保"全岗通"治理工作的有序推进，街道不断加强资源整合，明确主责，强化协同，将管理和服务资源整合下沉到居民区，确保各项工作的推进"找得到人、办得成事"，实现全域全局联动服务。同时，街道建立自下而上的提案制度、约请制度和评价制度，以及自上而下的联络制度、承诺制度、督察制度，建立"对下服务"的工作机制，推动条线部门主动围着基层转，强化为基层服务的工作导向，将基层治理工作向纵深发展。以数据为支持的线上线下联动的优化结构在防御风险上发挥治理效能。

---

[1] 郑阔实、王秀蕾：《疫情防控常态化下社区治理数字化转型研究》，《行政与法》2021年第11期。

数字转型转入互联互动的网络构建,在技术支持下实现全域全局的数据和信息的掌控,充分发挥社区联动作用,深层次实现多元共治,最终达到统筹布控的效果。协同耦合、信息互通、优化整合,最终实现治理结构的最优合力。

(三)党建引领:全过程人民民主制度优势赋能

A街道"全岗通"品牌建立起政府治理、社会调节和居民自治良性互动的治理结构,依靠的是党建引领。全引领党建是"全岗通"之魂。城市治理数字化转型的关键是实现智慧党建,将信息技术与党建引领结合。A街道党工委的党建引领功能将基层党建与社区治理、公共服务等整合在一起,增强整体效应,变"向上对口"为"向下对应",扩大党建覆盖面,通过强化交叉任职,设立"一对一"的党建联络员等方式,实现组织覆盖。做到了"党员在哪里,党的建设就覆盖到哪里"的党建格局。城市数字化转型必须围绕党建全覆盖的模式进一步深入,逐步促进形成以上带下、以下促上、贯通联动的社区治理良性循环体系。例如,A街道打造数字信息系统完善党组织总结问题清单的模式,无论是在常态治理还是在疫情常态化管理阶段,都能更迅捷地排摸出小区存在的问题,从"单位党建"向"区域化党建"转型,实现更精准的治理,同时,A街道通过"人文行走""邻里守望""健康曲阳"等项目,促进治理资源和需求的合理配置,实现"贤良之士众,则国家之治厚",达到人文资源与信息技术的融合。

为了适应城市转型的变化,A街道努力提高队伍班子的先进性,打造符合新时代治理需求的队伍主体。开展"头雁工程",强化对社区党组织书记和社区主任的培训。A街道坚持"明社情""选好人""做成事"的方法原则,保障换届选举能够选出"才德兼备"的两委班子。结合重点工作,通过专题培训、现场教学、参观学习等多种形式,授之以渔,全方位赋能,从系统功能、人文数字建设以及人才提升上完善智慧党建,从而实现为人民服务的社会治理目标。城市数字化转型围绕着人民城市的构建方向①,城市治理的各个领域是城市数字化、智能化改革的主体,目前,国家治理对城市发展提出更高质量的要求,数字化转型也进入全方位赋能、全面迭代更新的阶段。对此,A 街道进一步强化社区基础要素动态管理、常态管理,着力补齐硬件短板、软件漏洞,围绕安全、环境、健康、文化、服务等核心要素下功夫,不断增强居民的获得感、幸福感、安全感。

在应对新冠肺炎疫情的管理经验中,A 街道聚焦社区基础要素的数据化管控,动态管理、及时发现、及时处置,按照社情清、环境清和事务清分类,梳理提炼 10 个居民区管理服务的经常性事项,要求居民区工作人员每天逐项对照发现、销项,做到"当天事,当场办,当天报、当天清",切实提升社区的精细化管理水平。人民城市的建设重在将城市的技术物质系统如基础设施、防御系统、数字生态等与社会治理系统耦合,用数字转型强化城市的韧性水平,构建一体化网络和智能化的互联互动治理格局。

A 街道"全岗通"建设打造"一网统管",用数字化转型构建互联互通的"城市大脑",在技术打造平台、治理结构优化的情况下,人民有参与社区事务的获得感和幸福感。居民会主动依托互联网技术形成互动反馈的治理链条,编织起全民参与社会治理的工作网络,每个人都是社区的积极行动者,在全过程的链条中具备清晰的角色意识,养成规则意识,达到良性自治。

"全岗通"通过对事前、事中和事后阶段的流程再造和规范,使数字化转型的技术赋能和结构赋能支撑起民主的决策,产生了具有内容效力的管理绩效。主要做法如:第一,精细化社会测量指标,推进居民验收制度。第二,统筹居民参与实效,打造街、居住宅小区联席会议制度。第三,拓宽民主监督模块,夯实自下而上的评

---

① 张春敏:《数字化转型中韧性城市建设的制度基础、演化机制与现实路径》,《贵州社会科学》2021 年第 7 期。

议制度。在数字化转型中实现了居委办公空间无限小,管辖范围无限大。居民对社区事项的了解全面而通达。流程规范明确,在风险防控时做到足不出户也能清晰了解社区事务动态。"全岗通"的工作成效不仅表现为资源整合、一专多能的"通"字,还展现为居民区干部和团队专业化素质的"岗"字,更体现在全引领、全周期和全过程覆盖的"全"字上。"全岗通"已经探索出一条特大城区党建引领精准基层治理的新路子。作为上海市推进基层社区治理的品牌,"全岗通"的全面探索和升级迭代将给上海乃至全国提供更多数字化转型经验和实现全过程人民民主的实践经验。

五、小结

城市治理数字化转型是打造人民城市、实现全过程人民民主的技术关键。数字化转型的内在逻辑是智能化、一体化、精细化。从技术支持、结构升级、制度赋能三大机制逐级递进全面深化。在这样的机制框架下,A街道"全岗通"以赋能、串联、协调、规范的路径不断实现数字化的转型和治理现代化,增强社会治理与物质技术的深度融合。从技术上配合政府治理的"立体网络结构",推动数字信息技术和社区自治的有机结合,完成城市治理数字化转型,以更好地应对充满不确定性的突发风险。技术的发展要以人民城市构建的价值为导向,从过程和规范上提升技术应用的手段,增强抵御风险的能力,治理社区管理的"低洼"地,用数字化转型的逻辑打造一个富有治理弹性和安全韧性的社区,发挥政府效能,真正实现人民当家作主的权利。

[本文写作得到复旦大学当代中国研究中心基层社会治理研究实践基地和上海市虹口区曲阳路街道合作实践基地支持。]

粤港澳大湾区机场群建设中的港深机场合作研究

张 莹*

[**内容摘要**] 粤港澳大湾区发展规划提出,要建设世界级机场群,基于此规划目标,港深机场作为湾区中的两大枢纽机场,不仅需要提供便捷的中转服务,还需充分整合网络航线,实现机场群内各机场之间的互联互通,协同发展。"十三五"规划前,港深机场就资产、业务以及机场快线建设展开了合作,然而,由于港深机场利益分歧较大,只有业务合作在继续推进。"十三五"规划之后,深圳宝安机场的定位由干线枢纽机场提升为国际枢纽机场,港深机场定位相同。随着大湾区客流增加,港深机场跑道均无法满足枢纽机场的运量需求,机场第三跑道成为两者发展的重点内容。空域资源竞争加剧、机场多元主体利益冲突以及制度阻碍是港深机场合作的主要困境。面对粤港澳大湾区建设国际机场群的需求,港深机场应瞄准世界、放远眼光,在航线网络、基础设施、通关模式等方面积极探索合作空间,明确各自定位,寻求差异化的发展道路;依托城市竞争力及配套设施,创造互利共赢模式;加强合作共识,推动机场管理、空域制度以及合作机制的改革与创新,充分发挥港深机场的合作优势。

[**关键词**] 粤港澳大湾区;世界级机场群;竞合关系;合作机制

---

* 张莹,复旦大学国际关系与公共事务学院硕士研究生。

一、问题提出

2019年2月18日,国务院印发的《粤港澳大湾区发展规划纲要》(以下简称《纲要》)指出,粤港澳大湾区的经济实力和区域竞争力已经初步达到建设国际一流湾区的条件。粤港澳大湾区当前是要与世界其他三大湾区(纽约湾区、东京湾区和旧金山湾区)进行竞争。在全球经济化与信息化不断深化的背景下,资本、信息等要素的互联互通是地区保持竞争力的基础,航空运输能力则是衡量地区与世界各经济区域联系紧密程度的重要指标。机场群的建设不仅能够提高城市区域的对外开放程度,还能促进产业结构的调整和优化[1],建设世界级机场群是粤港澳大湾区发展规划的题中应有之义。

世界其他三大湾区的机场群建设和发展已经较为成熟,各个机场的定位和功能划分较为清晰。在纽约湾区,以纽约市为中心聚集了三大机场:肯尼迪国际机场是湾区核心机场和国际枢纽,航线主要为欧洲和亚太地区;纽瓦克机场则是均等发展国际国内航线;拉瓜迪亚机场作为辅助机场,主要以国内航线为主。在旧金山湾区,旧金山机场是核心机场,其主要国际航线是亚洲地区;奥克兰、圣荷西机场的客运市场规模相当,主要提供国内航线服务,国际航班仅限于墨西哥。[2] 在东京湾区,机场群组成简单,分工关系明确,羽田机场主要以国内航线运营为主,国际航线运力占比低于成田机场,但却是日本客运量最大的机场。成田机场主要承载国际航线业务,航线主要为亚太、北美和欧洲。[3] 此外,三大湾区在机场群的运营

---

[1] 曹小曙、杨景胜、廖望:《全球机场群空间格局及其对粤港澳大湾区的启示》,《城市观察》2017年第6期。

[2] 陈朋亲、郑天祥:《粤港澳大湾区机场群协同发展研究——基于供给侧结构性改革分析视角》,《港澳研究》2019年第3期。

[3] 周可:《CADAS观察:东京机场群观察——羽田机场》(2018年3月20日),民航资源网,http://news.carnoc.com/list/440/440113.html,最后浏览日期:2021年7月5日。

管理上也较为成熟,纽约湾区由新泽西港务局统一负责和管理,旧金山湾区由旧金山机场管委会统一协调,东京湾区则由东京都政府协调株式会社、国土资源省等进行多元化管理。①

与世界其他三大湾区相比,粤港澳大湾区的人均航空出行次数较少,国际航线覆盖率处于较低水平(表1)。② 而且,粤港澳大湾区各机场之间没有统一的管理协调机构,机场之间的"博弈"情况明显③,有效的协同机制尚未建立。在粤港澳大湾区建设国际机场群的目标下,香港国际机场和深圳宝安机场作为大湾区内两大枢纽机场,其距离相近,资源优势互补,有着较多的合作空间。本文一方面探究粤港澳大湾区建设下港深机场合作的重点内容,另一方面探究港深机场的合作机制,从港深机场合作视角分析机场竞争力的提升路径。

表1 各湾区机场2020年旅客吞吐量

湾区名称	机场名称	2020年旅客吞吐量(人次)	总计(人次)
纽约湾区	肯尼迪国际机场	16 630 642	55 716 572
	费城国际机场	11 865 006	
	纽瓦克自由国际机场	15 892 892	
	拉瓜迪亚机场	8 245 192	
	布拉德利国际机场	2 427 478	
	大西洋城国际机场	450 636	
	维斯特切斯特郡机场	204 726	

---

① 陈朋亲、郑天祥:《粤港澳大湾区机场群协同发展研究——基于供给侧结构性改革分析视角》,《港澳研究》2019年第3期。
② 冯广东、邓海超:《从互联互通视角看我国三大世界级机场群建设发展策略》,《民航管理》2021年第1期。
③ 陈朋亲、郑天祥:《粤港澳大湾区机场群协同发展研究——基于供给侧结构性改革分析视角》,《港澳研究》2019年第3期。

（续表）

湾区名称	机场名称	2020年旅客吞吐量（人次）	总计（人次）
旧金山湾区	旧金山国际机场	16 427 801	31 344 456
	奥克兰国际机场	4 622 026	
	诺曼·峰田圣荷西国际机场	4 711 577	
	萨克拉门托国际机场	5 583 052	
东京湾区	东京羽田国际机场	31 055 210	41 541 637
	成田国际机场	10 486 427	
粤港澳大湾区	香港国际机场	8 836 000	101 489 765
	澳门国际机场	1 173 231	
	广州白云机场	43 760 427	
	深圳宝安机场	37 916 059	
	珠海金湾机场	7 335 646	
	佛山沙堤机场	483 741	
	惠州平潭机场	1 984 661	

资料来源：根据纽约和新泽西港口事务管理局、南泽西交通管理局、中国民航管理局以及机场官网数据自制。

二、粤港澳大湾区机场群建设下的港深机场定位

1976年，鲁宾（Rubin，D.）和法根（Fagan，L.N.）第一次使用"机场群"概念用于客流的预测。① 纽夫维尔（Richard de Neufville）将机场群（multi-airport system）定义为"为大都市区的航空交通服务的机场组合"，强调机场的功能定位与合作发展。②

---

① 李瑛珊：《世界级机场群视野下珠澳航空产业错位发展研究》，《现代营销》（经营版）2020年第6期。
② Richard de Neufville, "Management of Multi-Airport Systems", *Journal of Air Transport Management*, 1995, 2(2), pp.99-110.

中国民用航空局局长冯正霖在 2017 中国民航发展论坛上提出,机场群不只是区域内多个机场的简单集合,而是以协同运行和差异化发展为主要特征的多机场体系,合理的分工定位是打造世界机场群的前提。①

粤港澳大湾区包括 2 个特别行政区和珠三角地区 9 个城市,总面积为 5.6 万平方千米,总人口约 7 000 万人,是我国开放程度最高、经济活力最强的区域之一。粤港澳大湾区现有 7 个民用运输机场,分别为香港国际机场、澳门国际机场、广州白云机场、深圳宝安机场、珠海金湾机场、佛山沙堤机场和惠州平潭机场。其中,香港、广州和深圳 3 个大型国际枢纽机场占据主导地位。机场群中的枢纽机场不仅要发挥传统意义上连接国际和国内的作用,而且要充分整合机场群的航线网络,通过整合机场群航线网络实现机场群内竞争性网络的分离与弱化,增强互补性航线的生存与发展。

林思奇等从机场产出规模、运营投入和所在城市发展水平三个方面评价机场的综合竞争力,并基于各机场在机场群中所占竞争力的比重,引入 Dendrinos-Sonis 模型判断机场群内各机场间的竞合关系。其中,香港国际机场和深圳宝安机场是强竞争关系,它们在大湾区的枢纽功能定位上极为相似,在同类资源的获取上有着较强冲突。② 港深机场与全球机场群枢纽还存在较大的差距,两大枢纽机场的关系不仅会影响机场群子系统的协调与运作,还会影响机场群航线网络的规划与发展。港深机场要以合作态度明晰机场定位,把握机场资源与优势,明确差异化发展方向,发挥港深机场的领头示范作用。

---

① 张秉海、程小慷、梁康、于笑:《基于协同理论的区域多机场系统协同发展研究》,《科技经济导刊》2019 年第 3 期。
② 林思奇、吴薇薇、刘雪妮:《基于 Dendrinos-Sonis 模型的机场群内机场间竞合关系研究》,《武汉理工大学学报》(交通科学与工程版)2020 年第 5 期。

(一) 香港国际机场的定位

香港国际机场是香港现时唯一的民航机场,也是全世界最大的机场之一,是国泰航空、港龙航空、华民航空、香港航空及香港快运航空的枢纽机场。机场占地面积为1 255公顷(合12.55平方千米),有南、北两条跑道,均长3 800米,宽60米,两条跑道的最终容量为每小时超过60架次起降,飞行区等级为4F。此外,香港国际机场拥有完善的货运设施,每年能够处理300万吨的货物。机场连接全球约220个航点,包括47个内地城市,超过120家航空公司在机场营运,每天提供约1 100班航班。从整体的航线分布来看,香港国际机场的国外航线主要面向欧洲、北美及亚太。在粤港澳大湾区的航线占比中,香港国际机场占据通往欧洲及北美地区超过80%的份额,占据通往日韩、大洋洲及中国台湾超过70%的份额,占据通往东南亚约57%的份额。香港当前的国际资源在粤港澳大湾区处于领先水平,占据了大湾区前往欧美地区的主力航线。[①]

然而,香港国际机场目前已经处于产能饱和阶段,其流量增长放缓。2017年,香港国际机场旅客吞吐量为7 286万人次,增长率为3.6%;2018年,其旅客吞吐量为7 360万人次,增长率为2.5%,流量增速近年明显放缓,双跑道已成为香港国际机场的主要瓶颈。为了应付与日俱增的客运和货运需求,巩固国际枢纽机场的地位,维持亚洲地区的竞争力,香港国际机场于2016年8月开启三跑道系统建造工程,兴建第三条跑道及滑行系统、三跑道客运大楼及相关基础设施。目前,工程仍处于填海工程施工高峰期,预计2024年三跑道系统将落成投产,年客运量产能扩大至3 000万人次,到2030年可处理年客运量约1亿人次及年货运量900吨,满足香港的

---

① 进门财经:《粤港澳航空供不应求,深圳机场地位提升》(2019年8月14日),商业新知,https://www.shangyexinzhi.com/article/192980.html,最后浏览日期:2021年7月5日。

长远航空交通需求。①

基于香港国际机场的优势及当前发展困境,《纲要》明确了香港国际机场的定位,指出香港国际机场要巩固提升香港国际航空枢纽地位,强化航空管理培训中心功能,推进香港国际机场第三跑道建设。同时依托香港金融和物流优势,发展高增值货运、飞机租赁和航空融资业务等。

(二) 深圳宝安机场的定位

深圳宝安机场是我国大陆第五大航空港,机场主要有两条跑道,分别为 3 800 米和 3 400 米,机场区等级为 4F。开通的国际国内航线共 120 多条,可达 90 多个城市及地区,是中国珠三角地区重要的空运基地之一。深圳宝安机场 2019 年旅客吞吐量约为 5 293.2 万人次,货邮吞吐量约为 128.3 万吨。深圳宝安机场主要的国际航线是通往东南亚和日韩地区,通往欧美的航线较少,在粤港澳大湾区的国际航线占比中仍处在低位,在珠三角四大国际机场国际区域客流占比中只有 5% 的份额。相比北京首都机场、上海浦东机场、广州白云机场,深圳宝安机场的旅客吞吐总量处于较低位置,国际旅客吞吐量更显不足,2019 年其国际旅客吞吐总量只有 500 万人次,远低于广州白云机场的 1 900 万人次。国际航线的开拓需要主基地航空的发展,深圳毗邻香港、广州,"十三五"规划前深圳宝安机场的枢纽定位弱于广州白云机场,其竞争力与香港国际机场差距较大,航司开拓国际航线的意愿不足,导致机场中国际航线占比较低,尤其是欧美航线。②

---

① 《【国金研究】白云机场深度:粤港澳门户,T2 助力流量变现能力提升》(2019 年 4 月 19 日),搜狐网,https://www.sohu.com/a/308975565_120014261,最后浏览日期:2021 年 7 月 6 日。

② 《大转机! 拼力建国际航空枢纽的深圳,终迎来最给力的支持》(2020 年 9 月 7 日),南方都市报,https://rsstoutiao.oeeee.com/mp/toutiao/BAAFRD0000202009063610 27.html,最后浏览日期:2022 年 3 月 24 日。

近年来,深圳宝安机场的吞吐量增速明显,2018年旅客吞吐量增速为8.2%,货邮吞吐量增速为3.5%,2019年吞吐量增速为7.3%,货邮吞吐量增速为5.3%。2020年虽然其旅客吞吐量受疫情影响下降严重,但其货邮吞吐量的增速达到9.0%(图1)。大湾区内旅客出境的需求不断增长,深圳宝安机场也面临运力紧张的局面,必须提高其航运能力以满足客运的需求。2014年,深圳宝安机场T4航站楼及第三跑道总体规划完成后,深圳市市长就正式提出要规划建设深圳宝安机场第三跑道。①

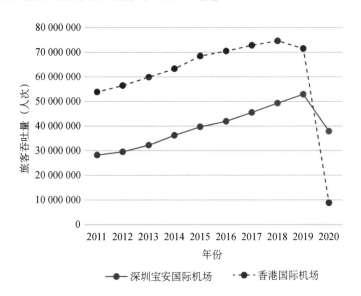

图1　2011—2020年港深机场旅客吞吐量

资料来源:根据机场官网数据自制。

国家"十二五"规划将深圳宝安机场定位为干线机场,让其发挥区域枢纽的作用。国家"十三五"规划则明确要求将其建设为珠三角世界级机场群重要的核心机场、"一带一路"倡议布局中更具

---

① 江苏城市论坛:《粤港澳空域之争对长三角世界级机场群的启示》(2020年3月4日),网易,https://3g.163.com/dy/article_cambrian/F6RL1PQT05199GUB.html,最后浏览日期:2021年7月6日。

辐射能力的重要国际航空枢纽。《纲要》则指出要提升深圳宝安机场的国际枢纽竞争力，实施深圳宝安机场改扩建；建设深圳、珠海通用航空产业综合示范区；推进广州、深圳临空经济区发展。

得益于《纲要》的发布，深圳宝安机场的国际枢纽地位进一步提升。2019年3月28日，国家发展和改革委员会批复了深圳宝安机场第三跑道扩建工程的项目建议书。经过一年时间的项目可行性论证、环境影响评价和前期准备工作，2020年2月24日，国家发展和改革委员会正式批复了深圳宝安机场第三跑道扩建工程可行性研究报告，同年3月17日，深圳宝安机场第三跑道扩建项目正式启动。

OAG(Official Aviation Guide)最近发布的《2019超级枢纽机场指数》报告，运用超级枢纽指数，以机场规模、服务目的地的数量、一天中在入境航班抵达6小时内机场运营的国际转接航班的数量为指标，衡量机场的国际连接性。香港的超级枢纽指数得分为233.6，而深圳的得分为49.2，差距十分明显。在全球机场排名中，香港国际机场超级枢纽指数排名跻身前十行列，而深圳宝安机场的排名在91位，与香港的差距非常明显。①

在粤港澳大湾区世界级机场群建设的背景下，香港国际机场与深圳宝安机场一同被定位为国际枢纽。从航线、规模、客货运量、服务水平、中转水平等方面考察，香港国际机场因其独特的地理位置、早期的航线积累以及高效的管理，已经发展成较为成熟的国际枢纽，拥有稳定持续的竞争力；而深圳宝安机场起步晚，当前的国际连通水平在国际机场中处于低位，且差距明显。但深圳宝安机场的发展速度近年来明显增快，自2013年新航站楼启用后，旅客和货邮增速有所提升，发展空间也进一步扩大，同时，香港的流量增长放缓也给深圳发展创造了机会。港深机场虽然定位相似，但是实际机场实力与竞争力还存

---

① 《OAG超级枢纽机场指数：香港机场排名第十，各大机场拓展新目的地》(2019年10月12日)，环球旅讯，https://www.travaildaily.cn/article/132254，最后浏览日期：2021年7月6日。

在差距,香港国际机场的国际联通能力更占优势,深圳宝安机场则具有较好的国内连通性。近年来,深圳宝安机场不断拓展国际航线,提升机场竞争力,发展潜力十足。

粤港澳大湾区竞争是城市群的竞争,应该聚焦建立世界机场群,与世界区域进行竞争,而非内部恶性竞争消耗资源。粤港澳大湾区机场群的定位是多核机场群,多核机场群在服务能力、服务范围、系统稳定性、对区域经济协调发展的推动等方面都更具优势,对协同管理与发展的要求也更高。[①] 目前,粤港澳大湾区机场群没有统一协调机构,其合作更多依靠规范性文件、协商与会谈进行。港深机场这两个"核心枢纽"之间的竞合关系也会影响大湾区之间的协同与合作,港深机场属于强竞争关系,两者定位相似,但是发展方向有所差异,香港国际机场需要巩固国际枢纽地位,建设机场城市,提升运力及功能,依托香港的金融和物流优势,发展高增值货运、飞机租赁和航空融资业务;深圳宝安机场则需要增强国际连通性,提升运力,发展临空经济。这也意味着虽然港深机场的国际枢纽定位相同,但在功能发展方面仍有差异,拥有合作的空间。

三、粤港澳大湾区机场群建设下的港深机场合作历程

在将深圳宝安机场定位为区域枢纽、香港国际机场定位为国际枢纽时,为推进深港一体化,深圳宝安机场和香港国际机场的定位曾有过大概划分,即香港国际机场主飞国际航线,深圳宝安机场主

[①] 参见张文娜、李春海:《粤港澳大湾区机场群协同发展研究》,载中国城市规划学会城市交通规划学术委员会编《品质交通与协同共治——2019年中国城市交通规划年会论文集》,中国建筑工业出版社2019年版。

飞国内航线①,充分发挥港深的连通性,实现国际国内航线的互联互通,提升港深机场的竞争力。在深圳宝安机场定位为国际枢纽之后,两个机场的功能划分不再以国际国内为主,深圳宝安机场需要进一步加强国际连通性,港深机场的合作重点也发生了变化,粤港澳大湾区世界级机场群的建设也对港深机场合作提出了更高要求。

(一)"十三五"规划之前

香港国际机场和深圳宝安机场同处珠江入海口东岸,彼此密切联系、相互竞争,其货物、旅客来往密切。香港国际机场有80%货物源自珠三角,经由深圳输入,且每年有大量旅客经由深圳去香港转机。香港国际机场凭借卓越的运营能力、优质高效的服务,客货运输一直处于领先水平。而深圳宝安机场得益于深港经济的繁荣,航空客运业务保持较快增长,一直在积极拓展货运业务,不断扩建货运设施,大力吸引 UPS 快递巨头入驻,但是机场运力、功能与香港国际机场相比仍有差距。②

香港为深圳的发展提供了良好的资源,港深机场自 2003 年开始推进合作,合作内容主要包括香港对深圳宝安机场的投资、业务的分工与整合、邻近土地的规划与使用以及机场联络线的建设等。

2003 年 1 月,香港和深圳已就两地机场的合作事宜草拟了一份意向书,且提交了两地政府审批,双方计划的合作内容包括香港机场管理局投资持有深圳宝安机场的上市股份。③ 2003 年 2 月 26 日,深圳宝安机场与香港机场管理局在五洲宾馆正式签署深港机场合作框架协议书,然而,两者因股权比例分歧而未能达成最终协议。

---

① 白泽辉:《深圳机场的"历史机遇"》(2019 年 8 月 22 日),环球老虎财经,http://www.laohucaijing.com/www_detail/index/134075/,最后浏览日期:2022 年 3 月 24 日。
② 樊力中、吴叶兵:《浅谈深港机场的合作与发展》,《空运商务》2012 年第 22 期。
③ 《港深机场达成合作意向 已提交两地政府审批》(2003 年 1 月 13 日),中国新闻网,https://www.chinanews.com.cn/n/2003-01-13/26/263101.html,最后浏览日期:2022 年 3 月 24 日。

为增强与大湾区的联系,拓展航运业务,提升竞争力,香港国际机场希望通过股权合作收购深圳宝安机场股份有限公司的部分股权,取得深圳宝安机场的话语权,再推进业务方面的合作。深圳宝安机场为了发展国际航线,提升运力,提高管理效率,希望与香港国际机场达成业务上的合作以拓宽业务范围,在业务合作的基础之上达到双方满意的程度后再进行股权互换,加强联系以达成资产上的合作。双方不仅在合作顺序上存在分歧,在业务划分方面的分歧也较大。香港方面曾提出了业务整合方案,要求将所有的国际业务归入香港国际机场,而所有的内地业务归给深圳,即"深主内港主外"。深圳宝安机场则认为自身有发展为枢纽的能力,香港国际机场"深主内港主外"的业务划分将限制其发展,港深机场对深圳宝安机场的定位存在明显差异。在资产合作谈判中,港深机场在股权比例上也产生了较大分歧,香港国际机场要求占股40%以上,由于业务上合作的需要,香港国际机场股权占比妥协到23%,但是提出总经理、董事长等管理层由香港派人担任、业务方面由香港方面统一管理的要求[①];深圳宝安机场则不愿放弃自我管理的权利,强调自身的独立性,因而深港机场4年的股权合作谈判一度陷入僵局。2005年9月,深圳宝安机场飞行区扩建初步确定融资方案出台,其中,深圳市政府投资60亿元,场道、航管和航油建设则由深圳宝安机场和中国民用航空局投资。原本的香港国际机场等外资并没有引入,港深机场的合作明显受挫。

2007年12月,深港合作会议同意成立两个联合专责小组,加速推进两地机场合作以及边界邻近土地规划发展的研究工作,共同探

---

① 《深圳机场自主扩建背后:深港机场四年姻缘未果》(2005年8月29日),新浪财经,http://finance.sina.com.cn/chanjing/b/20050829/1544287241.shtml,最后浏览日期:2021年7月6日。

讨发展落马洲河套区的可行性,以及督导其他跨界事宜的研究和规划。① 港深机场合作联合专责小组于 2008 年 1 月 17 日在香港举行第一次会议,5 月 19 日在深圳召开第二次会议,两地机场的管理层在第二次会议上签订了港深机场客运合作框架协议书,研究以高速铁路连接港深两机场的可行性及经济效益,并在业务合作层面包括在对方机场设置航班显示屏、中转旅客柜台和休息区等方便中转旅客的设施,以及两地机场的海陆路交通服务联系和货运中转等达成共识。港深合作放弃了股权合作的模式,就机场业务展开合作,并取得一定成效。② 2009 年 5 月 27 日,由深圳宝安机场、深圳航空、深圳机场香港快线暨冠忠环岛公司和中港通公司推出的"经深飞"天地一票通业务正式启动,首次实现地面交通虚拟航班和国内 57 个城市直达航班无缝接驳,开创了自内地城市往返香港的运输新模式。2010 年 3 月 23 日,深圳宝安机场在珠三角地区设立的第二十一座城市候机楼——深圳宝安机场香港(上环港澳码头)城市候机楼正式启用。③ 2014 年 9 月 25 日,深圳宝安机场码头将增开前往香港港澳码头的船班,旅客和市民一周 7 天均可通过机场码头往返深圳香港,港深机场的连通性进一步提高。④

港深机场的合作进程较为缓慢,重要的合作事项尤其是股权、机场联络快线等进展都不顺利。香港收购深圳宝安机场股权被拒阻碍了两地机场合作的步伐,港方期望成为深圳宝安机场控股股

---

① 《深港签七协议深化合作 设专责小组推动机场合作》(2007 年 12 月 19 日),新浪网,http://news.sina.com.cn/o/2007-12-19/095113107264s.shtml,最后浏览日期:2021 年 7 月 6 日。
② 《深港机场签订客运合作协议 两地冀尽快落实项目》(2008 年 5 月 20 日),新浪网,http://news.sina.com.cn/o/2008-05-20/144913900896s.shtml,最后浏览日期:2021 年 7 月 6 日。
③ 茆雷磊:《深圳国际机场在香港增设一座"城市候机楼"》(2010 年 3 月 24 日),航空网,http://www.aero.cn/2010/0324/5320.html,最后浏览日期:2022 年 3 月 24 日。
④ 王珂、方明华:《深圳机场码头加密至香港市区船班》(2014 年 9 月 23 日),民航资源网,http://news.carnoc.com/list/294/294851.html,最后浏览日期:2022 年 3 月 24 日。

东的合作模式,不被深圳宝安机场接受;连接香港国际机场与深圳宝安机场的机场联络快线疑因成本问题没有落实,港深机场业务合作也因此在中途受到搁置。

(二)"十三五"规划之后

2016年,国家"十三五"规划将深圳宝安机场定位明确升级为国际枢纽机场,深圳宝安机场的国际业务也迎来了发展的黄金期。此前,深圳宝安机场的业务增长主要依靠国内客流,业务结构单一,发展动能不足。为提升主业发展质量,破解发展瓶颈,深圳宝安机场一方面大力发展国际业务,持续优化业务结构;另一方面积极推进空域改善和航班放量工作,为主业可持续发展奠定基础。

香港则十分重视其机场的国际枢纽地位,受跑道和产能限制以及GDP增速放缓,近10年来,香港国际机场在粤港澳湾区中的市场份额由43%下滑到39%。新冠肺炎疫情令航空业大受打击,以国际航线为主的香港国际机场的旅客吞吐量大幅缩水。香港的目标是继续致力巩固提升其国际航空枢纽地位,在粤港澳大湾区世界级机场群建设中担当重要角色,为大湾区的客流和货流带来新发展机遇和动力,提升大湾区的国际竞争力;并与大湾区内的机场加强合作,在湾区内扩展货物及旅客的多式联运。[1]

按照市场基础测算粤港澳大湾区的航空需求,其潜在规模远远超过现有的运输规模,仍然有大量的需求被周边国家或地区的机场所分流。据OAG的数据统计,2016年,经由曼谷和新加坡中转的中国—印度、中国—巴基斯坦、中国—印度尼西亚的旅行人数

---

[1] 石道雄、叶丹:《深圳机场:坚持质量提升 航空主业发展取得"开门红"》(2017年5月1日),国际空港信息网,http://www.iaion.com/bz/85296.html,最后浏览日期:2021年7月6日。

近 120 万。① 大湾区的航空枢纽能力仍待提升,当前机场的运力与功能还未能满足大湾区的航空需求。香港国际机场国际网络发达,在承接转机客运方面优势明显,服务水平高、安全保障好,与众多航空公司及物流业的联系深厚;深圳宝安机场在国内航线上具有优势,依托于深圳科创产业的发展,其高增值货运近年来发展迅速。两者在粤港澳大湾区机场群建设的背景下仍有发展的动力与潜力,其需要着眼于长远的发展目标,而非眼前的短期利益争夺。

港深机场合作以建设世界级机场群为目标导向,一方面需要在空域资源、航线网和信息网进行协调管理与积极共享;另一方面则要加强与其他交通系统的衔接,打造综合交通枢纽。航空网、铁路网、高速网、地铁网、城市公交网、机场大巴网等相互综合,以满足旅客的真实需求,交通网络做到高效衔接,增强机场的吸引力,从而带动当地经济发展。② 港珠澳大桥与广深港高铁香港段启用后,对香港国际机场客运方面的拉动效应已开始显现。除了桥梁与高铁,粤港两地跨境商用直升机服务也得到了支持。2019 年 6 月 28 日,粤港跨境直升机首航仪式在深圳宝安机场东部通航基地举行,深圳宝安机场成为首个开通直飞香港跨境直升机航线的内地运输机场。

《纲要》指出,香港要强化航空管理培训中心功能,港深机场可以通过人才流动加强互动与联系。香港国际机场在把握高增值货运机遇及培育航空人才方面积淀深厚,香港国际航空学院于 2016 年由香港机场管理局成立,是香港首家民航学院。航空学院于 2019 年 12 月成为机场管理局旗下香港机场服务控股有限公司的成员之一。学院与香港及海外教育机构、职业训练学院、业界从业

---

① 《"海陆空"互联互通 条条大道通湾区》(2019 年 2 月 22 日),搜狐焦点,https://gz.focus.cn/zixun/43fd428becd68e76.html,最后浏览日期:2021 年 7 月 6 日。
② 王家康:《美国机场群发展的影响因素、路径及其挑战——兼论对我国机场群建设的启示》,《空运商务》2018 年第 11 期。

员及其他组织合作,提供全面的航空相关课程。香港国际航空学院自成立以来,在民航培训教育方面成绩斐然,其获得国际民用航空组织(ICAO)的资格认证,在全球范围内拥有良好的口碑。2019年7月30日,中国民用航空局国际合作服务中心与香港国际航空学院签署民航培训合作备忘录,合作形式包括双方建立工作机制、共享培训资源信息、共同举办高端会议论坛、推动招生、合作开展培训课程等。深圳宝安机场可以通过参与民航人才培养,一方面提升民航人才的能力与素质,助力机场的发展;另一方面巩固双方的合作基础,积极推动人才流动。①

"十三五"规划之后,港深机场合作推进更加注重创新与质量,应充分发挥港深两座城市的创新底蕴,寻求新的合作内容,完善合作机制,携手推进粤港澳大湾区世界机场群的建设。

四、粤港澳大湾区一体化背景下的港深机场合作困境

回顾港深机场的合作历程,港深机场的合作遭遇了股权融合协商失败、机场联络快线建设搁置以及业务合作推进缓慢,其合作的阻力不可忽视。粤港澳大湾区建设世界级机场群对港深机场间的协同合作提出了更高的要求,港深机场合作不仅要注重业务上的对接,还需提升港深机场在资源和信息数据上的共商共享、交通上的互联互通,充分提升机场的竞争力,发挥其对周边子机场群系统的协同作用。在这个过程中,资源竞争加剧、利益冲突、制度阻碍是港深机场合作面临的主要困境。

---

① 《中心与香港国际航空学院就民航培训签署合作备忘录》(2019年7月30日),搜狐网,https://www.sohu.com/a/330357219_99903552,最后浏览日期:2021年8月6日。

（一）资源竞争加剧

当前，航空货运物流服务能力正在成为提升国际供应链竞争力的重要因素，航空枢纽作为连接世界的出入口发挥着带动区域经济的引擎作用。① 同时，临空产业往往具有轻薄小、高附加值等高端经济特点，对于推动产业转型升级具有重要作用。然而，机场群中的各个机场距离较近，航线叠加程度极高，如果各个机场自由发展和竞争，势必造成资源浪费和效率低下。

深圳宝安机场的国际化起步较晚，2015年年底，深圳宝安机场国际通航城市仅11个，洲际航线更是空白。虽然从2016—2018年间，深圳宝安机场的洲际航线以每年3条以上的数量增长，但受制于同一区域内香港、广州的航权、航班时刻等因素，留给深圳宝安机场的优质资源已然十分有限，后期申请的航线质量无疑会受到影响。② 港深机场都有新建第三跑道的计划，然而粤港澳大湾区的空域资源十分紧张，2019年，粤港澳大湾区中的广州白云机场、深圳宝安机场、珠海金湾机场、香港国际机场、澳门国际机场这五座机场贡献了近2.2亿人次的客流，由于五座机场密度较大，空域分割复杂，且空域内多个空域管制区管制的高度标准不同，大湾区空域资源长期紧张。③

空域管理一般采用先到先得的方式，这意味着空域资源的竞争将影响港深机场的合作意愿。④ 港深机场都面临着机场运力及功能的发展瓶颈，香港国际机场当前的运量已经达到饱和，其机场

---

① 赵冰、曹允春：《临空经济引领区域空间发展的路径与机理研究》，《综合运输》2021年第43期。
② 李元：《深圳机场在粤港澳大湾区建设中的发展研究》，《新经济》2019年第7期。
③ 中国航空：《港深机场发展之争》（2019年4月21日），航空网，http://www.aero.cn/2019/0421/81855.html，最后浏览日期：2021年7月6日。
④ 熊维：《粤港澳大湾区航空业融合背后的对抗与竞争》（2020年12月2日），民航资源网，http://news.carnoc.com/list/549/549419.html，最后浏览日期：2022年3月24日。

跑道系统已经无法满足大湾区增长的需求,同时,深圳宝安机场的吞吐量也在不断增加,即使深圳宝安机场在积极新建跑道、航站楼、候机楼,其当前的运力也无法满足以当前增速增长的货旅需求。新建第三跑道是港深机场的迫切需求,率先完成跑道的建设能够迅速提升其旅客、货运的运输能力。港深机场在空域资源上是强竞争关系,资源竞争加剧是其合作的主要障碍。

(二)利益冲突

港深机场的合作是多元主体共同推进的结果,机场的管理和发展不仅有机场的管理机构参与,还有民航局、各级政府、航空公司、航空联盟等主体的参与。只有各方主体达成利益共识,合作才能真正落地。港深机场在粤港澳大湾区的定位都为国际枢纽,两者需要充分发挥其联通中转性质,合理分流。当前,流量的分配主要依托市场,双方依据城市特点及机场特点制定目标,提升机场竞争力,争夺大湾区的发展红利。香港主要依托香港国际机场建设"机场城市",三跑道系统项目是其建设的重点内容,项目有七个核心部分,包括填海拓地约650公顷(合6.5平方千米);建造第三条跑道、相关滑行道及停机坪;兴建新客运大楼;扩建现有的二号客运大楼,以便提供全面的客运大楼服务;兴建新的旅客捷运系统;建设新的高速行李处理系统;兴建机场配套基础设施、公共设施及设备等。深圳宝安机场则聚焦智慧机场的建设,2019年,中国民用航空中南地区管理局发布了《民航中南局关于支持深圳机场建设智慧机场先行示范区的指导意见》,全力支持深圳建设以智慧为引领的"四型机场",即平安机场、绿色机场、智慧机场、人文机场。深圳宝安机场通过提高机场的服务质量、自动化水平从而提升机场竞争力。①

---

① 吕妍:《自主研发有力支撑智慧机场建设——东部机场集团打造"四型机场"纪实》(2021年5月21日),民航资源网,http://news.carnoc.com/list/561/561685.html,最后浏览日期:2021年7月30日。

在国际航线开拓方面,深圳宝安机场的能力相较香港国际机场仍表现薄弱,国际航向网络的通达性是提升中心城市枢纽能级水平的重要驱动力。① 国际航线的增加主要依靠机场航空公司,为了提高深圳宝安机场基地航空公司开通国际航线的积极性,深圳宝安机场成立了洲际航线工作小组,并制定《深圳市基地航空公司及国际航线财政专项资金扶持办法》,通过补贴方式激励航企开通国际航线。据《深圳市政府关于深圳市 2019 年本级第二次预算调整方案报告》,2019 年深圳新增 3.8 亿元用以资助深圳宝安机场国际客运新航点;补贴周期也从"年付"改"半年付",补贴周期缩短进一步刺激了航空公司开通新航线的积极性。截至 2019 年年底,深圳宝安机场国际客运通航城市突破 50 个,洲际航线突破 20 条。深圳政府为将深圳宝安机场建设为国际枢纽展开了坚定且高效的活动,充分发挥了政府的激励作用。②

深圳宝安机场的快速发展也给香港国际机场施加了压力,深圳宝安机场所拥有的国内航点数仅次于广州白云机场。港深机场在发展定位上有重叠,两者利益仍有冲突,合作中的沟通协商成本过高,利益分配难以达成共识,若着眼短期目标,两者更倾向独立发展或寻求与其他机场合作。吕丽娜和黎明基于科斯(Coase)对交易费用的阐述,将城市圈内地方行政管理权交易过程中的费用分为信息费用、缔约费用、执行费用以及监督费用。其中,缔约费用是指讨价还价、签订行政合作协议的费用,合作的一大部分推进工作要在此阶段完成。缔约过程是通过缔约确定合作的领域和具体事项,以及各成员方应该负担的成本和责任等,最后达成的协议

---

① 欧阳杰、李家慧:《世界级城市群及其中心城市的枢纽能级分析——基于国际航空网络结构的研究》,《城市问题》2020 年第 11 期。
② 《拼力建国际航空枢纽的深圳,终迎来最给力的支持》(2020 年 9 月 7 日),网易,https://www.163.com/news/article/FLTKJ0HE00018AOP.html,最后浏览日期:2021 年 7 月 31 日。

既是约束各方行为的规则,也是合作收益如何在各成员间进行分配的依据,为保证合作内容顺利实施且达到明显效果,还需要执行阶段建立有效机制。一项完整、严密、具体的协议可以减少执行中的阻力,降低执行与监督成本。缔约要解决的核心问题是利益的分配,理性的地方政府必然力求对自身最为有利的安排,这也决定了缔约是一个激烈的博弈过程,各方的利益一致性程度越高,沟通机制越顺畅,相应的缔约费用就会越低。缔约费用的高低主要取决于交易各方利益的一致性程度,产业发展与布局一体化的合作协议较难达成,因为对于各合作方来讲,其在各自合作体系中承担的分工不同,所获得的收益也存在差异,短期利益可能会因合作有明显受损,利益上若存在较为严重的分歧,缔约的时间成本和货币成本往往比较高。[1] 港深机场资产合作既耗费了时间成本,又未能达成利益共识,合作最后搁浅。在建设世界级机场群的背景下,港深机场合作不仅需要耗费大量的信息费用确定合作的内容,还需要耗费大量的缔约费用达成利益分配共识。

(三)制度阻碍

粤港澳大湾区具有"一国、两制、三个关税区"的特点,并且香港、澳门、深圳、广州和珠海五个机场分属四个管理机构,分别为香港机场管理局、澳门特区政府、深圳市国资委和广东省国资委。[2] 由于产权主体不同、空管体制差异和关税政策影响等,各机场间缺乏有效协同和合理分工。粤港澳大湾区没有统一的协调机构,其

---

[1] 吕丽娜、黎民:《城市圈内政府间合作的成本控制与若干功能缔约》,《改革》2011年第7期。

[2] 焦建:《粤港澳大湾区规划出台始末:借力一国两制、三关税区三种货币》(2019年2月19日),财经杂志,https://mp.weixin.qq.com/s?__biz=MjM5NDU5NTM4MQ==&mid=2653342168&idx=1&sn=edb6cba973d1da75d98ce50c72b34990&chksm=bd573e828a20b794c2db233cbc4d78353b11aa6cf96150fd37e4a3a53f9d429acd34876f9f7d&mpshare=1&scene=1&srcid=&pass_t,最后浏览日期:2022年3月24日。

机场间的合作主要由各个机场管理机构、民航局以及地方政府进行推动,主体多元造成利益更加分散且不易形成共识,同时,机场合作协商的沟通成本也因利益分配冲突大大增加。在港深机场合作过程中,港深政府是斜向府际关系,深圳宝安机场与香港国际机场管理局所达成的合作框架书还需地方政府的审批。港深机场合作主要的交易费用为缔约费用与执行费用,贯穿合作的关键环节是达成共识、保证实施。港深机场合作涉及如大型的基建项目、投资合作等重大内容时,需要更为密切的沟通与协调,即花费更多的信息费用明确合作方向,花费更多的缔约费用达成合作协议;其合作负责机构需要具备一定的权威进行协调与推进,充分发挥其组织与监督的功能。

此外,港深机场合作还面临空域管理问题。要实现港深机场深度合作,就需跨越空域统一管理的障碍。但空域管理比较敏感,我国的空域分别由空军和民航两个系统实施管理,空军承担全空间层约1 430万平方千米的空域内所有航空器的出行安全,民航则主要负责航路内以运输航空为主的民航飞行指挥。军航的空域管理按照军队的布防及训练进行规划,民航则按照行政区划进行规划管理,内地空管机构在度量衡上使用公制单位,而香港空管机构使用英制单位,两者空管机构的信息共享也受到阻碍。空域管理制度上的差异也为港深机场空域资源协调增加了难度。[1]

除了机场管理制度上安排的欠缺,与机场群发展联系紧密的如经济产业发展、基础设施互联互通等都需要制度的创新。深圳宝安机场在保税配套、通关效率等方面与香港尚存在差距,有待改革提升航空货运时效;在跨境货运上,深港应在现有的绿色货运体系上再推进通关加速改革,港深两地的通关制度也限制了港深货旅流通。

---

[1] 姜伟波:《浅析我国低空开放对空域管制的影响和对策》,《科技视界》2019年第17期。

五、粤港澳大湾区机场群一体化发展下的港深机场合作优化路径

机场运营并非单纯的商业项目,城市形象、人文素养、经济发展以及人才流动都包含其中。在粤港澳大湾区建设世界级机场群的要求下,港深机场合作不仅是业务对接、服务整合,还需要港深机场充分发挥自身优势,发挥机场的联动作用,带动大湾区内各机场的发展。资源竞争、利益冲突、制度阻碍是港深机场合作面临的突出挑战,合作机制需要进一步优化,推进合作进程,减少合作的交易成本。

(一)以助力建设世界大湾区为目标牵引

考察港深机场合作的历程就会发现,深圳宝安机场的定位显著地影响了港深之间的合作。"十三五"规划之前,港深机场的合作重点是充分发挥港深机场的特色、机场国内航线和国际航线功能分工以及建立两个机场间的高效联通。然而,港深机场对深圳宝安机场的定位有明显差异,香港方面希望深圳宝安机场业务主攻国内,而香港国际机场主攻国际,深圳方面则认为此种业务划分并没有考虑到深圳的实际需求与发展,否认了深圳宝安机场发展成为国际枢纽型机场的潜力。

在粤港澳大湾区国际机场群建设的背景下,港深机场有着新的发展方向。香港国际机场、广州白云机场以及深圳宝安机场是粤港澳大湾区机场群中的三个核心机场,深圳宝安机场发展快速但还未达到成熟阶段,其核心地位需要有更强的实力支撑。《广东省综合交通运输体系发展"十三五"规划》指出,广东省重点打造"5+4"骨干机场,新建珠三角新干线机场。其中,深圳宝安机场的

定位是建设国际航空枢纽,强化区域航空枢纽机场的功能,增加国际航班航线的航点数量,积极发展面向东南亚及欧美地区的国际航空客货运输网络。深圳宝安机场的核心竞争力是以国内功能为基础发展国际航线,国内功能是深圳宝安机场国际化的重要基石,可以为其提供大量的中转客流,从而形成较为稳定的国际化客流来源。在国际航线的选择上,深圳宝安机场要考虑深圳自身的科技与产业创新需求,发展出符合城市特色的、与产业联系紧密的国际航线。①

香港的国际连通性较强,而国内的连通性稍弱,充分发挥香港国际航线的优势,注重高品质的航运服务,是其保持竞争力的关键。同时,香港国际机场也需加强其与粤港澳大湾区的联系与服务,加强与国内城市的联通。例如,香港与内地政府于2019年2月签订有关航空交通的备忘录,进一步扩大了多式联运代码共享安排的涵盖范围,允许香港与内地的指定航空公司、内地各城市的各式陆路交通运营商(包括铁路、客车及旅游巴士)订立代码共享安排。②

港深机场合作最重要的是达成双赢,在这一过程中,双方不能局限于眼前的利益,要有发展而长远的眼光,目标要与世界对接,与世界湾区机场群竞争,明确自身发展的短板,共谋发展机遇。

(二)构建依托城市禀赋的协同发展格局

机场群的发展根基是城市。机场类型与城市功能产业定位息息相关,如在以对外交往、金融、创意和旅游等综合职能为主的城

---

① 参见黄启翔、聂丹伟:《竞合态势下的深圳机场国际化发展策略研究》,载中国城市规划学会编《共享与品质——2018 中国城市规划年会论文集》,中国建筑工业出版社2018年版。

② 《香港与内地扩大航空运输安排》(2019 年 2 月 20 日),中国政府网,http://www.gov.cn/xinwen/2019-02/20/content_5366975.htm,最后浏览日期:2022 年 3 月 24 日。

市周边,机场类型囊括了综合机场、商务机场以及通用机场。① 港深两座城市的合作为机场合作奠定了基础。在粤港澳大湾区发展规划下,港深合作的关键词是科技创新、金融服务。香港是国际上极具影响的金融中心,其开放性高端服务业占比约90%。深圳则是在科技创新研发和制造领域处于领先水平。两者在科技创新领域、金融领域互补合作,将推动高端产业向前发展,带动经济增长。

在科技创新层面,香港科研、教育、人才等优势资源与深圳产业链、创新生态、创业环境可有机结合,在深圳前海、落马洲河套地区共建的深港协同创新平台,可加深两地科研机构与创新企业的合作,促进创新人才的互动交流,畅通深港科技成果转移转化链条。港深机场可充分利用港深科技创新合作,加强航空高素质人才流动,鼓励机场进行智能化服务创新。在金融服务层面,港深探索两地科技企业在深港两个交易所同时及跨地上市的合作机制,充分发挥两地在金融、专业服务领域合作的引领带动作用,以服务实体产业发展为导向,借助前海蛇口自贸片区的区位优势,继续深化深港金融业合作,积极打造粤港澳大湾区多元化金融交易平台。深入推进深港服务贸易自由化,在前海蛇口自贸片区探索专业服务领域在资格认证、业务范围方面的扩大开放措施。② 在开放专业的金融服务背景下,港深机场还可发展飞机租赁与航空融资服务,推动航空融资发展。

依托新技术和新的服务理念,港深机场正推动智慧型机场的发展。2020年,深圳宝安机场以全链条提升旅客出行体验为着眼点,以无纸化便捷通关、推进"OneID"的无感出行、"OnePort"员工

---

① 参见欣辰、刘元、孔星宇:《促进城市群、机场群的联动发展——美国东海岸城市群、机场群布局对长三角的启示》,载中国城市规划学会编《共享与品质——2018中国城市规划年会论文集》,中国建筑工业出版社2018年版。
② 刘涛、谷青勇:《粤港澳大湾区国家战略下如何全面深化深港合作》,《中国发展观察》2018年第15期。

移动服务、推动应用 RFID 等物联网技术，推进综合交通的空地协同平台建设。香港国际机场也提供科技主导及个人化设施与服务，满足旅客需求，例如，通过自助服务设施办理整个登记手续，运用生物特微扫描仪核验身份。港深机场可以就机场智慧服务达成合作，加强技术交流，共创服务理念。除了机场内的智能服务，机场数据的共享也是港深机场的合作方向，信息共享对接包括对客源的大数据的互联互通，实时对接，及时对客源流向、客源需求、客源结构进行解构分析，实现机场资源的精准供给。

依托城市合作项目开展机场合作，既减少了机场合作的信息成本，又能够把握城市的发展方向，发挥机场的要素联通作用。基于城市合作的机场合作，一方面，利益分配已经经过慎重考量，利益冲突有所减弱；另一方面，机场定位更具战略意义，而非眼前短期利益。

（三）在调适性合作中充分发挥制度合力

粤港澳大湾区目前没有统一的管理协调机构，其协调发展亟待制度的安排与支撑。建立粤港澳大湾区统一管理机构有一定难度，其权力结构、事务范围以及跨政府部门关系都是其建立的主要障碍。大湾区的主要五大机场属于四个管理机构，四者不属于同一政府层级，在"一国两制"下其行政制度也有所差异。除了机场管理机构，地方政府、航空公司等也是机场重要的利益相关者，机场群的管理协调由多元主体参与，其合作的基础就是多元主体共识的形成。建立统一的管理机构不仅要明确管理机构的权利层级和职能范围，还需明确其运作方式、权威大小，多方利益的博弈降低了建设统一管理机构的可行度。当前可实施的管理方案是建立有效的协商平台，促进各个主体间的沟通与合作。协商平台能保证多元主体的广泛参与，定期开展会议交流，加强各方联系。为了保证参与的积极性，中央政府下发的战略及规划应作为促进合作的重要推力。

例如,在《纲要》明确规定要建设粤港澳大湾区世界级机场群的背景下,关于空域管理的合作有了新的进展,内地与港澳三方共同决定搭建空域模拟仿真评估平台及开展数据共享,民航数据公司与香港民航处分别承担了不同区域的仿真建模和粤港澳大湾区整体基线模型融合技术工作,中南空管局、香港民航处、澳门民航局共同提供运行数据和管制运行业务支持。中南空管局作为试点,通过建立健全包括空域使用审批、空域动态调整使用、空域释放应急响应机制等8项空域精细化措施,努力推进珠三角地区调整和新辟等待航线和等待区工作,促进运行容量的提升。技术创新也成为推动三地民航统筹发展的强劲"引擎",让管理不再局限于权力层级。协同决策系统(Collaborative Decision Making,简称CDM)成为联结三地民航各方的重要平台,目前,中南空管局自主研发的CDM系统与香港、澳门机场A-CDM（Airport-Collaborative Decision-Making,机场协同决策系统）数据的互联对接工作正不断推进,空管、机场、航空公司的信息沟通和决策更加顺畅,运行效率不断提升。此外,基于性能的导航(Performance Based Navigation,简称PBN)、连续下降运行与连续爬升运行(Continus Descent Operation,CDO/Continus Climb Operations,CCO)等新技术的广泛应用,也使粤港澳大湾区民航发展走在世界前列。[①]

协商沟通后达成共识所形成的规范性文件是当前合作最为重要的制度文本,如倡议书、合作录等。协商平台不仅需要保证其参与主体的完整与多元,还要突显其权威性,这样达成的共识所形成的制度才能真正得到推行与落实。同时,规范性文件需要进行信

---

① 民航局空管局:《三地民航协同共建大湾区世界级机场群——粤港澳大湾区空域协同发展研讨会在广州顺利召开》,《空运商务》2019年第6期。

息公开,接受大众的监督,以公开透明的态度推进合作机制的形成。

六、结语

粤港澳大湾区世界级机场群的建设离不开各个机场的协调与合作,香港国际机场和深圳宝安机场作为大湾区的核心机场,两者的合作也会带动其他机场间的合作,其示范作用、引领作用也会激励大湾区机场展开沟通协作,甚至激励大湾区机场创新制度安排和合作方式。港深两地当前的合作重点主要包括推进空域改革,推进空中运营组织管理;建立健全"海—陆—空"的多式联运和多层次综合交通体系;由机场为主体带动临空经济的发展等。港深机场合作虽然会存在资源竞争、利益冲突以及制度阻碍等方面的困境,但是其合作仍应考虑大湾区建设世界机场群的利益,决策要有前瞻性。港深合作优化首先要明确机场发展方向,设立发展目标,其次从城市发展角度考察合作利益,从大局观出发确定合作内容与事项。合作制度的建立一方面是维持合作协商的频率,加深交流;另一方面则是保证合作协议能够落实到合作成果,增强目标导向。在港深机场合作中,科技创新、数字化智能化技术是合作的重要推动力,科技一方面能够提供准确精细的信息,增加合作决策的有效性,利用数据共享实现信息的快捷传播;另一方面则是扩展合作领域,从技术合作渗透业务合作,从而推动合作进程。

稿　　约

1. 《复旦城市治理评论》于2017年正式出版,为学术性、思想性和实践性兼具的城市治理研究系列出版物,由复旦大学国际关系与公共事务学院支持,复旦大学国际关系与公共事务学院大都市治理研究中心组稿、编写,每年出版两种。《复旦城市治理评论》坚持学术自由之方针,致力于推动中国城市治理理论与实践的进步,为国内外城市治理学者搭建学术交流平台。欢迎海内外学者惠赐稿件。

2. 《复旦城市治理评论》每辑主题由编辑委员会确定,除专题论文外,还设有研究论文、研究述评、案例研究和调查报告等。

3. 论文篇幅一般以15 000—20 000字为宜。

4. 凡在《复旦城市治理评论》发表的文字不代表《复旦城市治理评论》的观点,作者文责自负。

5. 凡在《复旦城市治理评论》发表的文字,著作权归复旦大学国际关系与公共事务学院所有。未经书面允许,不得转载。

6. 《复旦城市治理评论》编委会有权按稿例修改来稿。如作者不同意修改,请在投稿时注明。

7. 来稿请附作者姓名、所属机构、职称学位、学术简介、通信地址、电话、电子邮箱,以便联络。

8. 投稿打印稿请寄:上海市邯郸路220号复旦大学国际关系与公共事务学院《复旦城市治理评论》编辑部,邮编200433;投稿邮箱:fugr@fudan.edu.cn。

稿 例

一、论文构成要素及标题级别规范

来稿请按题目、作者、内容摘要(中文 200 字左右)、关键词①、简短引言(区别于内容摘要)、正文之次序撰写。节次或内容编号请按一、(一)、1.、(1)……之顺序排列。正文后附作者简介。

二、专有名词、标点符号及数字的规范使用

1. 专有名词的使用规范

首次出现由英文翻译来的专有名词(人名、地名、机构名、学术用语等)需要在中文后加括号备注英文原文,之后可用译名或简称,如罗伯特·登哈特(Robert Denhardt);缩写用法要规范或遵从习惯;各类图表制作清晰正确,引用图表一定注明"资料来源"(出处文献格式请按照下面的"文献注释"要求)。

2. 标点符号的使用规范

请严格遵循相关国家标准,参见《标点符号用法》(GB/T 15834—2011)。

3. 数字的使用规范

请严格遵循相关国家标准,参见《出版物上数字用法》(GB/T 15835—2011)。需要说明的是:一般情况下,对于确切数字,请统一使用阿拉伯数字;正文或注释中出现的页码及出版年月日,请以公元纪年并以阿拉伯数字表示;约数统一使用中文数字,极个别地方(为照顾局部前后统一)也可以使用阿拉伯数字。

三、正文中相关格式规范

1. 正文每段段首空两格。独立引文左右各缩进两格,上下各空一行,不必另加引号。

---

① 关键词的提炼方法请参见《学术出版规范——关键词编写规则》(CY/T 173—2019)。

2. 正文或注释中出现的中、日文书籍、期刊、报纸之名称,请以书名号《》表示;文章篇名请以书名号《》表示。西文著作、期刊、报纸之名称,请以斜体表示;文章篇名请以双引号""表示。古籍书名与篇名连用时,可用中点(·)将书名与篇名分开,如《论语·述而》。

3. 请尽量避免使用特殊字体、编辑方式或个人格式。

四、注释的体例规范

所有引注和说明性内容均须详列来源:本《评论》的正文部分采用"页下脚注"格式,每页序号从①起重新编号,除对专门的概念、原理、事件等加注外,所有注释标号放在标点符号的外面;表和图的数据来源(资料来源)分别在表格下方(如果表有注释的话,请先析出资料来源再析出与表相关的注释说明)和图题下方析出。

【正文注释示例】

〔例一〕 陈瑞莲教授提出了区域公共管理的制度基础和政策框架。① 杨龙提出了区域合作的过程与机制,探讨如何提高区域政策的效果和协调区域关系。② 第二类主要着眼于具体的某个城市群区域发展的现实要求,比如政策协同问题、大气污染防治、公共服务一体化等。

〔例二〕 1989年,中共中央发表《中共中央关于坚持和完善中国共产党领导的多党合作和政治协商制度的意见》,明确了执政党和参政党各自的地位和性质,明确了多党合作和政治协商制度是中国的基本政治制度,明确了民主党派作为参政党的基本点即"一个参加三个参与"③。

---

① 陈瑞莲:《论区域公共管理的制度创新》,《中山大学学报》2005年第5期。

② 杨龙:《中国区域政策研究的切入点》,《南开学报》(哲学社会科学版)2014年第2期。

③ "一个参加三个参与"指,民主党派参加国家政权,参与国家大政方针的制定,参与国家事务的管理,以及参与国家法律、法规、政策的制定和执行。

【表的注释示例】

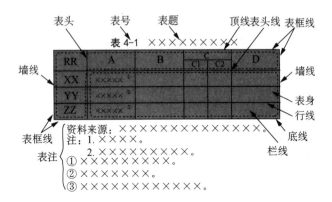

【图的注释示例】

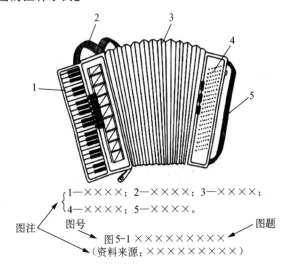

五、注释格式附例

1. 中文著作

＊＊＊(作者名)著(或主编等):《＊＊＊＊＊＊》(书名),＊＊＊出版社＊＊＊＊年版,第＊页。

如,陈钰芬、陈劲:《开放式创新:机理与模式》,科学出版社2008年版,第45页。

2. 中文文章

(作者名):《***》(文章名),《******》(期刊名)****年第**期,第**页/载***著(或主编等):《******》,***出版社****年版,第*页①。

期刊中论文如,陈夏生、李朝明:《产业集群企业间知识共享研究》,《技术经济与管理研究》2009年第1期,第51—53页。

著作中文章如,陈映芳:《"违规"的空间》,载陈周旺等主编:《中国政治科学年度评论:2013~2014》,复旦大学出版社2016年版,第75—98页。

3. 译著

(作者名或主编等):《***》,***译,***出版社****年版,第*页。

如,[美]菲利普·科特勒:《营销管理:分析、计划、执行和控制》(第九版),梅汝和等译,上海人民出版社1999年版,第415—416页。

4. 中文学位论文

(作者名):《***》(论文标题),****大学****专业**(硕士/博士)学位论文,****年,第*页。

如,张意忠:《论教授治学》,华东师范大学高等教育学专业博士学位论文,2006年,第78页。

5. 中文网络文章

(作者名、博主名、机构名等著作权所有者名称):《***》(文章名、帖名)(****年*月*日)(文章发布日期),***(网站名),***(网址),最后浏览日期:*年*月*日。

如,王俊秀:《媒体称若今年头施65岁退休 需85年才能补上养老金缺口》(2013年9月22日),新浪网,http://finance.sina.com.cn/china/

---

① 期刊中论文的页码可有可无,全文统一即可,但是涉及直接引文时,需要析出引文的具体页码。论文集中文章的页码需要析出。

20130922/082216812930.shtml,最后浏览日期:2016年4月22日。

6. 外文著作

******（作者、编者的名+姓）①,ed./eds.②（如果是专著则不用析出这一编著类型），******（书名,斜体,且除虚词外的每个单词首字母大写），***（出版地）:***（出版社），****（出版年）,p./pp.③*（页码）.

如,John Brewer and Eckhart Hellmuth, *Rethinking Leviathan: The 18th Century State in Britain and Germany*, Oxford: Oxford University Press, 1999, pp.5-6.

7. 外文文章

******（作、编者的名+姓），"******"（文章名称,首字母大写）, ******（期刊名,斜体且首字母大写），****,（年份）***（卷号）,p./pp. ***（页码）. 或者,如果文章出处为著作,则在文章名后用:in ******（作、编者的名+姓），ed./eds.，******（书名,斜体且首字母大写），***（出版地）:***（出版社），****（出版年）,p./pp.*（页码）.

期刊中的论文如,Todd Dewett and Gareth Jones, "The Role of Information Technology in the Organization: A Review, Model, and Assessment", *Journal of Management*, 2001, 27(3), pp.313-346.

或著作中的文章如,Randall Schweller, "Managing the Rise of Great Powers: Theory and History", in Alastair Iain Johnston and Robert Ross, eds., *Engaging China: The Management of an Emerging Power*, London: Routledge, 1999, pp.18-22.

---

① 外文著作的作者信息项由"名+姓"(first name + family name)构成。以下各类外文文献作者信息项要求同。
② "ed."指由一位编者主编,"eds."指由两位及以上编者主编。
③ "p."指引用某一页,"pp."指引用多页。

8. 外文会议论文

******（作者名＋姓），"******"（文章名称，首字母大写，文章名要加引号），paper presented at ******（会议名称，首字母大写），********（会议召开的时间），***（会议召开的地点，具体到城市即可）．

如，Stephane Grumbach，"The Stakes of Big Data in the IT Industry：China as the Next Global Challenger?"，paper presented at The 18th International Euro-Asia Research Conference，January 31 and February 1，2013，Venice，Italy①．

以上例子指外文会议论文未出版的情况。会议论文已出版的，请参照外文文章的第二类，相当于著作中的文章。

9. 外文学位论文

******（作者名＋姓），******（论文标题，斜体，且除虚词外的每个单词首字母大写），doctoral dissertation/master's thesis（博士学位论文/硕士学位论文），****（大学名称），****（论文发表年份），p./pp. *（页码）．

如，Nils Gilman，*Mandarins of the Future*，*Modernization Theory in Cold War America*，doctoral dissertation，John Hopkins University，2007，p. 28.

10. 外文网络文章

******（作者名、博主名、机构名等著作权所有者名称），"******"（文章名、帖名）(********)（文章发布日期），***（网站名），***（网址），retrieved ******（最后浏览日期）。

如，Adam Segal, "China's National Defense：Intricate and Volatile" (April 1, 2011), Council on Foreign Relations, https://www.cfr.org/blog/chinas-national-defense-intricate-and-volatile, retrieved December 28, 2018.

---

① 如果会议名称中含有国家名称，出版地点中可省略国家名称信息。

图书在版编目(CIP)数据

市域社会治理现代化与智慧治理/唐亚林,陈水生主编.—上海:复旦大学出版社,2022.12
(复旦城市治理评论)
ISBN 978-7-309-16401-5

Ⅰ.①市… Ⅱ.①唐… ②陈… Ⅲ.①社会管理-现代化管理-研究-中国 Ⅳ.①D63

中国版本图书馆 CIP 数据核字(2022)第 169311 号

市域社会治理现代化与智慧治理
Shiyu Shehui Zhili Xiandaihua Yu Zhihui Zhili
唐亚林　陈水生　主编
责任编辑/朱　枫

复旦大学出版社有限公司出版发行
上海市国权路 579 号　邮编:200433
网址:fupnet@fudanpress.com　http://www.fudanpress.com
门市零售:86-21-65102580　团体订购:86-21-65104505
出版部电话:86-21-65642845
上海四维数字图文有限公司

开本 787×960　1/16　印张 21　字数 263 千
2022 年 12 月第 1 版
2022 年 12 月第 1 版第 1 次印刷

ISBN 978-7-309-16401-5/D·1132
定价:78.00 元

如有印装质量问题,请向复旦大学出版社有限公司出版部调换。
版权所有　侵权必究